COMPORTAMENTO DO CONSUMIDOR APLICADO AO NEUROMARKETING

COMPORTAMENTO DO CONSUMIDOR APLICADO AO NEUROMARKETING

NORBERTO ALMEIDA DE ANDRADE

Freitas Bastos Editora

Copyright © 2023 by Norberto Almeida de Andrade

Todos os direitos reservados e protegidos pela Lei 9.610, de 19.2.1998. É proibida a reprodução total ou parcial, por quaisquer meios, bem como a produção de apostilas, sem autorização prévia, por escrito, da Editora. Direitos exclusivos da edição e distribuição em língua portuguesa:

Maria Augusta Delgado Livraria, Distribuidora e Editora

Editor: Isaac D. Abulafia
Diagramação e Capa: Madalena Araújo

Dados Internacionais de Catalogação na Publicação (CIP) de acordo com ISBD

A554c	Andrade, Norberto Almeida de
	Comportamento do Consumidor aplicado ao Neuromarketing / Norberto Almeida de Andrade. - Rio de Janeiro : Freitas Bastos, 2023.
	392 p. ; 15,5cm x 23cm.
	ISBN: 978-65-5675-252-5
	1. Comportamento do Consumidor. 2. Neuromarketing. I. Título.
2023-118	CDD 658.8
	CDU 658.8

Elaborado por Odilio Hilario Moreira Junior - CRB-8/9949

Índice para catálogo sistemático:
1. Marketing 658.8
2. Marketing 658.8

Freitas Bastos Editora
atendimento@freitasbastos.com
www.freitasbastos.com

SUMÁRIO

9 **CAPÍTULO 1**
PANORAMA E PERSPECTIVAS DO
COMPORTAMENTO DO CONSUMIDOR

13 **CAPÍTULO 2**
COMPORTAMENTO DO CONSUMIDOR E
ESTRATÉGIA DE MARKETING

23 **CAPÍTULO 3**
COMPONENTES DA ANÁLISE DO MERCADO

43 **CAPÍTULO 4**
A NATUREZA DO COMPORTAMENTO DO
CONSUMIDOR

61 **CAPÍTULO 5**
INFLUÊNCIAS DO GRUPO DE REFERÊNCIA SOBRE
O PROCESSO DE CONSUMO

85 **CAPÍTULO 6**
PERCEPÇÃO DO CONSUMIDOR

101 **CAPÍTULO 7**
FATORES RELACIONADOS COM O INDIVÍDUO

127 **CAPÍTULO 8**
NATUREZA DO APRENDIZADO E DA
MEMORIZAÇÃO

147 **CAPÍTULO 9**
TIPOLOGIAS DE APRENDIZADO

167 **CAPÍTULO 10**
IMAGEM DA MARCA E POSICIONAMENTO DO
PRODUTO

177 **CAPÍTULO 11**
MOTIVAÇÃO, PERSONALIDADE E EMOÇÃO

199 **CAPÍTULO 12**
PERSONALIDADE, TRAÇOS E PERFIS

217 **CAPÍTULO 13**
ATITUDES E INFLUÊNCIAS SOBRE AS ATITUDES

241 **CAPÍTULO 14**
RESISTÊNCIA DO CONSUMIDOR À PERSUASÃO

257 **CAPÍTULO 15**
AUTOIMAGEM E ESTILO DE VIDA

277 **CAPÍTULO 16**
PROCESSO DE DECISÃO DE CONSUMO

285 **CAPÍTULO 17**
PROCESSO DE DECISÃO DO CONSUMIDOR

345

CAPÍTULO 18

137 VIESES COGNITIVOS APLICADOS EM
COMPORTAMENTO DE CONSUMO

389

REFERÊNCIAS

REFERÊNCIAS

CAPÍTULO 1

PANORAMA E PERSPECTIVAS DO COMPORTAMENTO DO CONSUMIDOR

O comportamento do consumidor reflete a totalidade das decisões dos consumidores com relação à aquisição, consumo e descarte de bens, serviços, atividades, experiências pessoais e ideias por unidades (humanas) de tomada de decisão ao longo do tempo (HOYER, MACINNIS e PIETERS, 2016).

Existem vários fatores-chave que afetam as decisões dos compradores: culturais, psicológicos, sociais e pessoais. O estudo do comportamento do consumidor examina a demografia e como grupos – como amigos e familiares – e a mídia influenciam as decisões das pessoas (KARDES, CRONLEY e CLINE, 2014).

Conforme Solomon (2016) ao entender como os compradores pensam, sentem e decidem, as empresas podem determinar a melhor forma de comercializar seus produtos e serviços. Isso ajuda os profissionais de marketing a prever como seus clientes agirão, o que ajuda na comercialização de produtos e serviços existentes. Também permite que empresas inovadoras identifiquem novas oportunidades antes que outras o façam.

Figura 1 – Panorama do Comportamento do Consumidor

O comportamento do consumidor reflete:

a totalidade das decisões	sobre o consumo	de uma oferta	por papéis desempenhados pelo cliente	por um período de tempo
Se O quê Por quê Como Quando Onde Quanto/ Com que frequência/ Por quanto tempo	Aquisição Uso Descarte	Produtos Serviços Atividades Experiências Pessoas Ideias	Coletor de informações Influenciador Decisor Comprador Usuário	Horas Dias Semanas Meses Anos

Estratégias e táticas de marketing

Fonte: Solomon (2016)

Uma maneira de os profissionais de marketing observarem o comportamento do consumidor é analisando dados demográficos. Conhecer estatísticas como idade, renda e nível educacional pode ajudar a prever o comportamento.

Segundo Mothersbaugh *et al.*, (2020) "A maioria dos consumidores agora evita proativamente a publicidade, seja usando bloqueadores de anúncios, pagando por experiências de mídia digital sem anúncios ou pulando anúncios". Especificamente, os adultos mais jovens (geração Z, geração do milênio e o peso da geração X) são "mais propensos a usar bloqueadores de anúncios". Portanto, os profissionais de marketing sabem que uma campanha de marketing *push* (saída) geralmente não é uma boa estratégia de marketing *online* para essas faixas etárias.

Os profissionais de marketing tentam identificar as necessidades dos compradores por meio de vários métodos de pesquisa, como pesquisas e entrevistas, que investigam com que frequência os consumidores compram, onde compram, onde obtêm suas informações, como compartilham essas informações com outras pessoas e assim por diante. Saber as perguntas certas a fazer e como fazê-las é uma parte importante da pesquisa de comportamento do consumidor (STEPHENS, 2016).

Os profissionais de marketing também utilizam tecnologias analíticas modernas para entender e prever melhor vários aspectos do comportamento do consumidor. Essas tecnologias podem agregar e analisar grandes quantidades de dados sobre os consumidores, estabelecendo relações entre dados demográficos, hábitos de compra e técnicas de marketing direcionadas (KOTLER, KARTAJAYA e SETIAWAN, 2021).

O poder da análise moderna permite os métodos de marketing personalizados e escaláveis que os consumidores esperam, desde recomendações automatizadas de produtos em plataformas de comércio eletrônico até engajamento direto por meio de marketing de mídia social.

Compreender os compradores pode ajudar os profissionais de marketing a se conectarem com os consumidores e influenciar seu comportamento. Essa abordagem de marketing é importante hoje porque, no competitivo mercado global, os relacionamentos pessoais podem significar a diferença entre as vendas e o desperdício de dinheiro em publicidade. De muitas maneiras, o mundo é menor agora do que era há algumas décadas, mas o comportamento dos consumidores só se tornou mais complexo e dinâmico (LEWIS e BRIDGES, 2004).

O estudo do comportamento do consumidor é um campo de pesquisa considerado novo e interdisciplinar, que envolve um conjunto de áreas do saber que convergem para entender as razões para os consumidores agirem da forma como agem. Assim, neste capítulo, você vai estudar as diferentes motivações para o consumo e identificar as contribuições dos teóricos para o tema (STEPHENS, 2016).

Na perspectiva psicanalítica de Freud, por exemplo, o ego se fundamenta no simbolismo dos produtos para promover a conciliação entre as exigências do id e as proibições do superego. A perspectiva de Maslow se baseia em identificar as necessidades fisiológicas, de segurança, sociais, de estima e de autorrealização. Herzberg, por sua vez, pesquisou os fatores higiênicos e motivacionais (UNDERHILL, 2009).

Além dessas perspectivas teóricas, você vai identificar as correntes que guiam os especialistas em marketing que estudam o comportamento do consumidor. Por fim, vai analisar as necessidades e os desejos de diferentes segmentos de consumo e as variáveis que influenciam o consumidor (MOTHERSBAUGH *et al.*, 2020).

Na figura a seguir temos um panorama dos fatores que compõem o comportamento do consumidor conforme Solomon (2016):

Figura 2 – Panorama do Comportamento do Consumidor

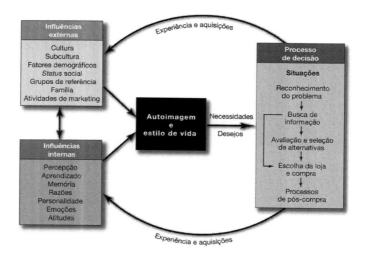

Fonte: Solomon (2016)

CAPÍTULO 2

COMPORTAMENTO DO CONSUMIDOR E ESTRATÉGIA DE MARKETING

Os profissionais de marketing enfrentam desafios estimulantes e assustadores na medida em que as forças que impulsionam e moldam o comportamento do consumidor evoluem em um ritmo rápido. Eis alguns poucos exemplos.

A EVOLUÇÃO DO MARKETING E A EXPERIÊNCIA DO CONSUMIDOR

Kotler, Kartajaya e Setiawn (2021) retratam que os profissionais de marketing oferecem formas diversas para os consumidores tomarem uma xícara de café. Estes podem comprar o grão ou o pacote de café moído e preparar o café. Podem optar por ir a uma cafeteria e comprar uma xícara de café, ou podem ir a uma Starbucks e comprar a bebida. Qual opção você acha a mais cara? Provavelmente, você diria que a primeira é a mais barata e a última, a mais cara – e, em geral, você acertaria! Mas por quê?

A resposta está nas camadas de valor que os profissionais de marketing podem acrescentar aos produtos tipo commodity. Essas camadas incluem serviços e experiências que os consumidores indicaram como sendo de valor para eles. Assim, à medida que os produtos passam de commodity para um bem ou serviço e para uma experiência, os consumidores estão propensos a pagar mais.

O sucesso da Starbucks atesta ao consumidor a vontade de pagar mais por uma xícara de café da rede que oferece o produto principal com dedicação e experiência. E a Starbucks está indo além. Por exemplo, recentemente a Starbucks abriu uma loja em Nova Orleans, um de seus portfólios de lojas de "relevância local". Essas lojas hiperlocais são desenvolvidas para proporcionar intensos aspectos experienciais que refletem o ambiente histórico e cultural do local da loja.

MARKETING PARA CONSUMIDORES VERSUS MARKETING PARA O CONSUMIDOR

O marketing evoluiu não só quanto à sua oferta, mas também quanto à sua relação com os consumidores. A troca de poder do profissional de marketing para os consumidores mudou o cenário. De forma sucinta, Marketing para consumidores passou a ser o Marketing para o consumidor (GODIN, 2019).

O Marketing para consumidores usava o marketing em massa, uma abordagem dispersa para alcançar o maior número de consumidores possível, incluindo o inevitável desperdício de recursos em consumidores sem interesse no produto oferecido.

Hoyer, Macinnis e Pieters (2016) observam que esse tipo de marketing saturava os consumidores com anúncios repetidos e frequentes, em um esforço para ganhar a atenção deles. Por outro lado, o Marketing para o consumidor usa uma abordagem mais focada, em uma tentativa é mais provável que alcance apenas os consumidores que querem a oferta dos profissionais de marketing.

Esse tipo de marketing reconhece que os consumidores têm o poder de escolher se irão permitir ou não (digamos com um clique na Internet) que o profissional de marketing comece um diálogo. A criação de um produto não está mais exclusivamente nas mãos dos profissionais de marketing. Os consumidores podem iniciar a inovação do produto e participar dela lançando uma ideia e/ou financiando um lançamento (p. ex., Kickstarter, Etsy).

Os consumidores podem verificar as promessas de preços competitivos por parte dos profissionais de marketing para todo o tipo de coisas, desde ofertas de passagens baratas (Kayak) até produtos (Fat Wallet). E os consumidores não precisam acreditar nos profissionais de marketing porque podem acessar facilmente as críticas dos consumidores (p. ex., Amazon.com).

A mudança de poder dos profissionais de marketing para os consumidores foi ainda mais ampliada pelo surgimento das mídias sociais – Facebook, Instagram, Pinterest, Tumblr, Twitter –, que expõem a comunicação de consumidor(es) para consumidor(es) gerada pelo usuário e que está fora do controle direto e da influência dos profissionais de marketing. Um exemplo engraçado são os mais de 8 mil *tweets* (no Twitter) comentando sobre os longos recibos fornecidos aos consumidores pela CVS.

Os *tweets* mostram fotos de consumidores com recibos que ultrapassam a altura e dão voltas na cintura. A motivação por trás desses recibos longos são os dados grandes. A CVS coleta os dados de cada compra do cliente via o cartão de cliente da rede. Quando o cliente vai pagar, a caixa registradora imprime em cada recibo os cupons personalizados e baseados no histórico de compras anteriores. A CVS foi sortuda e esperta.

A empresa percebeu a tendência (a mídia social permite que isso seja feito de forma rápida e eficiente), observou a negatividade (a percepção do consumidor acerca do desperdício e da falta de preocupação com o meio ambiente) e está reagindo (inserindo mais cupons e recompensas diretamente no cartão do consumidor). Tal tendência ao rastreamento em "tempo real" simplesmente não era possível, na maioria dos casos, antes das mídias sociais e digitais.

Mothersbaugh *et al.*, (2020) explicam que a mudança de poder do Marketing para os consumidores para o Marketing para o consumidor e o surgimento das mídias sociais obrigou os profissionais de marketing a entender o comportamento do consumidor.

O uso do *crowdsourcing* (contribuição colaborativa) por parte dos profissionais de marketing para dar voz às necessidades e às vontades dos consumidores exemplifica o entendimento desses profissionais acerca da relevância de situar os consumidores no centro do marketing. Exemplos de *crowdsourcing online* incluem Nikeidea, da Nike; Betalabs, da Nokia e Ideastorm, da Dell. Esses exemplos mostram como pode ser valioso quando os profissionais do marketing falam "com" os consumidores, em vez de simplesmente falar "para" eles.

O campo do comportamento do consumidor envolve o estudo de indivíduos, grupos ou organizações e o processo que eles usam para selecionar, obter, usar e dispor de produtos, serviços, experiências ou ideias para satisfazer necessidades e o impacto que esses processos têm sobre o consumidor e a sociedade (SOLOMON, 2016).

Segundo Stephens (2016) essa visão do comportamento do consumidor é mais ampla que a tradicional, que se concentrava mais no comprador e nos antecedentes e consequências imediatos do processo de compra. Nossa visão mais ampla nos levará a examinar influências mais indiretas sobre as decisões de consumo, assim como as consequências de longo alcance que envolvem mais do que simplesmente o comprador e o vendedor.

Os exemplos citados na abertura do capítulo resumem alguns esforços no sentido de aplicar a compreensão do comportamento do consumidor com o objetivo de desenvolver uma estratégia de marketing eficaz ou influenciar um comportamento socialmente desejável. Ao longo deste livro, exploraremos os fatores e as tendências que moldam o comportamento do consumidor e como os profissionais de marketing e legisladores podem utilizar essa informação. Os exemplos citados na abertura do capítulo revelam quatro aspectos fundamentais acerca do comportamento do consumidor.

Mothersbaugh *et al.*, (2020) ressaltam que o comportamento do consumidor é um processo complexo e multidimensional. As decisões do consumidor, em geral, envolvem várias etapas e são influenciadas por uma série de fatores, incluindo fatores demográficos, estilo de vida e valores culturais. As decisões dos consumidores se tornam ainda mais complicadas quando as necessidades e vontades de diversos indivíduos ou grupos são consideradas, como quando famílias devem tomar decisões sobre onde jantar ou passar as férias.

Cerf e Garcia-Garcia (2017) afirmam que as decisões de marketing bem-sucedidas tomadas por empresas comerciais, organizações sem fins lucrativos e agências reguladoras exigem uma extensa compreensão acerca do processo subjacente ao comportamento do consumidor.

Isso está relacionado com o entendimento de teorias sobre quando e porque os consumidores agem de determinadas maneiras. Independentemente de perceberem ou não, todos os dias as organizações tomam decisões baseadas em premissas implícitas ou explícitas sobre quais processos guiam o comportamento do consumidor. Que premissas sobre o comportamento do consumidor fundamentam cada propaganda? Qual abordagem é melhor? Por quê?

As decisões de marketing bem-sucedidas exigem que as organizações coletem informações sobre os consumidores específicos envolvidos na decisão de marketing em questão. As decisões dos consumidores são altamente influenciadas pela situação e pela categoria do produto. Sendo assim, a pesquisa com o consumidor é necessária para compreender como consumidores específicos irão se comportar em uma situação específica para determinada categoria do produto (EYAL, 2020).

As práticas de marketing elaboradas para influenciar o comportamento do consumidor envolvem questões éticas que afetam a empresa, os indivíduos e a sociedade. Essas questões nem sempre são óbvias e muitas vezes envolvem trocas em diferentes níveis. A indústria de *fast-food* atualmente lida com essas questões. Embora seus produtos sejam altamente desejados por muitos consumidores por causa do sabor e do preço, eles apresentam muitas calorias, gordura e sódio. Essas questões relacionadas com a saúde chamaram a atenção do governo e de grupos de consumidores (KOTLER, KARTAJAYA e SETIAWAN, 2021).

APLICAÇÕES DO COMPORTAMENTO DO CONSUMIDOR

As decisões de marketing que se baseiam em premissas, em teorias e em pesquisas explícitas têm maior probabilidade de serem bem-sucedidas do que decisões que se baseiam apenas em palpites ou intuição (MOTHERSBAUGH *et al.*, 2020).

Assim Solomon (2016) afirma que o conhecimento acerca do comportamento do consumidor pode ser uma importante vantagem competitiva, pois é possível que reduza muito a probabilidade de tomar decisões ruins e de falhas na comercialização, como a seguinte:

> A S.C. Johnson recentemente parou de produzir o Ziploc TableTops, uma linha de pratos semidescartáveis. O TableTops era um dos lançamentos mais dispendiosos da empresa, com gastos de $65 milhões em marketing. Diversos fatores contribuíram para o fracasso, incluindo os preços relativamente altos (que não incentivavam os consumidores a jogá-los fora) e o fato de que os produtos não eram tão descartáveis. Como explicou um varejista: "Não há repetição da compra. Os troços duram para sempre".

Dessa forma, um dos principais objetivos deste livro é ajudá-lo a adquirir um conhecimento gerencial aplicável acerca do comportamento do consumidor, de modo a torná-lo um gerente de marketing mais competente. Antes de darmos uma olhada na estratégia de marketing e no comportamento do consumidor, vamos examinar a política regulatória, o marketing social e a importância de ser um indivíduo informado.

A maioria das sociedades economicamente desenvolvidas é denominada, com legitimidade, sociedade de consumo. A maior parte dos indivíduos dessas sociedades passa mais tempo envolvida no consumo do que em qualquer outra atividade, incluindo trabalho ou sono (sendo que ambas também envolvem o consumo). Além disso, profissionais de marketing gastam bilhões para influenciar a decisão dos consumidores (UNDERHILL, 2009). Essas tentativas de influência ocorrem nas propagandas, nas embalagens, nas características dos produtos, no discurso de vendas e no ambiente das lojas. Também ocorrem no conteúdo de muitos programas de televisão, nos produtos usados em filmes e nos materiais apresentados às crianças nas escolas (STEPHENS, 2016).

É importante que os consumidores compreendam de forma precisa as estratégias e as táticas usadas de modo que se tornem mais eficazes. É igualmente importante que todos nós, como cidadãos, entendamos a fundamentação dessas estratégias para que possamos estabelecer limites apropriados quando necessário. Isso significa que uma compreensão do comportamento do consumidor pode estabelecer uma base para uma ética fundamentada nos negócios (LEWIS e BRIDGES, 2004).

As aplicações do comportamento do consumidor se concentram no desenvolvimento, ajustes e efeitos da estratégia de marketing. Examinaremos, agora, a estratégia de marketing com mais profundidade.

A estratégia de marketing, como descrito na Figura 2, é conceitualmente muito simples. Começa com uma análise do mercado que a organização está considerando. Com base na análise do consumidor realizada nesta etapa, a organização identifica grupos de indivíduos, lares ou empresas com necessidades semelhantes.

Hoyer, Macinnis e Pieters (2016) explicam que esses segmentos de mercado são descritos em termos de fatores demográficos, preferências de mídias, localização geográfica, e assim por diante.

Aaker (2015) diz que a gerência, então, seleciona um ou mais desses segmentos como mercados-alvo com base nas capacidades da empresa em relação às dos concorrentes (dadas as condições econômicas e tecnológicas atuais e previstas).

Figura 3 – Estratégia de marketing e comportamento do consumidor

Fonte: Aaker (201)

A seguir, a estratégia de marketing é formulada. Para sobreviver em um ambiente competitivo, uma organização deve fornecer a seus clientes-alvo mais valor que seus concorrentes. Valor ao cliente é a diferença entre todos os benefícios obtidos com um produto completo e todos os custos de adquirir esses benefícios (GRAVES, 2011).

É fundamental que uma empresa considere o valor a partir da perspectiva do cliente. O fracasso do TableTops da Ziploc se deu porque os consumidores perceberam que o benefício de o produto ser semidescartável não compensava o custo em si ou a culpa de ter que jogá-lo fora depois. O TableTops era caro e durável demais para ter uma utilidade máxima para os consumidores e ser lucrativo para a Ziploc.

Conforme Mothersbaugh *et al.*, (2020) a estratégia de marketing é formulada em termos do composto de marketing; isto é, envolve determinar as características do produto, o preço, as comunicações, a distribuição e os serviços que proporcionarão mais valor ao cliente. Esse conjunto de características muitas vezes é chamado produto total. O produto total é apresentado ao mercado-alvo, que está constantemente envolvido em processar informações e em tomar decisões voltadas para manter ou melhorar seu estilo de vida (indivíduos e lares) ou seu desempenho (empresas e outras organizações).

Pense em uma padaria moderna. Qual é o produto total? Evidentemente é muito mais que comida e bebida. Também envolve uma experiência. Cada vez mais, os profissionais do marketing vendem a experiência da mesma forma que vendem os alimentos e as bebidas ou talvez façam mais – e isso ocorre no mundo todo. Uma "experiência" acontece quando uma empresa cria intencionalmente um evento memorável para os clientes. Enquanto produtos e serviços são, em grande parte, externos ao cliente, uma experiência é, em grande parte, interna ao cliente. A experiência existe na mente de um indivíduo que foi envolvido em um nível emocional, físico, intelectual ou até espiritual (KOTLER, KARTAJAYA e SETIAWAN, 2021).

Resultados baseados na execução de uma estratégia de marketing se dão para empresas, indivíduos e sociedade. As empresas esperam estabelecer uma imagem ou posição no mercado entre os consumidores-alvo, gerar vendas e, por fim, criar clientes satisfeitos que são a chave para se obter lucro a longo prazo. Para o indivíduo, o processo resulta em certo nível de satisfação das necessidades, gasto financeiro, desenvolvimento/mudança de atitude e/ou mudança de comportamento. Repare que alguns desses comportamentos podem envolver o consumo prejudicial. Para a sociedade, o efeito cumulativo do processo de marketing afeta o crescimento econômico, a poluição e problemas sociais, que, por sua vez, geram muitas implicações éticas (TYBOUT e CALKINS, 2018).

CAPÍTULO 3

COMPONENTES DA ANÁLISE DO MERCADO

A análise do mercado exige um conhecimento meticuloso do processo de consumo de clientes potenciais; das capacidades da própria organização; das capacidades dos concorrentes atuais e futuros, e do ambiente econômico, físico e tecnológico em que esses elementos vão interagir (STEPHENS, 2016).

OS CONSUMIDORES

Não é possível antecipar e reagir às necessidades e aos desejos dos clientes sem um conhecimento completo do comportamento do consumidor. Descobrir as necessidades dos clientes é um processo complexo, mas às vezes pode ser alcançado por meio de uma pesquisa de mercado. Por exemplo, a Target queria entrar no mercado de \$210 bilhões das faculdades (HOYER, MACINNIS e PIETERS, 2016).

Kardes, Cronley e Cline (2014) ilustram em especial, que a Target estava observando o mercado de móveis e acessórios e estava interessada nas necessidades e motivações específicas dos estudantes que estavam fazendo a transição da vida em casa para aquela em dormitórios estudantis. A Jump Associates conduziu a pesquisa para a Target e eles realizaram uma abordagem singular:

> A Jump Associates patrocinou uma série de "noites de jogos" com formandos nas escolas de ensino médio e convidou calouros da faculdade e estudantes que já estavam há um ano nos dormitórios. Para fazer os adolescentes falarem

> sobre a vida nos dormitórios, a Jump desenvolveu um jogo de tabuleiro que envolvia questões associadas à ida para a faculdade. O jogo naturalmente levava a conversas informais – e perguntas – sobre a vida na faculdade. Os pesquisadores da Jump ficavam na lateral para observar, enquanto uma câmera de vídeo gravava o processo.

Conhecer o consumidor exige compreender os princípios comportamentais que guiam os hábitos de consumo (GRAVES, 2011).

A EMPRESA

Kardes, Cronley e Cline (2014) determinam que uma empresa deve entender completamente sua própria capacidade de atender às necessidades dos clientes. Isso envolve avaliar todos os aspectos da empresa, incluindo sua condição financeira, habilidades administrativas gerais, capacidade de produção, habilidades de pesquisa e desenvolvimento, sofisticação tecnológica, reputação e habilidades de marketing.

As habilidades de marketing incluem capacidade de desenvolvimento de novos produtos, força dos canais, habilidade de comunicação, capacidade de serviço, habilidade de pesquisa de marketing, conhecimento do mercado e do consumidor, e assim por diante (LEWIS e BRIDGES, 2004).

A incapacidade de compreender adequadamente seus próprios pontos fortes e fracos pode causar sérios problemas. A primeira tentativa da IBM de entrar no mercado de computadores pessoais com o PC Jr. foi um fracasso, em parte, por esse motivo. Embora a IBM tivesse uma excelente reputação com grandes empresas clientes e uma força de vendas direta muito sólida para servi-las, esses pontos fortes não eram relevantes para o mercado de computadores pessoais (STEPHENS, 2016).

Sua mais recente migração para a consultoria de negócios de ponta, através da IBM Global Business Services, tem sido um grande sucesso e, de forma interessante, traz a IBM de volta para o centro das atenções com sua força principal de antes (UNDERHILL, 2009).

OS CONCORRENTES

Não é possível ter uma capacidade de atender às necessidades do cliente constantemente melhor que a do concorrente sem ter um conhecimento meticuloso das capacidades e estratégias dos concorrentes. Isso exige um nível de conhecimento dos principais concorrentes de uma empresa igual ao conhecimento de sua própria empresa. Além disso, para qualquer ação de marketing significativa, as seguintes perguntas devem ser respondidas conforme Solomon (2016):

1. Se formos bem-sucedidos, quais empresas serão prejudicadas (perderão vendas ou oportunidades de vendas)?

2. Dessas empresas prejudicadas, quais têm capacidade (recursos financeiros, forças de marketing) de reagir?

3. Como é provável que elas reajam (reduzirão preços, aumentarão a propaganda, introduzirão um novo produto)?

4. Nossa estratégia (ação planejada) é robusta o suficiente para resistir às possíveis ações de nossos concorrentes ou precisamos de planos contingenciais adicionais?

AS CONDIÇÕES

O estado da economia, o ambiente físico, as regulamentações governamentais e o desenvolvimento tecnológico afetam as necessidades e expectativas dos clientes, bem como as capacidades da empresa e dos concorrentes. A deterioração do ambiente físico tem gerado não apenas uma demanda do cliente por produtos seguros, do ponto de vista ambiental, como também regulamentações governamentais que afetam o design e a fabricação dos produtos (UNDERHILL, 2009).

Acordos internacionais como o NAFTA (North American Free Trade Agreement – Acordo para o Livre Comércio na América do Norte) têm reduzido muito as barreiras comerciais e aumentado o nível das expectativas dos clientes e dos concorrentes para muitos produtos. E a tecnologia tem mudado a maneira como as pessoas vivem, trabalham, lidam com doenças, e assim por diante. Sites de empresas, mídias sociais como Twitter e Facebook e aplicativos móveis são apenas algumas das formas pelas quais a tecnologia tem mudado o modo de os consumidores se comunicarem e terem acesso à mídia (GRAVES, 2011).

É claro que uma empresa não pode desenvolver uma estratégia de marketing bem fundada sem antecipar as condições sob as quais essa estratégia será implementada.

SEGMENTAÇÃO DE MERCADO

Talvez a mais importante decisão de marketing de uma empresa seja a seleção de um ou mais segmentos de mercado em que se concentrar. Um segmento de mercado é uma parte de um mercado maior cujas necessidades diferem um tanto do mercado maior (HOYER, MACINNIS e PIETERS, 2016).

Uma vez que um segmento de mercado tem necessidades únicas, uma empresa que desenvolve um produto total concentrado apenas nas necessidades desse segmento será capaz de atender melhor aos desejos do segmento que uma empresa cujo produto ou serviço tenta atender às necessidades de vários segmentos (MOTHERSBAUGH et al., 2020).

Para ser viável, um segmento deve ser grande o suficiente para ser lucrativo. No entanto, deve-se notar que avanços tecnológicos como a fabricação flexível e a mídia personalizada estão permitindo a personalização em massa de modo que empresas possam ter como alvo rentável pequenos segmentos ou mesmo consumidores individuais (STEPHENS, 2016).

Lewis e Bridges (2004) salientam que a segmentação comportamental, na qual a atividade *online* do cliente é rastreada e banners de propaganda específicos são exibidos de acordo com essa atividade, é outro exemplo de como a tecnologia está melhorando a relação custo-benefício da comunicação individualizada.

A SEGMENTAÇÃO DE MERCADO ENVOLVE QUATRO ETAPAS:

1. Identificar conjuntos de necessidades relacionadas com o produto.
2. Agrupar os consumidores com conjuntos de necessidades semelhantes.
3. Descrever cada grupo.
4. Selecionar o(s) segmento(s) atraente(s) como alvo.

CONJUNTOS DE NECESSIDADES RELACIONADAS COM O PRODUTO

Solomon (2016) argumenta que as organizações abordam a segmentação de mercado com um conjunto de capacidades atuais e potenciais. Essas capacidades podem ser uma reputação, um produto existente, uma tecnologia ou algum outro conjunto de habilidades. A primeira tarefa da empresa é identificar conjuntos de necessidades que a organização é capaz – ou pode se tornar capaz – de atender.

O termo conjunto de necessidades é usado para refletir o fato de que a maioria dos produtos nas economias desenvolvidas satisfaz a mais de uma necessidade. Assim, um relógio pode atender a mais necessidades do que apenas dizer a hora. Alguns clientes compram relógios para satisfazer a necessidades de status, enquanto outros os compram para atender às suas necessidades de estilo e assim por diante.

Stephens (2016) identifica os diversos conjuntos de necessidades a que o produto atual ou potencial da empresa pode satisfazer envolve uma pesquisa de consumo, principalmente grupos focais e entrevistas com profundidade, bem como a lógica e a intuição.

Esses conjuntos de necessidades muitas vezes são associados a outras variáveis, como idade, estágio em que se encontra no ciclo de vida familiar, gênero, classe social, grupo étnico ou estilo de vida, e muitas empresas começam o processo de segmentação se concentrando primeiro em um ou mais grupos definidos por uma dessas variáveis. Portanto, uma empresa pode começar identificando vários grupos étnicos e depois tentando encontrar semelhanças e diferenças nas necessidades de consumo desses grupos (STEPHENS, 2016).

Embora segmentos mais bem definidos geralmente sejam encontrados concentrando-se primeiro nas necessidades, depois nas características de consumo associadas a essas necessidades, ambas as abordagens são usadas na prática e ambas fornecem uma base útil para a segmentação. Os conjuntos de necessidade existem para produtos e serviços e podem incluir as necessidades relacionadas com diversos locais de compras (LEWIS e BRIDGES, 2004).

CONSUMIDORES COM CONJUNTO DE NECESSIDADES SEMELHANTES

Mothersbaugh *et al.*, (2020) sugere que o próximo passo é agrupar os consumidores com conjuntos de necessidades semelhantes. Por exemplo, a necessidade de automóveis esportivos, divertidos e com preço moderado parece existir em muitos jovens solteiros, em casais jovens sem filhos e em casais de meia-idade cujos filhos já saíram de casa.

Esses consumidores podem ser agrupados em um segmento no que diz respeito às características do produto e talvez até à imagem do produto, apesar dos fatores demográficos extremamente diferentes. Este passo geralmente envolve uma pesquisa de consumo, incluindo entrevistas com grupos focais, pesquisas e testes de concepção de produto. Também pode envolver uma análise dos atuais padrões de consumo.

DESCRIÇÃO DE CADA GRUPO

Depois que os consumidores com conjuntos de necessidades semelhantes são identificados, eles devem ser descritos em termos de fatores demográficos, estilo de vida e uso da mídia. Para desenvolver um programa de marketing eficaz, é necessário ter um conhecimento absoluto dos clientes potenciais. Só assim será possível ter certeza de que identificamos corretamente o conjunto de necessidades (STEPHENS, 2016).

Além disso, não podemos nos comunicar de modo eficaz com nossos clientes se não entendermos o contexto em que nosso produto é comprado e consumido, como nossos clientes pensam nele e a linguagem que usam para descrevê-lo (SOLOMON, 2016).

Então, embora muitos jovens solteiros, casais jovens sem filhos e casais de meia-idade cujos filhos já saíram de casa possam querer as mesmas características em um automóvel, a mídia necessária para alcançar cada grupo e a linguagem e os temas apropriados para usar com cada um certamente serão diferentes (HOYER, MACINNIS e PIETERS, 2016).

SEGMENTO(S) ATRAENTE(S) AO(S) QUAL(IS) SERVIR

Depois que temos certeza de que temos um conhecimento meticuloso de cada segmento, devemos selecionar nosso mercado-alvo – aquele(s) segmento(s) do mercado maior no qual concentraremos nossos esforços de marketing (KARDES, CRONLEY e CLINE, 2014).

Essa decisão se baseia em nossa capacidade de fornecer ao(s) segmento(s) selecionado(s) um valor superior ao cliente, com lucro. Portanto, o tamanho e o crescimento do segmento, a intensidade da concorrência atual e prevista, o custo de fornecer um valor superior, e assim por diante, são considerações importantes (KOTLER, KARTAJAYA e SETIAWAN, 2021).

ESTRATÉGIA DE MARKETING

Godin (2019) justifica que não é possível selecionar mercados-alvo sem simultaneamente formular uma estratégia de marketing geral para cada segmento. Um critério decisivo para selecionar mercados-alvo é a habilidade de fornecer valor superior a esses segmentos de mercado. Uma vez que o valor ao cliente é proporcionado pela estratégia de marketing, a empresa deve desenvolver sua estratégia de marketing geral à medida que avalia mercados-alvo potenciais.

A estratégia de marketing é, basicamente, a resposta à pergunta: como forneceremos valor superior ao cliente em nosso mercado-alvo? A resposta a essa pergunta requer a formulação de um composto de marketing coerente. O composto de marketing é o conjunto de produto, preço, comunicações, distribuição e serviços fornecidos ao mercado-alvo (EYAL, 2020).

É a combinação desses elementos que atende às necessidades do consumidor e fornece valor ao cliente. Por exemplo, na figura de abertura do capítulo, vemos que a Starbucks cria valor por meio da combinação de produtos, serviços e de uma experiência superior (STEPHENS, 2016).

O PRODUTO

Um produto é qualquer coisa que um consumidor adquire ou pode adquirir para atender a uma necessidade percebida. Os consumidores normalmente compram a satisfação de necessidades, não as qualidades físicas do produto. Como disse o ex-dirigente da Revlon: "Na fábrica, produzimos cosméticos; nas lojas, vendemos esperança." Assim, os consumidores não compram brocas de 1/4", mas a capacidade de fazer buracos de 1/4" (MADRUGA, 2018).

A Federal Express perdeu uma boa parte de seu negócio de entrega de correspondência da noite para o dia não para a UPS ou a Airborne, mas para os aparelhos de fax e a Internet, pois essas tecnologias conseguiam atender às mesmas necessidades do consumidor de modo mais rápido, barato e conveniente (UNDERHILL, 2009).

Usamos o termo produto como referência a produtos físicos e serviços básicos ou essenciais. Portanto, um automóvel é um produto, assim como uma revisão completa da transmissão ou uma corrida de táxi. Apenas os produtos embalados (alimentos, bebidas, produtos para animais de estimação, produtos para o lar) contabilizam mais de 30 mil novos produtos no mercado a cada ano. Obviamente, muitos deles não serão bem-sucedidos. Para obter sucesso, os produtos precisam atender às necessidades do mercado-alvo melhor que os concorrentes (MOTHERSBAUGH *et al.*, 2020).

Hoyer, Macinnis e Pieters (2016) defendem que as decisões relacionadas com o produto também incluem questões como embalagem, marca, logotipos, que têm dimensões funcionais e simbólicas. Quando a Starbucks, por exemplo, mudou seu logotipo e eliminou as palavras "Starbucks Coffee" e o círculo ao redor da sereia emblemática, houve uma reação dos consumidores nas mídias sociais contra o novo logotipo.

COMUNICAÇÕES

As comunicações de marketing incluem propaganda, força de vendas, relações públicas, embalagem e qualquer outro sinal que a empresa fornece acerca de si mesma e de seus produtos. Kotler, Kartajaya e Setiawn (2021) argumentam que uma estratégia de comunicação eficaz exige respostas às perguntas a seguir:

1. Com quem, exatamente, desejamos nos comunicar? Embora a maioria das mensagens seja voltada para os membros do mercado-alvo, algumas se concentram em membros do canal ou naqueles que influenciam os membros do mercado-alvo. Por exemplo, normalmente as mães pedem conselhos às enfermeiras pediátricas sobre fraldas e outros itens de cuidados infantis não medicinais. Uma empresa que vende esses itens seria inteligente se tivesse uma comunicação direta com essas profissionais.

2. Muitas vezes é necessário determinar quem, dentro do mercado-alvo, deve receber a mensagem de marketing. Para um cereal matinal infantil, as comunicações devem ser voltadas para as crianças, para os pais ou para ambos? A resposta depende do mercado-alvo e varia de país para país.

3. Que efeitos queremos que nossas comunicações causem no público-alvo? Com frequência um gerente dirá que o objetivo da propaganda e de outras comunicações de marketing é aumentar as vendas. Embora isso possa ser a

meta final, o objetivo comportamental da maioria das comunicações de marketing é, muitas vezes, mais imediato. Isto é, pode ter o objetivo de ensinar ao público algo sobre o produto, buscar mais informação sobre o produto, gostar do produto, recomendá-lo a outras pessoas, sentir-se bem por ter comprado o produto ou uma variedade de outros efeitos das comunicações.

4. Que mensagem alcançará o efeito desejado em nosso público? Que palavras, imagens e símbolos devemos usar para captar a atenção e produzir o efeito desejado? As mensagens de marketing podem variar de declarações puramente factuais até o puro simbolismo. A melhor abordagem depende da situação em questão. Desenvolver uma mensagem eficaz requer um conhecimento meticuloso dos significados que o público-alvo aplica a palavras e símbolos, assim como um conhecimento acerca do processo de percepção. Muitos consumidores mais velhos podem não se identificar com a abordagem desse anúncio. No entanto, ele transmite suas intenções claramente ao mercado jovem, que é o seu alvo.

5. Que meios e mídia devemos usar para alcançar o público-alvo? Devemos usar as vendas pessoais para fornecer informações? Podemos confiar na embalagem para fornecer a informação necessária? Devemos fazer propaganda em mídia de massa, usar mala direta ou confiar que os consumidores vão nos encontrar na Internet? Se fizermos propaganda em mídia de massa, quais mídias (televisão, rádio, revistas, jornais, Internet) e quais veículos específicos (programas de televisão, revistas específicas, sites, banners, e assim por diante) devemos utilizar? É necessário ou desejável ajustar a língua usada?

> Com relação às questões de mídia e línguas, a abordagem da MasterCard é instrutiva e indica que os hispânicos são o maior grupo étnico e o que cresce mais rápido nos EUA [...] Como continuamos a valorizar os consumidores hispânicos, é importante para a MasterCard falar a língua deles nos canais que lhes são relevantes.

6. Quando devemos nos comunicar com o público-alvo? Devemos concentrar nossas comunicações perto da época em que as compras tendem a ser feitas ou uniformemente ao longo da semana, mês ou ano? Os consumidores buscam informações pouco antes de comprar nosso produto? Se for assim, quando? Responder a essas perguntas requer um conhecimento acerca do processo de decisão usado pelo mercado-alvo desse produto.

PREÇO

Stephens (2016) explica que o preço é a quantidade de dinheiro que se deve pagar para obter o direito de usar o produto. É possível comprar a posse de um produto ou, no caso de alguns produtos, direitos limitados de uso (por exemplo, pode-se alugar ou arrendar um produto como uma fita de vídeo).

Os economistas muitas vezes supõem que preços menores para o mesmo produto resultarão em mais vendas do que preços altos. No entanto, o preço às vezes serve como sinal de qualidade. Um produto com preço "baixo demais" pode ser visto como um produto de baixa qualidade (MILLER, 2012).

A posse de itens caros também fornece informações sobre o proprietário. No mínimo, indica que o proprietário pode pagar pelo item caro. Isso é uma característica desejável para alguns consumidores. A Starbucks cobra preços relativamente altos pelo café. Apesar disso, entende que a marca Starbucks permite que os consumidores "façam uma troca" por uma imagem e estilo de vida desejados sem ir à falência. Portanto, estabelecer um preço requer um conhecimento minucioso do papel simbólico que o preço representa para o produto e o mercado-alvo em questão (HOYER, MACINNIS e PIETERS, 2016).

É importante notar que o preço de um produto não é o mesmo que o custo do produto ao cliente. O custo ao cliente é tudo que o cliente deve incorrer para receber os benefícios de possuir/usar o produto. O custo de possuir/usar um automóvel inclui seguros, gasolina, manutenção, encargos financeiros, taxas de licenciamento, taxas de estacionamento, tempo e desconforto ao comprar o carro, e talvez desconforto em relação ao aumento da poluição, além do preço de compra (KOTLER, KARTAJAYA e SETIAWAN, 2021).

Uma das maneiras pelas quais as empresas buscam fornecer valor ao cliente é reduzir os outros custos, além do preço, de possuir ou operar um produto. Se a empresa for bem-sucedida nisso, o custo total ao cliente diminui enquanto a receita do comerciante permanece a mesma ou até aumenta (STEPHENS, 2016).

DISTRIBUIÇÃO

Hoyer, Macinnis e Pieters (2016) explanar que a distribuição, ter o produto disponível onde os clientes-alvo podem comprá-lo, é essencial para o sucesso. Apenas em casos raros os clientes enfrentam muitos obstáculos para obter uma marca específica. Obviamente, boas decisões em relação ao canal exigem um conhecimento profundo de onde os consumidores-alvo compram o produto em questão.

As decisões de distribuição de hoje também exigem um conhecimento das opções de canais cruzados. Varejistas sensatos estão procurando maneiras de deixar cada canal de distribuição (por exemplo, *online* versus *off-line*) realizar o que faz melhor. Por exemplo, os varejistas são desafiados com frequência a equilibrar tipos e níveis apropriados de estoque na loja e nos quiosques da internet. Obviamente os varejistas que adotam essa abordagem têm de escolher uma estratégia de comercialização apropriada em que itens rápidos, sazonais e de alta rentabilidade estejam disponíveis *online* (MOTHERSBAUGH *et al.*, 2020).

A Disney está no processo de renovação de suas lojas para torná-las mais interativas, e isso tem gerado mais visitas às lojas e mais vendas. A renovação parece se concentrar no entretenimento, especialmente apropriado por causa de sua marca e de seus consumidores. Especificamente, o novo formato de varejo da Disney ostenta mais recursos para entreter os compradores, como uma mesa em que se podem montar carros do filme popular "Carros" da Disney-Pixar ou um castelo de dois andares das princesas onde as crianças podem entrar (STEPHENS, 2016).

SERVIÇO

Anteriormente, definiu-se que produto inclui serviços primários ou essenciais, como cortes de cabelo, reparos em carros e tratamentos médicos. Aqui, serviço conforme Lewis e Bridges (2004) refere-se às atividades auxiliares ou periféricas realizadas para melhorar o produto primário ou serviço primário. Assim, poderíamos considerar os reparos em carros um produto (serviço primário), enquanto pegar e levar o carro gratuitamente seria considerado um serviço auxiliar.

Embora Hoyer, Macinnis e Pieters (2016) não tratem os serviços como um componente separado do composto de marketing, nós o fazemos por causa do papel crítico que eles desempenham na determinação da participação de mercado e do preço relativo em mercados competitivos. Uma empresa que não administra explicitamente seus serviços auxiliares está em desvantagem competitiva.

Há um custo monetário para se fornecerem serviços auxiliares. Portanto, é fundamental que a empresa forneça apenas os serviços que acrescentam valor aos clientes-alvo. Fornecer serviços que os consumidores não valorizam pode resultar em custos altos e preços altos sem um aumento correspondente no valor ao cliente (KARDES, CRONLEY e CLINE, 2014).

Como ilustrou a Figura 3, o processo de decisão do consumidor ocorre entre a estratégia de marketing (como implementada no composto de marketing) e os resultados. Isto é, os resultados da estratégia de marketing da empresa são determinados por sua interação com o processo de decisão do consumidor. A empresa só pode ser bem-sucedida se os consumidores virem uma necessidade que pode ser suprida por seu produto, tomarem conhecimento do produto e suas habilidades, decidirem que ele é a melhor solução disponível, comprarem-no e ficarem satisfeitos com os resultados da compra. Uma parte significativa deste livro é dedicada a desenvolver uma compreensão do processo de decisão do consumidor (MOTHERSBAUGH *et al.*, 2020).

POSICIONAMENTO DO PRODUTO

Godin (2019) articula quer o resultado mais fundamental de uma estratégia de marketing para uma empresa é o posicionamento do produto – uma imagem do produto ou da marca na mente do consumidor em relação aos produtos e marcas concorrentes. Essa imagem consiste em um conjunto de crenças, representações visuais e sentimentos acerca do produto ou da marca. Não exige a compra ou o uso para se desenvolver. É determinado pelas comunicações da empresa e de outras fontes sobre a marca, bem como da experiência direta com ela.

A maioria das empresas de marketing especifica o posicionamento do produto desejado para ser atingido por suas marcas e mede esse posicionamento continuamente. Isso acontece porque uma marca cujo posicionamento se equipare ao posicionamento desejado de um mercado-alvo tem mais probabilidade de ser comprada quando surgir a necessidade de comprar esse produto (MARK e PEARSON, 2017).

VENDAS E LUCROS

Tybout e Calkins (2018) descrevem que as vendas e os lucros são um resultado fundamental, visto que produzem a receita necessária para a empresa continuar funcionando. Portanto, praticamente todas as empresas avaliam o sucesso de seus programas de marketing em termos de receitas das vendas e dos lucros. Como já vimos, as vendas e os lucros provavelmente só ocorrerão se a análise inicial do consumidor for correta e se o composto de marketing se adequar ao processo de decisão do consumidor.

SATISFAÇÃO DO CLIENTE

Os profissionais de marketing descobriram que geralmente é mais lucrativo manter os clientes existentes do que substituí-los por clientes novos. Manter os clientes atuais exige que eles fiquem satisfeitos com a compra e o uso do produto. Assim, a satisfação do cliente é uma das principais preocupações dos profissionais de marketing (SOLOMON, 2016).

Como indica a Figura 4, convencer os consumidores de que uma marca oferece um valor superior é necessário para fazer a venda inicial. Obviamente, para ser bem-sucedido nessa tarefa, é fundamental ter um conhecimento minucioso das necessidades potenciais dos consumidores e de seus processos de obtenção de informação. No entanto, gerar consumidores satisfeitos e, portanto, vendas futuras, exige que os consumidores continuem a acreditar que a marca atende às necessidades deles e oferece valor superior depois que eles a usaram (GRAVES, 2011).

Você deve proporcionar tanto ou mais valor do que seus clientes inicialmente esperavam, e esse valor deve ser suficiente para satisfazer às necessidades deles. Isso exige um conhecimento ainda maior acerca do comportamento do consumidor segundo Lewis e Bridges (2004).

Figura 4 – Gerando consumidores satisfeitos

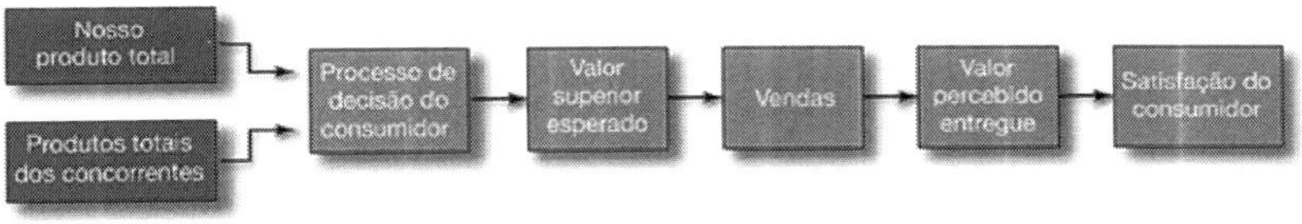

Fonte: Lewis e Bridges (2004)

SATISFAÇÃO DAS NECESSIDADES

Hoyer, Macinnis e Pieters (2016) descrevem que o resultado mais óbvio do processo de consumo para um indivíduo, quer a compra seja realizada ou não, é algum nível de satisfação da necessidade que iniciou o processo de consumo. Isso pode variar de zero (ou mesmo negativo se a compra aumentar a necessidade em vez de reduzi-la) até completo. Dois processos fundamentais estão envolvidos – a satisfação real da necessidade e a satisfação percebida da necessidade.

Esses dois processos têm uma relação estreita, e com frequência são idênticos. No entanto, às vezes, são diferentes. Por exemplo, as pessoas podem tomar um suplemento alimentar porque acreditam que ele está melhorando sua saúde enquanto, na verdade, pode não ter nenhum efeito direto sobre a saúde ou pode até ter efeitos negativos. Um dos objetivos da regulamentação governamental e de grupos de consumidores é assegurar que os consumidores possam julgar adequadamente até que ponto os produtos estão atendendo às suas necessidades (STEPHENS, 2016).

CONSUMO PREJUDICIAL

Embora tenhamos a tendência de nos concentrar nos benefícios do consumo, devemos ter consciência de que o comportamento do consumidor tem um lado negro. O consumo prejudicial ocorre quando indivíduos ou grupos tomam decisões de consumo que têm consequências negativas para seu bem-estar no longo prazo (HOYER, MACINNIS e PIETERS, 2016).

Os exemplos podem incluir (a) excesso de gasto devido a esforços de marketing agressivos e ao crédito barato; (b) consumo de produtos que não são saudáveis como *fast-food*, cigarros, álcool etc.; e (c) prática de atividades como jogos de azar que podem ter consequências financeiras devastadoras para alguns.

As bebidas alcoólicas cafeinadas foram um produto que chamou a atenção da FDA. Elas tendem a ter um volume grande e também contêm níveis elevados de álcool e cafeína. Estima-se que uma lata dessas novas bebidas alcoólicas cafeinadas tenha o mesmo impacto nos indivíduos que bebem cinco ou seis cervejas. Essas bebidas também aumentam as chances de as pessoas apresentarem comportamentos perigosos como dirigir sob efeito de alguma substância, em parte porque a cafeína faz com que elas percam a noção do quanto estão intoxicadas (SOLOMON, 2016).

Embora esses sejam assuntos com os quais devemos nos preocupar e que abordaremos ao longo deste livro, também devemos observar que o consumo de álcool parece ter surgido junto com a civilização, e as evidências de jogos de azar são praticamente tão antigas quanto (STEPHENS, 2016).

Os consumidores fumavam e mastigavam tabaco bem antes de a mídia e a comunicação de massa existirem do modo como as conhecemos, e o consumo de drogas ilícitas continua a crescer no mundo todo, apesar da falta de marketing de grande escala ou mesmo de propaganda. Assim, embora as atividades de marketing baseadas no conhecimento do comportamento do consumidor sem dúvida intensifiquem algumas formas de consumo prejudicial, elas não são a única causa e, como veremos em breve, também podem ser parte da cura (MOTHERSBAUGH *et al.*, 2020).

RESULTADOS ECONÔMICOS

O impacto cumulativo das decisões de compra dos consumidores, incluindo a decisão de abrir mão do consumo, é um importante determinante do estado da economia de um dado país. As decisões de comprar ou poupar afetam o crescimento econômico, a disponibilidade e o custo do capital, os níveis de emprego, e assim por diante (MOTHERSBAUGH *et al.*, 2020).

Os tipos de produtos e marcas comprados influenciam a balança de pagamentos, as taxas de crescimento da indústria e os níveis salariais. As decisões tomadas em uma sociedade, em particular sociedades ricas e populosas, como os Estados Unidos, a Europa Ocidental e o Japão, têm um grande impacto sobre a saúde econômica de muitos outros países (SOLOMON, 2016).

RESULTADOS NO AMBIENTE FÍSICO

Os consumidores tomam decisões que têm um grande impacto sobre o ambiente físico de sua própria sociedade e o de outras. O efeito cumulativo das decisões dos consumidores dos EUA, por exemplo, de utilizar carros particulares relativamente grandes em vez de transporte de massa resulta em uma poluição significativa do ar nas cidades americanas, bem como no consumo de recursos não renováveis de outros países (STEPHENS, 2016).

As decisões das pessoas na maioria das economias desenvolvidas e em muitas economias em desenvolvimento de consumir carne como fonte principal de proteína resultam no desmatamento de florestas tropicais para transformá-las em pasto, na poluição de muitas bacias hidrográficas devido a áreas de alimentação de grande escala, e em um uso ineficiente dos grãos, da água e da energia para produzir proteínas. Além disso, parece que produz problemas de saúde para muitos consumidores (KARDES, CRONLEY e CLINE, 2014).

Mothersbaugh *et al.*, (2020) exemplifica, que os efeitos semelhantes estão sendo observados à medida que o etanol (produzido a partir do milho, da cana-de-açúcar ou do arroz) está se tornando uma alternativa popular para o petróleo como fonte de combustível para automóveis.

O alto custo do combustível, juntamente com o desvio dos grãos da alimentação para o combustível, está aumentando o custo dos alimentos e ameaça elevar os níveis de pobreza ao redor do mundo.

Tais resultados atraem uma publicidade bastante negativa. No entanto, esses recursos estão sendo utilizados por causa da demanda dos consumidores, que, por sua vez, consiste nas decisões que você e eu, nossas famílias e nossos amigos tomam!

CAPÍTULO 4

A NATUREZA DO COMPORTAMENTO DO CONSUMIDOR

A Figura 5 é o modelo que Stephens (2016) usam para entender a estrutura e o processo geral do comportamento do consumidor e para organizar este livro. É um modelo conceitual. Não contém detalhes suficientes para prever comportamentos específicos; no entanto, reflete nossas crenças acerca da natureza geral do comportamento do consumidor.

Os indivíduos desenvolvem uma autoimagem e subsequentes estilos de vida com base em uma variedade de influências internas (principalmente psicológicas e físicas) e externas (principalmente sociológicas e demográficas). Essa autoimagem e esses estilos de vida geram necessidades e desejos, muitos dos quais exigem decisões de consumo para satisfazê-los.

Quando os indivíduos se deparam com situações relevantes, o processo de decisão do consumidor é ativado. Esse processo e as experiências e aquisições que produz, por outro lado, influenciam a autoimagem e o estilo de vida do consumidor ao afetar suas características internas e externas.

Figura 5 – Panorama do Comportamento do Consumidor

Influência no consumidor

Cultura	Etnicidade
Personalidade	Família
Fase de vida	Valores
Renda	Recursos disponíveis
Atitudes	Opiniões
Motivações	Experiências anteriores
Sentimentos	Grupos de pares
Conhecimentos	

Influência organizacionais

Marca	Atributos do produto
Propaganda	Boca a boca
Promoções	Displays
Preço	Qualidade
Serviço	Ambiente da loja
Conveniência	Programas de fidelidade
Embalagem	Disponiblidade do produto

Obteção
- Como decide o que quer comprar?
- Outros produtos que considera comprar?
- Onde comprar?
- Como pagar?
- Como transportar casa?

Consumo
- Como você usa o produto?
- Como guarda o produto em casa?
- Quem usa o produto?
- Quanto é consumido?
- Como o produto se compara as expectativas?

Eliminação
- Como voce se livra dos restos do produto?
- Quanto você joga fora após o uso?
- Se você mesmo revende os itens, ou por consignação de terceiros
- Como você recicla alguns produtos?

Comportamento do consumidor

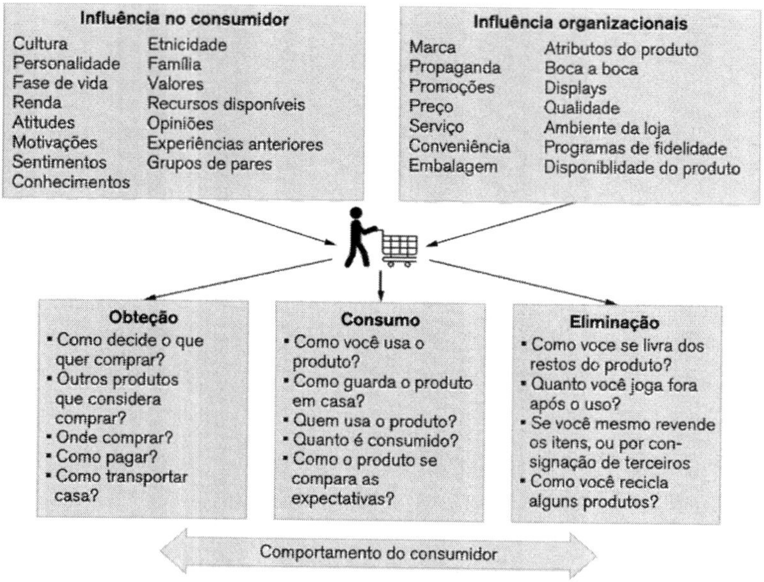

Fonte: Stephens (2016)

É claro que a vida raramente é tão estruturada quanto a Figura 5 e quanto a nossa discussão sobre ela parece sugerir até agora. O comportamento do consumidor dificilmente é tão simples, estruturado, consciente, mecânico ou linear. Uma rápida análise de nosso comportamento e daquele de nossos amigos revelará que, pelo contrário, o comportamento do consumidor frequentemente é complexo, desorganizado, inconsciente, orgânico e circular (MOTHERSBAUGH *et al.*, 2020).

Lembre-se: a Figura 5 é apenas um modelo, um ponto de partida para nossa análise. Ele foi feito para ajudá-lo a pensar no comportamento do consumidor. Enquanto você olha para o modelo e lê os capítulos seguintes com base nesse modelo, relacione continuamente as descrições no livro com o magnífico mundo do comportamento do consumidor que está à sua volta.

Os fatores mostrados na Figura 5 recebem um tratamento detalhado nos capítulos subsequentes. Forneceremos um breve resumo para que você possa ver inicialmente como eles funcionam e se encaixam. Nossa discussão aqui e nos capítulos seguintes percorre o modelo no sentido da esquerda para a direita.

O SIGNIFICADO DO CONSUMO

À medida que prosseguirmos neste livro, descreveremos os resultados de estudos sobre o comportamento do consumidor, discutiremos teorias sobre o comportamento do consumidor e apresentaremos exemplos de programas de marketing projetados para influenciar o comportamento do consumidor.

Ao ler este material, no entanto, não perca de vista o fato de que o comportamento do consumidor não é apenas uma área de estudo ou uma base para desenvolver uma estratégia de marketing ou de regulamentação. O consumo frequentemente tem um significado profundo para o consumidor.

Analisemos este exemplo a seguir proposto por Stephens (2016). Considere o exemplo de um homem chamado André. Recém-saído da condição de sem-teto, André tem orgulho evidente de ter sido capaz de economizar para comprar um par de tênis da Nike.

Ele sem dúvida poderia ter comprado uma marca diferente que atenderia a suas necessidades físicas, além de custar menos. Embora ele não diga por que comprou o tênis da Nike, mais caro, uma interpretação razoável é que ele funciona como um símbolo visível de que André voltou a ser um membro bem-sucedido da sociedade. Na verdade, a Nike às vezes é criticada por criar, por meio de suas atividades de marketing, símbolos de sucesso e status indevidamente dispendiosos.

VARIAÇÕES CULTURAIS NO COMPORTAMENTO DO CONSUMIDOR

Muitas vezes as empresas almejam ser globais. Os benefícios podem ser significativos, mas os desafios são descomunais. As adaptações, os ajustes e as considerações necessárias quando se faz negócio em um país e entre fronteiras culturais são enormes. Os exemplos a seguir (Target, Coelhinhos e Apple) ilustram as questões de marca e de logotipo criadas pela lei mundial de marcas registradas (MORIN, 2011).

Vejam estes exemplos a seguir propostos por Solomon (2016). Target: Estados Unidos versus Austrália – Target, a rede varejista com 1.800 lojas e sede em Minneapolis, estabeleceu recentemente no Canadá suas primeiras lojas fora dos EUA. Embora seja o primeiro empreendimento da Target além das fronteiras dos EUA, desde 1968 há lojas de departamento da Target na Austrália.

A Target Austrália (300 lojas, $3,8 bilhões de receita anual) carrega uma estranha semelhança com a Target dos EUA, apresentando o mesmo (a) nome com a mesma fonte; (b) o logotipo com o centro do alvo vermelho e branco na frente das lojas, nos sites e nos anúncios; e (c) o slogan *"Expect more, Pay less"* [Espere por mais, pague menos], bem como uma mistura de produtos que provavelmente os consumidores não distinguiriam daquela oferecida pela Target dos EUA.

A explicação para essa ocorrência sugere Solomon (2016) é que aparentemente estranha pode ser encontrada na lei de marcas registradas e no desenvolvimento histórico de marcas locais e regionais em um tempo que a globalização prevalecia menos. Em sua maioria, as marcas registradas podem se estabelecer apenas em um país por vez. Uma empresa com negócios em diversos países deve obter marcas registradas para o nome separadamente para cada país (a Target dos EUA fez isso em 1966-1967; a Target da Austrália, em 1968).

O motivo pelo qual a Target dos EUA teria permitido isso é especulação, mas um especialista sugere: [...] as duas Targets [provavelmente] tinham algum tipo de acordo informal. Há cinquenta anos, o varejo era primariamente um negócio local e havia muito poucas, se existia alguma, marcas verdadeiramente globais. A ideia de que a Target dos EUA e a Target da Austrália cruzariam os caminhos de alguma maneira parecia ser, na melhor das hipóteses, remota. Hoje a Target EUA e a Target Austrália não competem diretamente. No entanto, a natureza globalizada das compras por parte do consumidor, a permeabilidade das fronteiras dos países proporcionada pelo acesso à Internet e o desejo da Target dos EUA de crescer para além de suas fronteiras pintam um cenário que poderia criar desafios e conflitos mais adiante.

Coelhinhos cor-de-rosa: Energizer versus Duracell – A natureza localizada das leis de marcas registradas também explica a existência de dois coelhinhos de pilhas, o da Energizer, nos Estados Unidos e Canadá, e o da Duracell, na Europa e Austrália. Em 1973, a Duracell criou o Coelhinho da marca para personificar a longa duração das pilhas.

Em uma campanha publicitária mundial veiculada de 1973 a 1980, o coelho tocando tambor movido pelas pilhas Duracell sobreviveu àqueles que também tocavam tambor movidos pelas pilhas rivais. No entanto, em 1987, quando a Duracell não conseguiu renovar a marca registrada de seu Coelhinho nos Estados Unidos, a Energizer aproveitou para registrar o Coelhinho da marca, que portava óculos escuros, usava sandálias de dedo, tinha um pelo cor-de-rosa bem mais vibrante e tocava em um tambor notavelmente maior. Hoje os consumidores nos Estados Unidos e no Canadá estão familiarizados com o coelhinho da Energizer de pelo cor-de-rosa que usa óculos e toca tambor e que "dura e dura", enquanto o coelhinho da Duracell de pelo cor-de-rosa e camisa cor de cobre existe apenas na Europa e na Austrália.

Apple: Computadores e Música – A Apple Computer, conhecida como Apple, Inc., está no ápice do mundo tecnológico e é uma marca icônica global. A Apple Corporation é a empresa dos Beatles. Tanto a Apple Computer quanto a Apple Corporation têm uma maçã como logotipo e, porque as duas empresas se sobressaíram nas suas esferas distintas (computadores versus música), elas conseguiram resolver as diferenças da marca registrada. No entanto, as coisas ficaram obscuras quando a Apple Computer entrou no mundo da música via iTunes. Em 2006, os tribunais decidiram a favor da Apple Computer, e ambas as empresas chegaram a um acordo de licenciamento em 2007.

Como veremos ao longo deste capítulo e do livro, nomes, sinais e símbolos geram imagens, crenças e atitudes em relação a marcas que são importantes propulsores do comportamento dos consumidores. As leis locais e globais que regem como os nomes das marcas e os logotipos operam nas fronteiras dos países são fundamentais à luz da importância do significado incorporado de tais nomes e símbolos para os consumidores que compram essas marcas.

Mothersbaugh *et al.*, (2020) argumentam que fazer marketing através de fronteiras culturais é uma tarefa difícil e desafiadora. Como mostra a Figura 6, as culturas (e os países) podem ser diferentes em termos de fatores demográficos, idiomas, comunicações não verbais e valores. O sucesso de profissionais de marketing globais depende de como eles entendem essas diferenças e se adaptam a elas.

Figura 6 – Fatores culturais afetam o comportamento do consumidor e a estratégia de marketing

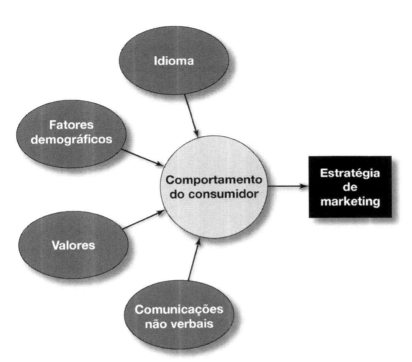

Fonte: Mothersbaugh *et al.*, (2020)

Neste capítulo, nos concentraremos nas variações culturais dos valores e das comunicações não verbais. Além disso, descreveremos rapidamente como as variações nos fatores demográficos em diversos países e culturas influenciam os padrões de consumo.

Stephens (2016) sugere que antes de começarmos nossa discussão, precisamos mencionar questões mais amplas do marketing intercultural, incluindo globalização, atitudes em relação a marcas multinacionais e considerações éticas. A globalização significa mais do que exportar e importar produtos. Ela pode envolver exportar e importar valores, estilos de vida e atitudes.

Historicamente, tal influência tem sido considerada primariamente de mão única – ou seja, grandes marcas e empresas multinacionais dos EUA e do Ocidente influenciam os valores e o estilo de vida dos países onde entram. E, sem dúvidas, isso ocorre. Por exemplo, a propaganda televisiva em países como China e Índia é extensa e reflete muitos valores ocidentais, como o individualismo e a ênfase na juventude. Ao longo do tempo, esse tipo de propaganda influenciará não apenas o modo como os chineses e os indianos decidem viver (estilo de vida), mas também o que eles valorizam e o modo como pensam e sentem (UNDERHILL, 2009).

Cada vez mais, no entanto, globalização significa influência mútua, já que produtos, marcas, culturas e valores vão e vêm ao redor do mundo. Então, enquanto as marcas do Ocidente como a Mercedes ainda são consideradas um símbolo de luxo nos países orientais como o Japão, as marcas orientais como a japonesa Lexus agora têm desenvolvido um status similar de luxo nos países ocidentais como os Estados Unidos (GRAVES, 2011).

Outros exemplos incluem segundo Solomon (2016):

- O futebol sendo importado para os Estados Unidos, em particular conforme simbolizado pelo astro inglês David Beckham, enquanto o futebol americano (chamado *olive ball* pelos chineses) está sendo exportado para a China.

- *Harajuku*, um termo amplo para moda urbana e casual desenvolvida pela juventude japonesa que tem consciência de estilo, que muitas vezes incorpora elementos do estilo ocidental, mas de maneira única e criativa, tem se tornado popular ao redor do mundo.

- A moda e os produtos brasileiros se tornaram febre em Londres quando "a elegância brasileira" foi comercializada em lojas de departamento e eventos culturais e contou com uma cobertura positiva da mídia. Tendências semelhantes estão ocorrendo não só nos Estados Unidos como também ao redor do mundo.

Embora a globalização possa influenciar valores culturais, seria um erro pensar que todas as culturas estão ficando homogêneas. Enquanto as gerações mais jovens de consumidores parecem ser muito mais semelhantes, modernas e, em alguns casos, ocidentais, os consumidores mais velhos nesses mesmos mercados se apegam a valores tradicionais que devem ser respeitados (LEWIS e BRIDGES, 2004).

Por exemplo, a China parece ter copiado com afinco (e lucrativamente) os shows de concursos de TV como American Idol (Supergirl é a versão chinesa). No entanto, os legisladores de lá criaram regulamentos para obrigar os participantes a agir de forma mais conservadora e evitar que os jurados constrangessem os que estavam na disputa. De acordo com Kardes, Cronley e Cline (2014):

> As autoridades estão agindo contra a natureza sensacionalista e ligeiramente rebelde dos programas de calouros, que promovem o individualismo e a conquista pessoal. Os vencedores se tornam ídolos com extrema influência sobre os cidadãos chineses. "Supergirl" também apresentou o conceito de voto aos chineses.

Além dos mais velhos e das autoridades que tentam manter os valores culturais tradicionais, os consumidores ao redor do mundo, em geral, têm grande orgulho da herança local e às vezes não confiam nas marcas internacionais ou se ressentem delas, por considerá-las irresponsáveis e prejudiciais à cultura e ao negócio locais. De fato, Mothersbaugh *et al.*, (2020) indicam que, independentemente do país, há quatro tipos básicos de cidadãos no mundo:

- Cidadãos globais (55%) – Positivos perante marcas internacionais, vendo-as como um sinal de qualidade maior; a maioria se preocupa com a responsabilidade da empresa em relação ao país local. Proeminentes no Brasil, na China e na Indonésia. Raros nos Estados Unidos e no Reino Unido.

- Sonhadores globais (23%) – Positivos perante marcas internacionais, comprando-as por causa dos aspectos simbólicos positivos; menos preocupados com a responsabilidade corporativa em relação ao país local. Igualmente distribuídos nos países.

- Antiglobais (13%) – Negativos perante marcas internacionais; não gostam de marcas que pregam valores dos EUA; não confiam em multinacionais. Proporção maior no Reino Unido e na China. Proporção menor no Egito e na África do Sul.

- Agnósticos globais (9%) – Não baseiam as decisões em nomes de marcas globais; avaliam as marcas internacionais como fariam com as locais; não veem as marcas globais como especiais. Proporção maior nos Estados Unidos e na África do Sul. Proporção menor no Japão, na Indonésia, na China e na Turquia.

A responsabilidade corporativa e as questões éticas podem variar de políticas de trabalho a influências sobre o consumo de produtos ligados a consequências negativas. Um exemplo são as empresas de tabaco americanas, que estão comercializando seus produtos de forma agressiva em países em desenvolvimento da Ásia, América Latina, África e Europa Oriental (LEWIS e BRIDGES, 2004).

O fumo atualmente é a principal causa de morte na Ásia, onde os aumentos alarmantes nos níveis de fumo entre as mulheres são uma grande preocupação. Como observa um agente da Organização Mundial da Saúde (OMS):

> No Japão observam-se marcas de cigarro ocidentais comercializadas como um tipo de ferramenta de libertação. Vemos as empresas de fumo convocarem as jovens mulheres japonesas para fazerem valer seus direitos, deixar de lado as inibições e fumar.

Obviamente, existem questões éticas sutis e diretas envolvidas no marketing internacional (UNDERHILL, 2009).

INFLUÊNCIAS DO GRUPO SOBRE O COMPORTAMENTO DO CONSUMIDOR

Hoyer, Macinnis e Pieters (2016) manifestam que os termos grupo e grupo de referência precisam ser discriminados. Um grupo é definido como dois ou mais indivíduos que compartilham um conjunto de normas, valores ou crenças e têm certos relacionamentos um com o outro, definidos implícita ou explicitamente de modo que seus comportamentos sejam interdependentes.

Um grupo de referência é um grupo cujas perspectivas ou valores presumidos são utilizados por um indivíduo como base para seu comportamento atual. Assim, um grupo de referência é simplesmente um grupo que um indivíduo utiliza como guia para seu comportamento em uma situação específica (HOYER, MACINNIS e PIETERS, 2016).

A maioria de nós faz parte de inúmeros grupos diferentes e talvez quisesse fazer parte de vários outros. Quando estamos ativamente envolvidos em um grupo específico, ele geralmente funciona como grupo de referência. À medida que a situação muda, podemos basear nosso comportamento em um grupo totalmente diferente, que então se torna nosso grupo de referência (STEPHENS, 2016).

Podemos fazer parte de diversos grupos simultaneamente, mas, em geral, usamos apenas um grupo como ponto principal de referência em qualquer situação específica. Isso é ilustrado na Figura 7 segundo Stephens (2016).

Figura 7 – Os grupos de referência mudam quando as situações mudam

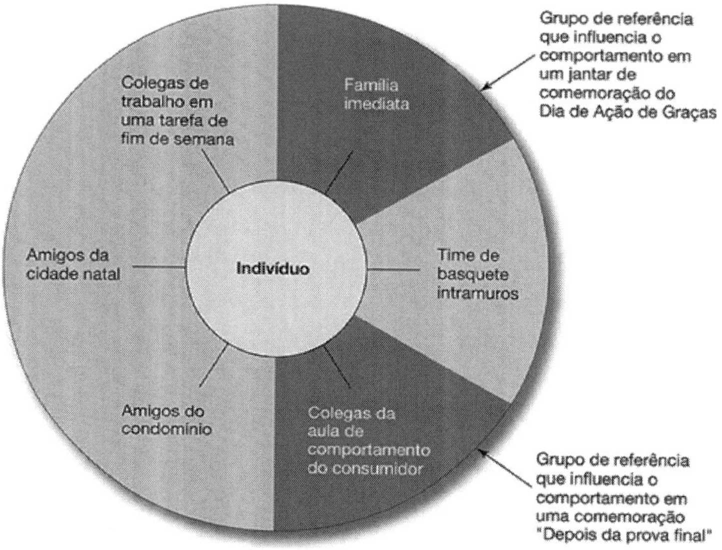

Fonte: Stephens (2016)

Os grupos podem ser classificados de acordo com inúmeras variáveis. Quatro critérios são particularmente úteis: (1) associação; (2) força do laço social; (3) tipo de contato; e (4) atração. O critério de associação é dicotômico: ou a pessoa é membro de um grupo específico ou não é membro desse grupo. Obviamente, alguns membros se associam com mais certeza que outros; isto é, alguns membros sentem que realmente pertencem a um grupo, enquanto outros não têm essa segurança.

A força do laço social refere-se à proximidade e intimidade das conexões do grupo. Os grupos primários, como família e amigos, envolvem laços fortes e interação frequente. Os grupos primários normalmente exercem considerável influência. Os grupos secundários, como as associações profissionais e de vizinhança, envolvem laços mais fracos e interação menos frequente (SOLOMON, 2016).

O tipo de contato especifica se a interação é direta ou indireta. O contato direto envolve a interação frente a frente, enquanto o contato indireto não. A Internet, em particular, tem aumentado a importância dos grupos de referência indiretos na forma de comunidades virtuais, que serão posteriormente discutidas com mais detalhes neste capítulo.

A atração refere-se à desejabilidade que a associação a um grupo tem para um indivíduo. Pode variar de negativa até positiva. Grupos com desejabilidade negativa – grupos de referência dissociativos – podem influenciar o comportamento da mesma forma que aqueles com desejabilidade positiva. Por exemplo, os adolescentes tendem a evitar os estilos de roupa associados a consumidores mais velhos (KARDES, CRONLEY e CLINE, 2014).

Grupos aos quais não estamos associados e têm uma atração positiva – grupos de referência aspiratórios – também exercem uma forte influência. Os indivíduos frequentemente compram produtos que acreditam que são usados por um grupo aspiratório de modo a conquistar a participação real ou simbólica no grupo (HOYER, MACINNIS e PIETERS, 2016).

SUBCULTURAS DE CONSUMO

Solomon (2016) descreve que a subcultura de consumo é um subgrupo distinto da sociedade cujos membros selecionam a si mesmos com base no compromisso compartilhado em relação a uma classe de produto, marca ou atividade de consumo específica. Esses grupos têm (1) uma estrutura social hierárquica identificável; (2) um conjunto de crenças ou valores compartilhados; e (3) jargão, rituais e modos de expressão simbólica singulares. Portanto, são grupos de referência para os próprios membros e para aqueles que aspiram a se associar a eles ou a evitá-los.

Muitas dessas subculturas, da cultura do *hip-hop* à jardinagem e ao paraquedismo, foram examinadas. Cada uma delas tem um conjunto de membros que selecionam a si mesmos. Têm hierarquias em níveis local e nacional. E também têm crenças compartilhadas, jargões e rituais singulares (UNDERHILL, 2009).

A maioria dos hobbies e participações em esportes têm subculturas de grupos com base no consumo construídas ao seu redor. O consumo não precisa ser compartilhado fisicamente para ser um ritual compartilhado que cria e sustenta um grupo.

Observe que nem todos – nem mesmo a maioria – os proprietários de produtos ou participantes de uma atividade se tornam membros da subcultura de consumo associada a eles. Por exemplo, uma pessoa pode gostar do seriado de televisão Star Trek sem se tornar membro da subcultura associada.

Decidir fazer parte de uma subcultura de consumo envolve compromisso, assim como a aquisição das crenças e dos valores do grupo, a participação em atividades indiretas e o uso do jargão e dos rituais. Considere o trecho a seguir sobre a subcultura do consumo girando em torno do tênis sofisticado e de edição limitada, cujos membros mais fiéis são chamados *sneakerheads* (SOLOMON, 2016).

COMUNIDADES DE MARCA

As subculturas de consumo se concentram nas interações dos indivíduos em torno de uma atividade, categoria de produto ou, ocasionalmente, uma marca.

Uma comunidade de marca é uma comunidade sem fronteiras geográficas, baseada em um conjunto estruturado de relacionamentos sociais entre os proprietários de uma marca e o relacionamento psicológico que eles têm com a marca em si, o produto utilizado e a empresa. Uma comunidade é caracterizada pela consciência de grupo, por rituais e tradições compartilhados e por um senso de responsabilidade moral (KARDES, CRONLEY e CLINE, 2014).

A Jeep, juntamente com seus proprietários entusiastas, criou comunidades de marca, como descrevemos no início deste capítulo, assim como o fizeram o Saab, o Ford Bronco e o MG (um carro esportivo britânico). Os seguintes exemplos ilustram a natureza das comunidades de marca:

Consciência de grupo

Há diversas novas classes de condutores manchando a reputação do grupo porque acham, equivocadamente, que o simples fato de ser dono de uma Harley [Davison] os torna motociclistas. Trata-se do mesmo tipo de ignorância perigosa que sugere que dar uma alcachofra a um cachorro fará com que ele se transforme em um gourmet.

Rituais e tradições

Nos últimos 7 anos, patrocinamos uma viagem durante o outono no hemisfério norte. Sempre partimos no primeiro final de semana de outubro... Nós chegamos ao Blue Rige Parway que foi feito para MGs, sabe – estradas na serra, curvas e morros. Passamos as noites de sextas e sábados nas montanhas e então voltamos. No primeiro ano, havia sete ou oito pessoas; no ano passado, eram 23 carros.

Responsabilidade moral

Um proprietário entusiasta de um MG mostra um senso de dedicação em ajudar outros donos de MGs a ponto de deixar um estranho (que acabou se tornando um amigo) ficar em sua casa de graça por algumas noites para esperar por algumas peças de reparo do veículo. "Adoro, porque qualquer um que tenha um MG é imediatamente aceito [...] Ajudaria qualquer um que tivesse interesse em carros britânicos."

COMUNIDADES VIRTUAIS E REDES SOCIAIS

Uma comunidade virtual é uma comunidade que interage ao longo do tempo em torno de um assunto de interesse na Internet. Essas interações podem acontecer de diversas formas, incluindo plataformas de mensagens *online* e grupos de discussão, blogs, sites profissionais e sites de grupos sem fins lucrativos (MOTHERSBAUGH *et al.*, 2020).

Godin (2019) indica que as comunidades virtuais existem para muitos participantes e que frequentemente há um senso de comunidade *online* que vai além das meras interações e inclui uma ligação afetiva ou emocional ao grupo *online*. Estudos descobriram comunicações frequentes entre subconjuntos desses grupos de interesse. Além disso, os padrões de comunicação indicam uma estrutura de grupo, com os membros mais experientes fazendo o papel de especialistas, e os líderes e membros mais novos pedindo conselho e informação. Esses grupos desenvolvem vocabulários singulares, uma netiqueta e os meios de se lidar com comportamentos considerados inadequados.

A extensão da conexão pode variar drasticamente entre os membros. Muitos membros observam as discussões do grupo sem participar. Outros participam, mas apenas em um nível limitado. Por exemplo, um dos autores deste livro visita um grupo de interesse sobre mergulho cerca de uma vez por ano. Ele pergunta sobre sites relacionados com mergulho e outras oportunidades recreacionais na área em que planeja passar as férias. Outros administram e criam conteúdo para o grupo (EYAL, 2020).

A mais recente evolução em andamento relacionada com comunidades virtuais envolve sites de redes sociais virtuais. Um site de rede social *online* é um serviço baseado na Web que permite que indivíduos (1) montem um perfil público ou semipúblico dentro de um sistema coeso, (2) articulem uma lista de outros usuários com os quais compartilham alguma conexão e (3) visualizem e atravessem sua lista de conexões e aquelas feitas por outros dentro do sistema (KOTLER, KARTAJAYA e SETIAWAN, 2021).

Os sites de redes sociais assumem diversas formas: são voltados para amizade (Facebook e Instagram), compartilhamento de mídias (Vimeo e YouTube), eventos (Sympla e Eventbrite), empresas ou marca (Toyota Friend) e *microblogging* (Twitter) (BRIDGER, 2018).

MARKETING, COMUNIDADES VIRTUAIS E REDES SOCIAIS

As comunidades *online* e as redes sociais são atraentes para os profissionais de marketing, que gastam mais de $4 bilhões em anúncios apenas em sites de redes sociais, o que equivale a quase 10% de toda a propaganda *online* (MOTHERSBAUGH *et al.*, 2020).

Godin (2019) retrata que as opções variam de banners-padrão e anúncios pop-up a abordagens mais sob medida que maximizam as características específicas do espaço como *tweets* patrocinados, canais no YouTube ou páginas no Facebook de marcas conhecidas. As comunidades *online* e as redes sociais são atraentes por uma série de razões, incluindo:

- O uso do consumidor é alto e crescente: cerca de metade dos adultos *online* e três quartos dos adolescentes *online* dizem que usam sites de redes sociais.
- A maioria dos consumidores que usam sites de redes sociais o faz para compartilhar informações, inclusive sobre marcas e produtos.
- O potencial de aquisição do consumidor parece alto, com 51% das empresas no Twitter e 68% das empresas no Facebook indicando que conquistaram um consumidor através desses canais.
- Aproximadamente dois terços dos consumidores que interagem com uma marca via mídia social estão mais propensos a se lembrar da marca, a compartilhar as informações sobre a marca com os outros, a se sentir conectado com a marca e a comprar a marca. No entanto, os consumidores não querem

apenas entretenimento ou marketing; eles querem conteúdo que lhes seja relevante e útil.

Embora os profissionais de marketing ainda estejam aprendendo como utilizar as mídias sociais de forma mais eficaz, alguns poucos princípios básicos têm surgido. O primeiro deles é ser transparente. Em comunidades *online* é fundamental que as empresas identifiquem os conteúdos postados e a si mesma. Os profissionais de marketing que não conseguem fazer isso correm o risco de serem descobertos e ficam sujeitos a críticas da comunidade.

CAPÍTULO 5

INFLUÊNCIAS DO GRUPO DE REFERÊNCIA SOBRE O PROCESSO DE CONSUMO

Todos nós buscamos estar em conformidade com diversos grupos de várias maneiras. Normalmente, temos consciência dessa influência, mas, muitas vezes, não. Antes de examinar as implicações dos grupos de referência para o marketing, precisamos examinar a natureza da influência do grupo de referência mais detalhadamente.

A NATUREZA DA INFLUÊNCIA DO GRUPO DE REFERÊNCIA

Kardes, Cronley e Cline (2014) descrevem que a influência do grupo de referência pode assumir três formas: informacional, normativa e por identificação. É importante fazer uma distinção entre esses tipos, visto que a estratégia de marketing necessária depende do tipo de influência envolvida.

A influência informacional ocorre quando um indivíduo usa os comportamentos e as opiniões do grupo de referência como fragmentos de informação potencialmente úteis. Essa influência é baseada na semelhança dos membros do grupo com o indivíduo ou na especialização do membro do grupo que está gerando a influência.

Dessa forma, uma pessoa pode observar que os corredores em uma equipe de corrida consomem uma marca específica de barra de cereais. Essa pessoa pode, então, decidir experimentar essa marca porque esses corredores saudáveis e ativos a consomem. O uso por parte dos membros da equipe de corrida, então, fornece informações diretas sobre a marca.

A influência normativa, muitas vezes chamada influência utilitária, ocorre quando um indivíduo corresponde às expectativas do grupo para conquistar uma recompensa direta ou evitar uma sanção. Você pode comprar uma marca específica de vinho para conquistar a aprovação de um colega. Ou pode evitar usar a última moda por medo da provocação dos amigos ou para ser aceito por eles. Como você pode imaginar, a influência normativa tem mais poder quando os indivíduos têm laços fortes com o grupo e o produto envolvido é socialmente visível.

Propagandas que prometem a aceitação ou aprovação social se um produto for utilizado têm por base a influência normativa. Da mesma forma, propagandas que sugerem a desaprovação do grupo se um produto não for usado, como um enxaguante bucal ou um desodorante, também têm por base a influência normativa.

A influência por identificação, também chamada influência por valores, ocorre quando os indivíduos internalizaram os valores e normas do grupo. Estes, então, guiam o comportamento do indivíduo sem que ele pense nas sanções ou recompensas do grupo de referência. O indivíduo aceitou os valores do grupo como seus próprios. O indivíduo se comporta de modo coerente com os valores do grupo porque seus valores e os do grupo são iguais.

A Figura 8 ilustra uma série de situações de consumo e o tipo de influência do grupo de referência que atua em cada caso conforme Stephens (2016).

CAPÍTULO 5   63

Figura 8 – Situações de consumo e influência do grupo de referência

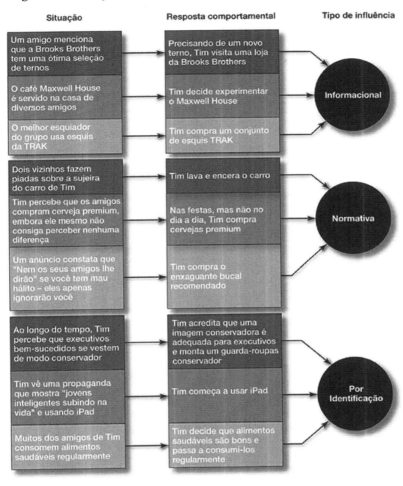

Fonte: Stephens (2016)

GRAU DE INFLUÊNCIA DO GRUPO DE REFERÊNCIA

Os grupos de referência podem não ter influência em determinada situação ou podem influenciar o uso da categoria de produtos, o tipo de produto usado ou a marca utilizada (GRAVES, 2011).

Conforme Mothersbaugh *et al.*, (2020), a tabela 1 mostra de que modo duas características da situação de consumo – necessário/desnecessário e consumo visível/privativo – se combinam para afetar o grau em que a influência do grupo de referência pode atuar em uma situação específica.

Grau de necessidade		
	Necessário	**Desnecessário**
Consumo	Pouca influência do grupo de referência sobre o produto	Muita influência do grupo de referência sobre o produto
Visível	Necessidades públicas	Luxos públicos
Muita influência do grupo de referência sobre a marca	Influência: Pouca sobre o produto e muita sobre a marca	Influência: Muita sobre o produto e a marca
	Exemplos:	Exemplos:
	Calçados	Snowboard
	Carros	Academia de ginástica
Privativo	Necessidades privativas	Luxos privativos
Pouca influência do grupo de referência sobre a marca	Influência: Pouca sobre o produto e a marca	Influência: Muita sobre o produto e a marca
	Exemplos:	Ofurô
	Sabão em pó	Ofurô
	Apólice de seguro	Sistema de home theater

Fonte: adaptado de Mothersbaugh *et al.*, (2020)

Com base na Tabela 1, surgem dois determinantes da influência do grupo de referência:

- A influência do grupo é maior quando o uso do produto ou marca é visível para o grupo. Produtos como tênis de corrida são altamente visíveis. Produtos como vitaminas geralmente não são. O grupo de referência normalmente influencia apenas os aspectos do produto (categoria, tipo ou marca) visíveis ao grupo.

- A influência do grupo de referência é maior quanto menor a necessidade de um item. Assim, os grupos de referência têm muita influência sobre a posse de produtos como *snowboards* ou roupas de estilistas, mas muito menos influência sobre produtos necessários como refrigeradores.

Três determinantes adicionais da influência do grupo de referência incluem:

- Em geral, quanto maior o compromisso de um indivíduo em relação a um grupo, mais esse indivíduo irá se conformar às normas do grupo.
- Quanto mais relevante uma atividade específica é para o funcionamento do grupo, maior a pressão para se conformar às normas do grupo em relação a essa atividade. Dessa forma, o estilo da roupa pode ser importante para um grupo social que frequentemente janta junto em restaurantes requintados e sem importância para um grupo que se encontra para jogar basquete nas noites de quinta-feira.
- O último fator que afeta o grau de influência do grupo de referência é a confiança do indivíduo durante a situação de compra. Isso pode acontecer até se o produto não for visível ou importante para o funcionamento do grupo como resultado da importância da decisão e da falta de confiança do indivíduo ao comprar esses produtos. Traços de personalidade dos indivíduos podem influenciar a confiança e, portanto, podem ser suscetíveis à influência do grupo de referência.
- Segundo Hoyer, Macinnis e Pieters (2016) a figura 9 resume os principais determinantes, os quais os profissionais do marketing podem usar para avaliar o grau de influência do grupo na categoria do produto e na marca.

Figura 9 – Determinantes da influência do grupo de referência durante a situação de consumo

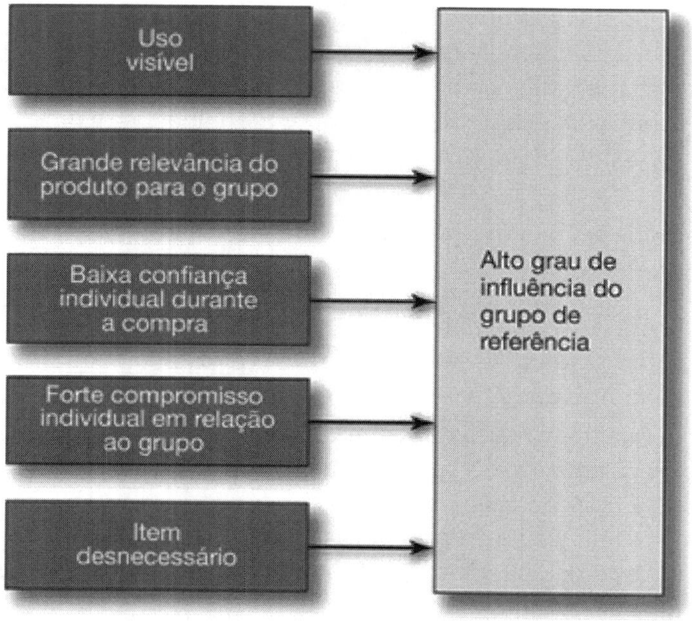

Fonte: Hoyer, Macinnis e Pieters (2016)

ESTRATÉGIAS DE MARKETING BASEADAS NAS INFLUÊNCIAS DOS GRUPOS DE REFERÊNCIA

Os profissionais de marketing devem determinar primeiro o grau e a natureza da influência do grupo de referência que existe, ou que pode ser criada, para o produto em questão. A Figura 9 fornece o ponto de partida para essa análise.

CAPÍTULO 5

ESTRATÉGIAS DE VENDAS PESSOAIS

A força dos grupos foi demonstrada pela primeira vez em uma série clássica de estudos. Mostra-se a oito sujeitos um tabuleiro com quatro linhas retas – três retas desiguais estão agrupadas mais próximas, e outra aparece a certa distância delas. Pede-se que os sujeitos determinem qual das três linhas desiguais está mais próxima do comprimento da quarta linha, mostrada a certa distância (UNDERHILL, 2009).

Stephens (2016) ilustra que os sujeitos devem anunciar seus julgamentos em público. Sete dos sujeitos trabalham para o experimentador, e eles anunciam opções erradas. A ordem de pronunciamento é organizada de modo que o sujeito sendo testado responda por último. O sujeito sendo testado quase sempre concorda com o julgamento incorreto dos outros. Isso é conhecido como fenômeno Asch.

Solomon Asch conduziu um experimento para investigar até que ponto a pressão social de um grupo majoritário poderia afetar a conformidade de uma pessoa. Ele acreditava que o principal problema com o experimento de conformidade de Sherif (1935) era que não havia uma resposta correta para o experimento autocinético ambíguo. Como poderíamos ter certeza de que uma pessoa se conformava quando não havia uma resposta correta?

Asch (1951) concebeu o que hoje é considerado um experimento clássico em psicologia social, segundo o qual havia uma resposta óbvia para uma tarefa de julgamento de linha. Se o participante desse uma resposta incorreta, ficaria claro que isso se devia à pressão do grupo.

Aparentemente, as pessoas se conformam por dois motivos principais: porque querem se encaixar no grupo (influência normativa) e porque acreditam que o grupo está mais bem informado do que elas (influência informacional). Imagine como é mais forte a pressão para se conformar entre amigos ou quando a tarefa é menos bem definida, como no caso de escolher uma marca ou estilo em relação a outro (LEWIS e BRIDGES, 2004).

Considere esta aplicação direta do fenômeno Asch nas vendas pessoais. Um grupo de clientes potenciais é convidado para uma apresentação de vendas. À medida que cada design é apresentado, o vendedor avalia as expressões das pessoas no grupo, procurando aquela que demonstra aprovação do design (por exemplo, balançando a cabeça para cima e para baixo).

O vendedor, então, pede uma opinião a essa pessoa, visto que certamente será favorável. Depois, pede que essa pessoa lhe dê mais detalhes. Enquanto isso, o vendedor avalia os rostos das outras pessoas, buscando mais apoio, e pede a opinião da pessoa que agora demonstra aprovação.

O vendedor continua até que a pessoa que inicialmente demonstrou desaprovação é conquistada. Dessa forma, usando a primeira pessoa como modelo, e exercendo pressão social do grupo até a última pessoa, o vendedor faz com que todas ou quase todas as pessoas do grupo façam uma declaração positiva sobre o design (STEPHENS, 2016).

ESTRATÉGIAS DE PROPAGANDA

Os profissionais de marketing muitas vezes posicionam o produto como adequado a atividades em grupo. Os vinhos franceses criaram uma imagem de ser um tanto caros e esnobes. Muitos consumidores os viam como adequados apenas a ocasiões muito especiais.

Conforme Graves (2011) os profissionais de marketing usam todos os três tipos de influência do grupo de referência ao desenvolver propagandas. Esse tipo de propaganda usa um grupo de referência de especialistas (por exemplo, dentistas, médicos e professores) como agente de informação. Outra abordagem é mostrar membros de um grupo usando um produto. A mensagem, geralmente não declarada, é que "esse tipo de pessoa acha que esta marca é a melhor; se você for como ela, também vai achar".

A influência normativa do grupo não é tão retratada em propagandas como no passado. Ela envolve a sugestão explícita ou implícita de que o resultado de usar – ou não usar – a marca será que os membros de um grupo a que você pertence ou ao qual deseja pertencer irão lhe dar uma recompensa ou uma punição. Uma razão para o uso reduzido dessa técnica são as questões éticas de se presumir que os amigos de uma pessoa tomariam como base suas reações perante os outros de acordo com suas compras.

As propagandas que mostravam os amigos de uma pessoa dizendo coisas negativas sobre ela pelas costas porque seu café não estava excelente (sim, houve uma campanha assim) foram criticadas por manipular as inseguranças e os medos das pessoas.

A influência por identificação baseia-se no fato de que o indivíduo internalizou os valores e as atitudes do grupo. A tarefa da propaganda é demonstrar que o produto está de acordo com as crenças do grupo e, portanto, com as do indivíduo. Muitas vezes, isso envolve mostrar a marca sendo utilizada por um tipo específico de grupo, como solteiros socialmente ativos ou pais de crianças pequenas.

Comunicações dentro de grupos e liderança de opinião

Aprendemos sobre novos produtos, serviços e marcas, bem como lojas de informação e varejistas, com nossos amigos e outros grupos de referência de duas maneiras fundamentais. A primeira é observando ou participando com eles do uso dos produtos e serviços. A segunda é buscando ou recebendo conselho e informação na forma de comunicação boca a boca. A comunicação boca a boca envolve indivíduos compartilhando informação com outros indivíduos em uma forma verbal, incluindo o contato pessoal, por telefone e pela Internet, principalmente pelas mídias sociais (MOTHERSBAUGH *et al.*, 2020).

As mídias sociais são parte de uma revolução *online*, algumas vezes chamada Web 2.0, que envolve tecnologias que permitem aos usuários alavancar as capacidades singulares colaborativas e interativas da Internet. Essas tecnologias e formatos incluem comunidades *online*, sites de redes sociais, sites de crítica dos consumidores e blogs (KOTLER, KARTAJAYA e SETIAWAN, 2021).

A mídia social *online* permite que os usuários não só formem grupos, afiliem-se a eles e se comuniquem com outros grupos e indivíduos, mas também cria e distribui o conteúdo original de maneiras impossíveis no passado. Tal conteúdo gerado pelo consumidor está mudando o cenário do marketing. Os profissionais de marketing não mais controlam completamente os processos de comunicação, mas agora são observadores e participantes em um diálogo contínuo que muitas vezes é conduzido pelos próprios consumidores (MADRUGA, 2018).

Diferentes tipos de consumidores geram tipos distintos de conteúdo em diferentes níveis, conforme mostrado a seguir por Kotler, Kartajaya e Setiawn (2021):

- **Criadores:** Essas pessoas criam seu conteúdo – sites, blogs e vídeos para plataformas como o YouTube. Os criadores tendem a ser adolescentes ou jovens de 20 e poucos anos.

- **Críticos:** Essas pessoas são bloggers e postam avaliações e críticas. Os críticos tendem a ser um pouco mais velhos do que os criadores – geralmente estão no final da adolescência ou têm por volta de 25 anos.

- **Sociáveis:** Essas pessoas usam os sites das redes sociais. Os sociáveis variam majoritariamente de adolescentes até pessoas com 20 e tantos anos. Os sociáveis representam uma proporção muito maior da população do que os criadores e os críticos.

- **Espectadores:** Essas pessoas consomem o conteúdo dos outros lendo os blogs, assistindo aos vídeos e assim por diante. Os espectadores incluem os jovens também, mas tendem a agregar mais membros de gerações mais velhas.

- **Inativos:** Essas pessoas estão *online*, mas não participam das mídias sociais. Os inativos tendem a ser mais velhos.

Os criadores e os críticos são os verdadeiros líderes da conversa e opinião na Web 2.0. Eles são, em essência, os líderes de opinião e os e-fluenciadores – que mencionaremos brevemente –, cuja influência não pode ser subestimada. Os profissionais de marketing estão descobrindo que, neste novo mundo das mídias sociais, eles devem pensar mais em termos de se juntar à conversa e participar, do que controlá-la.

Os consumidores geralmente confiam mais nas opiniões das pessoas (familiares, amigos e conhecidos) do que nas comunicações de marketing porque, diferentemente das comunicações de marketing, essas fontes pessoais não têm motivo para não expressar suas opiniões e sentimentos verdadeiros. Como consequência, a comunicação boca a boca pode ter uma influência muito grande sobre as decisões de consumo e o sucesso dos negócios.

Estima-se que dois terços de todas as decisões de consumo de produtos sejam influenciados pela comunicação boca a boca. Pesquisas recentes mostram quanta crença os consumidores colocam na comunicação boca a boca pessoal versus propagandas, no caso de vários produtos e serviços.

Como sugere essa informação, a importância da comunicação boca a boca geralmente é alta, e sua importância em relação à propaganda varia um pouco de acordo com o tipo de produto. Além do mais, a propaganda tradicional na mídia de massa ainda tem uma relevância, especialmente nos estágios iniciais do processo de decisão, incluindo a construção da percepção da marca. As experiências negativas são potentes motivadoras da comunicação boca a boca, um fator que deve ser considerado por profissionais de marketing porque a comunicação boca a boca negativa pode influenciar fortemente a atitude e o comportamento de quem a recebe.

Por sua vez as experiências negativas, altamente emocionais e memoráveis, motivam os consumidores a falar. Embora o número varie de acordo com a situação e o produto, não é tão incomum descobrir que consumidores insatisfeitos comentam duas vezes mais sobre suas experiências do que aqueles satisfeitos.

Embora meramente satisfazer aos consumidores (fornecer o que eles esperam) possa nem sempre motivar a comunicação boca a boca, ir além da satisfação para fornecer mais do que o esperado também parece ter o potencial para gerar uma comunicação boca a boca substancial.

Portanto, as empresas devem considerar estratégias para "encantar" os consumidores ou criar experiências emocionais positivas que motivem os consumidores a passar isso adiante na forma de comunicação boca a boca positiva (MADRUGA, 2018).

Obviamente, é fundamental para as empresas fornecer qualidade de serviço e um produto consistente, além de respostas positivas e rápidas para as reclamações dos consumidores. Mais ainda, é importante observar que nem todas as fontes pessoais têm o mesmo valor. Algumas pessoas são conhecidas em seus círculos sociais como "referência" para tipos específicos de informação (TYBOUT e CALKINS, 2018).

Esses indivíduos ativamente filtram, interpretam ou fornecem informações relevantes sobre o produto ou a marca para seus familiares, amigos e colegas. Um indivíduo que faz isso é conhecido como líder de opinião. O processo de uma pessoa receber uma informação da mídia de massa ou outras fontes e repassá-la para outras pessoas é conhecido como fluxo de comunicação em duas etapas. O fluxo em duas etapas explica alguns aspectos da comunicação dentro de grupos, mas é simplista demais para responder pela maioria dos fluxos de comunicação (HOYER, MACINNIS e PIETERS, 2016).

O fluxo de comunicação em várias etapas envolve líderes de opinião sobre um produto específico que ativamente buscam informações relevantes na mídia de massa e em outras fontes. Esses líderes de opinião processam essa informação e transmitem suas interpretações sobre ela a alguns membros de seus grupos. Esses membros do grupo também recebem informação da mídia de massa, bem como de membros do grupo que não são líderes de opinião (KARDES, CRONLEY e CLINE, 2014).

Conforme Stephens (2016) a Figura 10 também indica que essas pessoas, que não são líderes de opinião, muitas vezes, pedem informação e fornecem *feedback* para os líderes de opinião. Da mesma forma, os líderes de opinião recebem informação de seus seguidores, bem como de outros líderes de opinião. Observe como a mídia social facilita o processo *online* do fluxo de comunicação em várias etapas.

Figura 10 – Probabilidade de buscar um líder de opinião

Envolvimento com o produto/compra	Conhecimento sobre o produto	
	Alto	Baixo
Alto	Probabilidade Moderada	Alta Probabilidade
Baixo	Baixa Probabilidade	Probabilidade Moderada

Fonte: Stephens (2016)

SITUAÇÕES EM QUE OCORREM A COMUNICAÇÃO BOCA A BOCA E A LIDERANÇA DE OPINIÃO

Hoyer, Macinnis e Pieters (2016) defendem que a troca de conselhos e informações entre membros de um grupo pode ocorrer diretamente, na forma de comunicação boca a boca, quando (1) um indivíduo pede informação a outro ou (2) quando um indivíduo oferece informação de forma voluntária. Também pode ocorrer indiretamente, por meio da observação, como um subproduto da interação normal do grupo.

Imagine que você esteja prestes a fazer uma compra em uma categoria de produtos com a qual não está muito familiarizado. Imagine, também, que a compra seja importante para você – talvez um novo aparelho de som, esquis ou uma bicicleta. Como você decidiria qual tipo e marca comprar?

A probabilidade é que você, entre outras coisas, pergunte a algum conhecido que você acredita que conhece a categoria de produtos. Essa pessoa seria um líder de opinião para você. Observe que descrevemos uma situação de compra de alto envolvimento na qual o comprador tem um conhecimento limitado acerca do produto para tomar uma decisão importante.

A Figura 10 ilustra de que modo esses fatores levam a diferentes níveis de liderança de opinião. Além de buscar ou oferecer informação explicitamente, os membros do grupo fornecem informação uns aos outros por meio de comportamentos observáveis.

CARACTERÍSTICAS DOS LÍDERES DE OPINIÃO

Kardes, Cronley e Cline (2014) articulam que a característica mais evidente é um envolvimento de longo prazo com a categoria de produto maior que o envolvimento dos que não são líderes de opinião no grupo. Isso é chamado envolvimento duradouro e leva a um maior conhecimento e experiência em relação à categoria do produto ou atividade.

Esse conhecimento e essa experiência tornam possível a liderança de opinião. Dessa forma, um indivíduo tende a ser um líder de opinião apenas para grupos específicos de produtos ou atividades.

A liderança de opinião funciona principalmente por meio das comunicações e observações interpessoais. Essas atividades ocorrem com mais frequência entre indivíduos com características demográficas semelhantes. Dessa forma, não é de surpreender que os líderes de opinião sejam encontrados em todos os segmentos demográficos da população e raramente difiram de forma significativa das pessoas que influenciam em termos de variáveis demográficas.

Os líderes de opinião tendem a ser mais gregários que as outras pessoas, o que pode explicar a tendência a fornecer informações aos outros. Eles também têm níveis mais altos de exposição à mídia relevante do que os que não são líderes de opinião. E os líderes de opinião de todo o mundo parecem ter traços semelhantes.

Identificar e ter como alvo os líderes de opinião é importante. *Off-line*, os líderes de opinião podem ser atingidos por meio de fontes especializadas de mídia. Por exemplo, a Nike poderia supor que muitos assinantes da Runner's World servem como líderes de opinião no que diz respeito a tênis de corrida e *jogging*.

Online, os líderes de opinião muitas vezes podem ser identificados em termos de suas atividades e influência em determinada área. Matt Halfill, um *sneakerhead* que virou blogueiro (o blog dele é o NikeKicks), é considerado um líder de opinião na cultura do tênis, e empresas como a Nike anunciam em seu blog.

CONHECEDORES, INFLUENCIADORES E E-FLUENCIADORES DO MERCADO

Hoyer, Macinnis e Pieters (2016) argumentam que os líderes de opinião tendem a ser especialistas. Isto é, seu conhecimento e envolvimento tendem a ser específicos para um produto ou atividade. Portanto, enquanto uma pessoa pode ser líder de opinião para motocicletas, provavelmente será buscadora de opinião para outros produtos, como telefones celulares ou aparelhos de som.

No entanto, alguns indivíduos têm informação sobre muitos tipos diferentes de produtos, lugares onde comprar e outros aspectos do mercado. Eles tanto iniciam discussões com outras pessoas sobre produtos e compras como respondem a pedidos de informações de mercado. Esses influenciadores generalizados do mercado são os conhecedores do mercado. Em essência, os conhecedores do mercado são um tipo especial de líder de opinião.

Os conhecedores do mercado fornecem uma quantidade significativa de informação para outras pessoas acerca de uma ampla gama de produtos, incluindo bens duráveis e não duráveis, serviços e tipos de lojas. Eles fornecem informação sobre a qualidade do produto, as vendas, os preços praticados, a disponibilidade do produto, as características dos funcionários da loja e outras características relevantes para os consumidores.

Os conhecedores do mercado são usuários frequentes da mídia. Também são mais extrovertidos e conscienciosos, o que impulsiona sua tendência de compartilhar informações com os outros. Demograficamente, os conhecedores do mercado tendem a ser semelhantes àqueles que influenciam.

A Roper Starch (uma empresa de pesquisa de mercado) tem acompanhado, há mais de 30 anos, um grupo de influenciadores generalizados do mercado que tem uma natureza muito semelhante à dos conhecedores do mercado. Esses consumidores, que eles chamam influenciadores, representam cerca de 10% da população e têm amplas redes de contato social que lhes permitem influenciar as atitudes e os comportamentos dos outros 90% da população.

Os influenciadores são usuários frequentes da mídia impressa, como jornais, revistas e Internet, e têm mais tendência do que a população geral a se envolver em recomendações boca a boca sobre produtos, serviços, marcas e mesmo novos sites a visitar.

Os conhecedores da Internet também existem. Os adolescentes conhecedores da Internet são capazes de influenciar as decisões familiares dos pais, funcionando como intermediários para a informação na Web. A Roper Starch e a Burston-Marsteller identificaram um grupo de consumidores que eles chamam e-fluenciadores.

Os e-fluenciadores representam cerca de 10% da comunidade adulta *online*, mas sua influência é extensiva porque eles transmitem notícias, informações e experiências para uma ampla gama de pessoas tanto *online* quanto *off-line*.

Esses e-fluenciadores usam ativamente a Internet para reunir e disseminar informações por meio de numerosos caminhos, incluindo as mídias sociais. O fator número um para abrir e-mails não solicitados é a familiaridade com a marca. Uma marca de confiança e uma boa presença *online* certamente são fundamentais para alcançar os e-fluenciadores.

ESTRATÉGIA DE MARKETING, COMUNICAÇÃO BOCA A BOCA E LIDERANÇA DE OPINIÃO

Solomon (2016) ressalta que os profissionais de marketing cada vez mais confiam na comunicação boca a boca e em consumidores que têm influência como parte de suas estratégias de marketing. Os fatores propulsores incluem os mercados fragmentados, mais difíceis de alcançar por meio da mídia de massa tradicional, um maior ceticismo do consumidor em relação às propagandas, e a percepção de que os líderes de opinião podem fornecer *insights* valiosos no processo de pesquisa e desenvolvimento.

Isso não significa que os profissionais de marketing deixaram de lado as abordagens da propaganda tradicional e da mídia de massa. Em vez disso, eles perceberam que, em muitos casos, poderiam fazer render muito mais os gastos com a mídia tradicional se pudessem ter acesso a esses consumidores que têm influência e que espalharão a notícia indiretamente, por meio da observação, ou diretamente, por meio da comunicação boca a boca.

Examinaremos a seguir algumas dessas estratégias de marketing projetadas para gerar comunicação boca a boca e estimular a liderança de opinião.

PROPAGANDA

Stephens (2016) esclarece que a propaganda pode estimular e simular a comunicação boca a boca e a liderança de opinião. O estímulo envolve temas projetados para encorajar os proprietários atuais a falarem sobre a marca (contar a um amigo) ou os proprietários potenciais a perguntarem aos proprietários atuais (perguntar a alguém que possui a marca) suas impressões.

As propagandas podem tentar estimular a comunicação boca a boca, gerando interesse e empolgação. A Dove gerou interesse usando uma combinação de propaganda e as chamadas ferramentas de "transmissão" para estimular a comunicação boca a boca.

A marca veiculou um anúncio oferecendo duas barras gratuitas de Dove para qualquer pessoa que recomendasse três amigos, que também ganhariam uma barra gratuita de sabonete embalada em papel de presente com o nome do amigo iniciante na parte externa. Em vez de parecer uma amostra vinda de uma empresa gigantesca, parecia um presente vindo de um amigo.

Simular a liderança de opinião envolve ter um líder de opinião reconhecido – como Phil Mickelson para equipamentos de golfe – para endossar a marca. Ou pode envolver um líder de opinião recomendando o produto em um comercial do tipo "cenas da vida". Esses comerciais envolvem uma conversa "escutada sem querer" entre dois indivíduos na qual uma pessoa fornece conselhos sobre a marca para a outra.

Por fim, Stephens (2016) enfatiza que a propaganda pode apresentar os resultados de pesquisas mostrando que um alto percentual de indivíduos instruídos ("nove em cada dez dentistas pesquisados recomendam...") ou usuários típicos recomendam a marca.

AMOSTRAS DE PRODUTOS

Graves (2011) descreve que a distribuição de amostras (*sampling*), muitas vezes denominada "semeadura", envolve fazer chegar uma amostra do produto às mãos de um grupo de consumidores potenciais. A amostragem pode ser uma ferramenta de comunicação boca a boca especialmente poderosa quando envolve indivíduos com possibilidade de serem líderes de opinião.

Em um esforço para aumentar a preferência por Dockers entre o mercado urbano principal de 24 a 35 anos de idade, a Levi Strauss criou a posição de "criador urbano de redes" em cidades-chave. Os criadores urbanos de redes identificaram formadores de opinião emergentes em suas cidades e fizeram a ligação entre eles e os Dockers.

Isso pode envolver notar uma nova banda que está começando a fazer sucesso e fornecer Dockers aos membros. O objetivo era se associar a "eventos" jovens urbanos emergentes e influenciadores enquanto eles se desenvolviam.

VENDA PESSOAL/VAREJO

Kardes, Cronley e Cline (2014) explanam que existem diversas oportunidades para os varejistas e vendedores usarem a liderança de opinião. As lojas de roupas podem criar "quadros de dicas de moda" compostos de possíveis líderes da moda extraídos do mercado-alvo. Um exemplo seriam líderes de torcida e representantes de turma para uma loja como a Abercrombie & Fitch, cujo foco são os adolescentes mais velhos e universitários.

Varejistas e funcionários da área de vendas podem estimular seus clientes atuais a passar informações adiante para novos clientes potenciais. Por exemplo, um vendedor de automóveis, ou a concessionária, pode fornecer uma lavagem de carro ou troca de óleo grátis para clientes atuais que enviem amigos para procurar um carro novo.

Tais programas estão se tornando cada vez mais populares, e empresas como a United Airlines, Cingular e RE/MAX os usam. Pesquisas mostram que os programas são eficientes, em especial para incentivar a comunicação boca a boca positiva para aqueles com os quais os consumidores têm laços fracos em vez de fortes.

CRIANDO O BUZZ MARKETING

Solomon (2016) explica que o *buzz* marketing pode ser definido como a expansão exponencial da comunicação boca a boca. Ele acontece quando "as palavras se espalham como fogo selvagem" sem nenhuma – ou com pouca – propaganda em mídia de massa para apoiá-lo. O *buzz* marketing impulsionou a demanda pelo esmalte de unhas Hard Candy, como descrevemos anteriormente. Também criou sucessos gigantescos como Pokémon, Beanie Babies, o filme original da Bruxa de Blair, os livros de Harry Potter e Toy Story.

Os profissionais de marketing criam *buzz* marketing fornecendo aos líderes de opinião informações antecipadas e amostras de produtos, fazendo com que celebridades usem o produto, colocando o produto em filmes, patrocinando eventos "de sucesso" associados ao produto, limitando o fornecimento, buscando publicidade e, com isso, gerando empolgação e mistério acerca da marca.

O *buzz* marketing normalmente não tem o apoio de grandes verbas de propaganda, mas, em geral, é criado por atividades de marketing. De fato, criar o *buzz* marketing é um aspecto fundamental do marketing de guerrilha – marketing com uma verba limitada usando estratégias de comunicação não convencional. O marketing de guerrilha é sobre fazer uma "intensa conexão com indivíduos e acelerar o processo natural do boca a boca". Os exemplos de técnica de guerrilha incluem:

- A Sony Ericsson contratou atores bonitos para se fazerem passar por turistas em diversas áreas metropolitanas. Eles davam os telefones celulares ou as câmeras digitais aos transeuntes e lhes pediam para tirar uma foto, em um esforço de fazer a pessoa usar a câmera e conversar sobre ela.

- A Blue Cross Blue Shield (BC/BS) contratou pessoas para se pintarem de azul e depois lhes pediu para caminhar sem destino pelas ruas de Pittsburgh. Ninguém sabia o que era a campanha "Blue Crew" [Grupo Azul] e isso gerou um enorme *buzz* marketing. Quando a BC/BS revelou sua conexão com a campanha, o tráfego no site aumentou.

O *buzz* marketing não é apenas um marketing de guerrilha, e táticas de guerrilha devem ser usadas com cuidado. Os defensores dos consumidores estão cada vez mais preocupados com as táticas de guerrilhas. Há questões: (a) relativas aos consumidores, (b) éticas e (c) legais com furtividade e esforços secretos de marketing.

Do ponto de vista do consumidor, as pesquisas mostram que, quando os consumidores passam a ter consciência dos esforços secretos de marketing, a confiança do consumidor, o comprometimento e as intenções de compra são danificados.

Do ponto de vista ético, esconder a participação de uma marca no esforço de marketing coloca os consumidores em desvantagem porque, quando eles sabem, tendem a ser mais desconfiados com relação à tentativa de influência.

Do ponto de vista legal, há um movimento a favor de diretrizes mais rigorosas contra o marketing secreto, como, por exemplo, as novas diretrizes da FTC (Federal Trade Commission) com relação aos blogueiros e suas relações com os profissionais do marketing.

Você consegue observar outras preocupações éticas com relação ao marketing "de guerrilha" ou "secreto"? De que forma a abordagem da BzzAgent é diferente daquela da Sony Ericsson?

Criar um *buzz* marketing muitas vezes é parte de uma estratégia mais ampla que inclui significativa propaganda na mídia de massa. A Clairol tentou criar uma comunicação boca a boca para sua linha

True Intense Color [Cor Intensa Verdadeira] por meio de um programa de amostragem *online*.

Ela também lançou uma loteria baseada em corridas de cavalo – "Seja a atração" –, com o prêmio máximo de uma viagem com todas as despesas pagas para quatro pessoas assistirem à estreia do filme Legalmente Loira, alimentando o *buzz* marketing. No entanto, esses esforços logo foram complementados por uma grande campanha de propaganda na mídia de massa.

Como já vimos, a Internet continua a mudar a natureza das comunicações interpessoais. Novos caminhos estão evoluindo rápido, e a recompensa pode ser enorme para as empresas que podem aproveitar a velocidade e a facilidade da interconectividade que a internet permite. Eis alguns exemplos que Solomon (2016) nos traz:

- **Marketing viral** é uma estratégia *online* de "passar adiante". Ele "usa comunicações eletrônicas para ativar mensagens de marca por meio de uma rede ampla de compradores". O marketing viral assume muitas formas, mas normalmente envolve o e-mail. A Honda do Reino Unido desenvolveu uma campanha de marketing viral bem-sucedida que começou com criatividade "de ponta" na forma de uma propaganda de dois minutos chamada "The Cog". O anúncio foi ao ar no Reino Unido durante o Grande Prêmio de Fórmula 1 do Brasil para alcançar prováveis líderes de opinião e estava disponível no site da Honda. Foi então que o aspecto viral entrou em ação, uma vez que as pessoas fascinadas pela propaganda enviaram um e-mail para seus amigos e conhecidos no mundo todo. A Honda, a Volvo e a Gillette fazem parte de uma lista crescente de empresas que estão usando essas técnicas virais.

- **Blogs** são diários personalizados em que pessoas e organizações podem manter um diálogo constante. Os blogs podem ser usados de diversas maneiras por profissionais de marketing. Em primeiro lugar, eles podem anunciar propagandas em forma de banners e anúncios de pacotes com *feeds* do blog. Em segundo lugar, podem usar uma amostragem do produto colocando os produtos nas mãos de blogueiros bem conhecidos na categoria com a ideia de que criarão *buzz* marketing sobre eles em seus blogs. Em terceiro lugar, os profissionais de marketing podem usar blogs observando os importantes para a inteligência de marketing. Em quarto lugar, a empresa pode criar seu próprio blog e pôr um representante da empresa a cargo dele, como fez a Dell com o Direct2Dell e seu principal blogueiro.

- **Twitter** é uma ferramenta de microblog. Os *posts* são limitados a até 140 caracteres. O Twitter transformou-se rapidamente em uma das maiores mídias sociais e com crescimento rápido. Para os profissionais de marketing, há vários usos do Twitter. Em primeiro lugar, como vimos anteriormente, os consumidores podem postar reclamações ou solicitações de informação na conta do Twitter de uma marca, às quais as empresas podem responder. Em segundo lugar, as empresas podem usar um recurso do Twitter chamado *tweets* Promovidos.

O indicador de promoção (como um anúncio) aparece no *tweet* e, então, o *tweet* em si aparece nos resultados da pesquisa, mesmo para aqueles que não são seguidores da marca no Twitter. Por fim, as empresas como Sponsored Tweets e Ad.ly estão ligando as marcas a seus twitteiros influentes. Esses twitteiros, muitas vezes celebridades como Charlie Sheen e Kim Kardashian que têm milhões de seguidores, são pagos por twittar sobre marcas específicas, em geral, a um valor de $1.000 ou mais por *tweet*. Assim como com os blogs regulares, a transparência completa é uma faceta importante deste modelo.

- **Avaliações dos consumidores** e a funcionalidade delas em um site podem ser uma ferramenta fundamental no marketing. A Amazon permite que os consumidores postem avaliações dos produtos no site. Dado o poder da comunicação boca a boca, essa versão *online* desse tipo de comunicação é um poderoso influenciador de decisão. Por exemplo, descobriu-se que as receitas dos restaurantes crescem entre 5 a 9%

se a nota dos estabelecimentos no Yelp aumentar em uma estrela. No entanto, há, pelo menos, dois fatores com que os profissionais de marketing devem se preocupar em relação às avaliações *online*.

Em primeiro lugar, como as avaliações existentes são "informações públicas", elas tendem a "influenciar" críticas futuras naquela direção. Então, se as avaliações forem negativas, isso provavelmente alimenta mais o viés negativo do que se as avaliações fossem feitas de forma independente, sem conhecimento de avaliações anteriores.

Isso é um desafio tanto para os profissionais de marketing quanto para os consumidores. Os profissionais de marketing podem se deparar com uma batalha contra tendências mal orientadas, e os consumidores provavelmente não obterão o melhor conselho e o mais preciso. Uma segunda preocupação é com relação a avaliações falsas; estima-se que uma a cada sete avaliações seja falsa.

Astrosurfing é a prática em que as empresas compram avaliações positivas de si e negativas dos concorrentes. As empresas podem usar algoritmos para diferenciar as avaliações genuínas das falsas e então tomar providências jurídicas. A "compra" de avaliações falsas por parte de uma empresa em relação à outra também é parecida com o anúncio falso. A Samsung recentemente foi multada por contratar pessoas para criticar os produtos da HTC (uma concorrente).

Claramente, os profissionais de marketing estão aprendendo como alavancar o potencial da comunicação boca a boca da Internet. Será interessante ver o que o futuro reserva! Mas atenção, o *buzz* marketing e a comunicação boca a boca não estão confinados às estratégias tradicionais *off-line*.

CAPÍTULO 6

PERCEPÇÃO DO CONSUMIDOR

Morin (2011) define que a percepção é um processo que começa com a exposição e a atenção do consumidor aos estímulos de marketing e termina com a interpretação do consumidor. Como o exemplo de abertura sugere, a exposição e a atenção são altamente seletivas – o que significa que o consumidor processa apenas uma pequena fração da informação disponível.

E, como veremos, a interpretação pode ser um processo extremamente subjetivo. Assim, a realidade e a percepção do consumidor acerca dessa realidade normalmente são bem diferentes. Os profissionais de marketing que desejam transmitir a mensagem da marca aos consumidores de modo eficaz devem entender a natureza da percepção e os muitos fatores que a influenciam. Ramsøy (2015) explica que o processamento de informações é uma série de atividades por meio das quais os estímulos são percebidos, transformados em informação e armazenados. A Figura 11 ilustra um modelo útil de processamento de informações com quatro etapas ou estágios principais: exposição, atenção, interpretação e memória. Os três primeiros constituem a percepção.

A exposição ocorre quando um estímulo, como um banner de propaganda, chega ao alcance dos nervos sensoriais receptivos de uma pessoa – a visão, neste exemplo. A atenção ocorre quando o estímulo (banner de propaganda) é "visto" (os nervos receptores passam as sensações ao cérebro para processamento). A interpretação é a atribuição de significado às sensações recebidas. A memória é o uso de curto prazo do significado para uma tomada de decisão imediata ou a retenção do significado no longo prazo.

A Figura 11 e a discussão anterior sugerem um fluxo linear da exposição até a memória. No entanto, esses processos ocorrem quase ao mesmo tempo e são claramente interativos. Por exemplo, a memória de uma pessoa influencia a informação à qual ela é exposta e presta atenção, e as interpretações que a pessoa atribui a essa informação. Ao mesmo tempo, a memória em si é moldada pela informação que está recebendo.

Tanto a percepção quanto a memória são extremamente seletivas. Da enorme quantidade de informação disponível, os indivíduos podem ser expostos e prestar atenção a apenas uma quantidade limitada. O significado atribuído a um estímulo é tanto ou mais uma função do indivíduo quanto o estímulo em si. Além disso, grande parte da informação interpretada não estará disponível na memória ativa quando o indivíduo tomar a decisão de compra.

Figura 11 – Processamento de informação para a tomada de decisão do consumidor

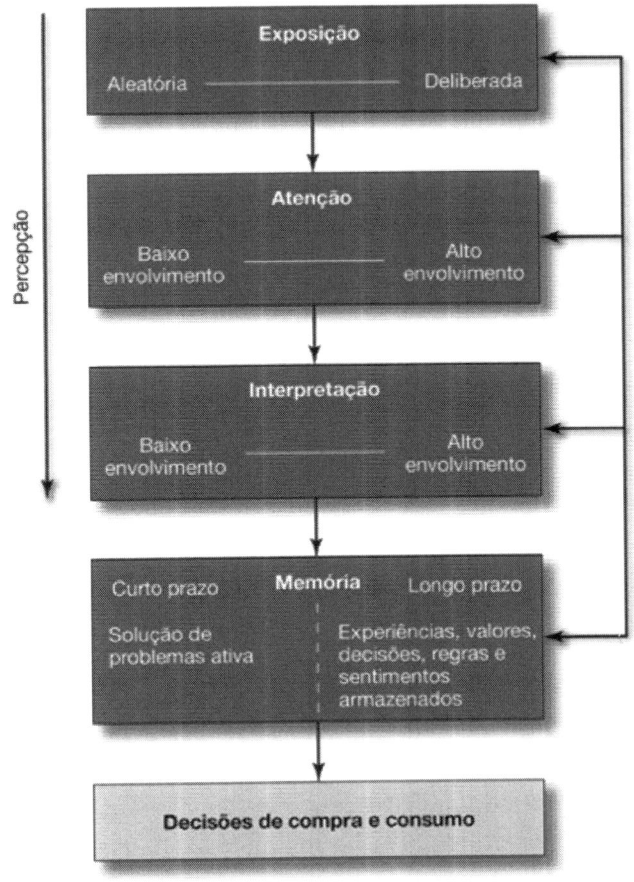

Fonte: Ramsøy (2015)

Essa seletividade, às vezes chamada defesas perceptivas, significa que os indivíduos não são receptores passivos das mensagens de marketing. Em vez disso, os consumidores determinam boa parte das mensagens que vão encontrar e notar, bem como o significado que atribuirão a elas. Evidentemente, o gerente de marketing enfrenta um desafio quando se comunica com os consumidores.

EXPOSIÇÃO

Zurawicki (2010) elucida que a exposição ocorre quando um estímulo é colocado dentro do ambiente relevante de uma pessoa e chega ao alcance dos nervos sensoriais de recepção. A exposição fornece aos consumidores uma oportunidade de prestar atenção à informação disponível, mas não a garante de forma alguma. Por exemplo, já aconteceu de você estar assistindo à televisão e perceber que não estava prestando atenção às propagandas veiculadas? Nesse caso, a exposição ocorreu, mas os comerciais provavelmente terão pouca influência devido à sua falta de atenção.

Um indivíduo pode ser exposto a apenas uma minúscula fração dos estímulos disponíveis. Atualmente, existem centenas de canais de televisão, milhares de estações de rádio e inúmeras revistas e sites. Os ambientes internos das lojas também estão congestionados com dezenas de milhares de itens individuais e propaganda. Mesmo na sociedade multitarefa de hoje existem limites.

Então, o que determina a exposição? É um processo aleatório ou premeditado? A maioria dos estímulos aos quais os indivíduos são expostos é "autosselecionada", isto é, as pessoas deliberadamente buscam a exposição a certos estímulos e evitam outros. Geralmente, as pessoas buscam informações que acham que lhes ajudarão a alcançar seus objetivos. Os objetivos de um indivíduo e as informações necessárias para alcançar esses objetivos são uma função do estilo de vida, atual e desejado, dessa pessoa e de motivos de curto prazo como fome ou curiosidade.

É claro que as pessoas também são expostas a um grande número de estímulos de forma mais ou menos aleatória durante suas atividades diárias. Enquanto dirigem, podem ouvir comerciais, ver cartazes em *outdoors* e expositores, e assim por diante, que eles não buscaram propositadamente.

Evitar os comerciais é um fenômeno global que se estende para além da televisão e inclui o rádio, a Internet, as revistas e os jornais. O ato de evitar propagandas depende de inúmeros fatores psicológicos e demográficos. Um estudo recente da Initiative examinou o ato de evitar propagandas globalmente e em diversas mídias. Descobriu-se que o ato de evitar propagandas é aumentado pelo estilo de vida (atarefado e agitado), classe social (mais alta) e fatores demográficos (consumidores mais jovens e do sexo masculino).

Além disso, o ato de evitar propagandas parece aumentar à medida que o congestionamento nas propagandas aumenta e as atitudes dos consumidores em relação à propaganda se tornam mais negativas. Os consumidores tendem a desgostar da propaganda (e ativamente evitá-la) quando a percebem como chata, não informativa e intrusa.

Na China, por exemplo, onde a novidade da variedade de propagandas e produtos está diminuindo, o ato de evitar propagandas está aumentando e os sentimentos acerca da propaganda estão se tornando mais negativos. Nas opções de ajuste *online*, os profissionais de marketing têm desenvolvido propagandas pop-up difíceis ou impossíveis de os usuários eliminarem.

Em uma atitude extremada, as salas de cinema começaram a veicular propagandas antes do filme, visto que possuem um público cativo e aumentam a recordação da propaganda mais do que a televisão. Tais técnicas devem ser utilizadas com cuidado, no entanto, visto que os consumidores podem reagir de modo muito negativo a essa exposição forçada. De fato, um estudo descobriu que muitos usuários *online* detestam tanto as propagandas pop-up que chegam a usar um software ou configurações para evitá-las completamente!

EXPOSIÇÃO VOLUNTÁRIA

Miller (2012) argumenta que embora os consumidores costumem evitar comerciais e outros estímulos de marketing, às vezes eles os buscam ativamente por diversas razões, incluindo objetivos de compra, entretenimento e informação. Como vimos anteriormente, os consumidores buscam ativamente os corredores que contêm os itens que desejam comprar. Além disso, muitos espectadores aguardam ansiosamente os comerciais desenvolvidos para o Super Bowl.

Talvez o mais impressionante seja a reação positiva que os consumidores têm aos infomerciais – comerciais com duração de programa que apresentam um número 0800 e/ou um endereço na Web através dos quais se pode fazer o pedido ou solicitar informações adicionais.

Isso afeta positivamente as atitudes da marca e as intenções de compra. E têm mais tendência a serem vistos por adotantes iniciais e líderes de opinião. Este último efeito implica uma influência indireta fundamental por meio da comunicação boca a boca. Também realça o papel que a informação e a relevância representam no estímulo à exposição voluntária às mensagens de marketing.

A exposição às mensagens e propagandas *online* também pode ser voluntária ou involuntária. Como vimos anteriormente, a exposição a banners de propaganda e pop-ups geralmente é involuntária, visto que os consumidores as encontram enquanto buscam outras informações ou entretenimentos. No entanto, um consumidor que clica no banner ou no pop-up (*click through*) agora está sendo voluntariamente exposto ao site indicado e sua mensagem de marketing.

Os consumidores também se expõem voluntariamente a mensagens de marketing ao visitar deliberadamente os sites de empresas e comerciantes. Por exemplo, se você vai comprar um carro novo, deve visitar os sites de fabricantes, como www.toyota.com, e sites independentes, como www.edmunds.com. Você também pode fazer um cadastro *online* para receber cupons ou atualizações/boletins informativos frequentes sobre os produtos ou serviços de uma empresa.

A natureza voluntária e autosselecionada de tais ofertas *online*, onde os consumidores fazem o "*opt in*" para receber promoções baseadas em e-mails, normalmente é chamada marketing baseado na permissão. Os consumidores controlam as mensagens a que são expostos e, consequentemente, são mais receptivos e sensíveis a essas mensagens.

Godin (2019) salienta que os conceitos de marketing baseados na permissão também estão sendo usados para melhorar a eficácia do marketing móvel em telefones celulares. Por fim, repare que o marketing viral e o *buzz* marketing se baseiam bastante na exposição voluntária do consumidor e na distribuição de mensagens de marketing.

ATENÇÃO

Cialdini (2021) fundamenta que a atenção ocorre quando o estímulo ativa um ou mais nervos sensoriais de recepção, e as sensações resultantes vão para o cérebro para processamento. A atenção exige que os consumidores aloquem recursos mentais limitados para o processamento do estímulo recebido, como embalagens vistas em prateleiras de lojas ou banners de propaganda na Web.

Como discutimos anteriormente, o ambiente de marketing está altamente congestionado, e os consumidores são constantemente bombardeados com milhares de vezes a quantidade de estímulos que conseguem processar. Portanto, a atenção do consumidor é seletiva.

Como declara Eyal (2020):

> "A cada ano é mais e mais importante destacar-se e ser notado, ser enfático, mas simples, e dizer algo relevante e convincente porque há cada vez menos oportunidades para falar com os consumidores e você não pode desperdiçar nenhuma chance".

Que fatores determinam e influenciam a atração? Talvez você esteja tentando comprar um aparelho celular. Quando você chega ao corredor de celulares, concentra sua atenção nas diversas marcas para fazer uma compra. No entanto, um anúncio em volume alto atrai rapidamente a sua atenção para longe da prateleira. Depois, você perde a concentração e começa a focalizar em produtos próximos que não havia notado antes. Esses produtos estavam disponíveis o tempo todo, mas não foram processados até que foi feito um esforço deliberado para isso.

Como esse exemplo demonstra, a atenção sempre ocorre dentro do contexto de uma situação. O mesmo indivíduo pode destinar níveis diferentes de atenção ao mesmo estímulo em situações diferentes. A atenção é determinada por estes três fatores: o estímulo, o indivíduo e a situação.

FATORES RELACIONADOS COM O ESTÍMULO

Segundo Page (2015), os fatores relacionados com o estímulo são as características físicas do estímulo em si. As características do estímulo, como tamanho e cor da propaganda, estão sob o controle do profissional de marketing e podem atrair a atenção independentemente das características relacionadas com o indivíduo ou a situação.

A atenção conquistada por fatores relacionados com o estímulo tende a ser relativamente automática. Então, mesmo que você pense que não está interessado em um carro (característica relacionada com o indivíduo), uma propaganda grande e colorida de um carro (característica relacionada com o estímulo) pode ser difícil de ignorar.

TAMANHO

Tybout e Calkins (2018) retratam que estímulos maiores têm mais tendência a serem notados que os menores. Isso certamente é o caso em prateleiras de lojas onde o espaço é cobiçado, e ter mais espaço na prateleira pode significar mais atenção e vendas. Como consequência, as empresas fabricantes de bens de consumo normalmente pagam aos varejistas uma taxa de locação para garantir espaço na prateleira.

INTENSIDADE

Zurawicki (2010) descreve que a intensidade (por exemplo: volume do som, brilho, comprimento) de um estímulo pode aumentar a atenção. Por exemplo, quanto mais tempo uma cena de anúncio fica na tela, mais probabilidade de ser notada e lembrada.

No contexto *online*, um aspecto da intensidade é a intrusividade ou o grau em que alguém é forçado a ver ou interagir com um banner de propaganda ou pop-up antes de conseguir ver o conteúdo desejado.

Por exemplo, um estudo em que o banner de propaganda era a única coisa na tela por um breve período antes de o consumidor ser conectado ao site desejado produziu mais de três vezes o nível de percepção da propaganda em comparação com o formato-padrão de banner, e quase 25 vezes a quantidade de cliques. Como vimos anteriormente, no entanto, aconselha-se ter cuidado com o uso da intrusão devido a atitudes negativas e bloqueios.

A repetição é relacionada com a intensidade. É o número de vezes em que um indivíduo é exposto a um determinado estímulo, como uma propaganda ou o logotipo da marca, ao longo do tempo.

A atenção geralmente diminui depois de exposições repetidas, particularmente quando essas exposições ocorrem em um curto período (a intensidade é alta). Por exemplo, descobriu-se que a atenção a diversas inserções da mesma propaganda impressa na mesma revista cai 50% entre a primeira e a terceira exposição.

No entanto, a diminuição na atenção geral causada pela repetição precisa ser interpretada à luz de dois fatores. Em primeiro lugar, os consumidores podem mudar o foco da atenção de uma parte da propaganda para outra em cada repetição. Você já notou algo novo em uma propaganda depois de vê-la algumas vezes? Isso é resultado de uma mudança na sua atenção, à medida que você se torna mais familiarizado com a propaganda.

Bridger (2018) sugere que os consumidores deixam de prestar atenção ao componente de marca da propaganda (nome, logotipo etc.) e passam a prestar atenção no componente de texto. Essa realocação de atenção é importante, visto que muitas das características de uma marca podem ser transmitidas por meio do texto da propaganda, mas convencer os consumidores a ler é difícil. O segundo fator é que a repetição normalmente reforça a memória.

ATRATIVOS VISUAIS

Ramsøy (2015) fomenta que os indivíduos tendem a ser atraídos por estímulos agradáveis e repelidos por estímulos desagradáveis. Isso explica a capacidade de atrativos visuais, como cenas em montanhas e modelos cativantes, atraírem a atenção do consumidor para uma propaganda.

De fato, o componente visual ou ilustrativo de uma propaganda pode ter uma forte influência sobre a atenção independentemente de outras características. Em um estudo de mais de 1.300 propagandas impressas, a figura da propaganda atraía mais atenção que qualquer outro elemento do anúncio (por exemplo, elementos de marca e texto), independentemente do tamanho.

Esse efeito de superioridade da imagem sobre a atenção demonstra a importância do componente visual de uma propaganda e sugere porque o uso pesado de imagens nas propagandas impressas contemporâneas pode ser justificado. No entanto, visto que a atenção é limitada, atrair a atenção para um elemento de uma propaganda pode desviá-la de outros elementos. Por exemplo, aumentar o tamanho da imagem em uma propaganda impressa reduz a atenção que os consumidores dedicam à marca.

Qualquer fator que atraia a atenção para si mesmo, repelindo a marca e seus argumentos de venda, tem de ser usado com cuidado. O componente visual de uma propaganda representa esse fator. Modelos atraentes representam outro. Uma empresa descobriu que colocar uma modelo vestida de modo provocante na propaganda impressa atraiu a atenção para a modelo, e não para o produto. Como consequência, a lembrança do consumidor em relação ao nome da marca 72 horas depois da exposição à propaganda foi reduzida em 27%.

COR E MOVIMENTO

Cerf e Garcia-Garcia (2017) descrevem que tanto a cor quanto o movimento servem para atrair a atenção, visto que itens coloridos e em movimento são mais perceptíveis. Certas cores e características da cor geram sentimentos de entusiasmo e excitação, relacionados com a atenção. Cores mais vivas são mais estimulantes do que tediosas. E as cores quentes, como os vermelhos e os amarelos, são mais estimulantes que as cores frias, como os azuis e os cinzas.

Dentro das lojas, uma embalagem ou um mostruário com cores vivas está mais apto a receber atenção. Varejistas interessados em encorajar a compra por impulso podem utilizar o vermelho em seus mostruários devido à sua capacidade de atrair atenção e gerar sentimentos de excitação.

Além disso, mostruários em pontos de venda com partes e sinalizações que se movem têm mais probabilidade de atrair a atenção e aumentar as vendas. Assim, empresas como a Eddie Bauer estão escolhendo sinalizações digitais dinâmicas em vez de mostruários estáticos.

A cor e o movimento também são importantes na propaganda. Assim, os banners de propaganda com animação dinâmica atraem mais atenção do que propagandas semelhantes sem animação dinâmica. Em um estudo das propagandas das Páginas Amarelas, as propagandas coloridas atraíam a atenção mais rapidamente, com mais frequência e durante mais tempo que os anúncios sem cores.

POSIÇÃO

Cialdini (2021) afirma que a posição refere-se à localização de um objeto no espaço físico ou no tempo. Em lojas varejistas, itens fáceis de encontrar ou que se destacam têm mais probabilidade de atrair a atenção. As pontas de gôndolas e os quiosques são utilizados com esse objetivo.

Além do mais, visto que os itens próximos do centro do campo visual de um consumidor têm mais tendência a serem notados do que aqueles na periferia, os fabricantes de bens de consumo competem ferozmente pelo espaço no nível do olhar em mercados.

Os efeitos da posição na propaganda com frequência dependem do meio e de como os consumidores normalmente interagem com esse meio. No contexto impresso, as propagandas nas páginas direitas recebem mais atenção que aquelas nas páginas esquerdas, baseado em como manuseamos revistas e jornais.

A atenção em uma propaganda também é afetada pela posição dos elementos e pelo modo como lemos. Os leitores norte-americanos têm a tendência de passar os olhos pela propaganda saindo do canto superior esquerdo e indo em direção ao canto inferior direito, muito semelhante ao sentido da leitura. Como consequência, as chamadas zonas de alto impacto em propagandas impressas e outros documentos impressos tendem a se localizar mais na direção superior e esquerda da propaganda.

Mothersbaugh *et al.*, (2020) incrementam que no contexto *online*, os banners verticais atraem mais atenção que os horizontais, talvez porque se destaquem da orientação tipicamente horizontal da maioria das comunicações impressas. Na televisão, a probabilidade de um comercial ser visto e lembrado cai radicalmente entre o primeiro a ser veiculado durante o intervalo e o último a ser veiculado, visto que os consumidores normalmente se envolvem em outras atividades durante os intervalos comerciais.

ISOLAMENTO

Lewis e Bridges (2004) ilustram que o isolamento significa separar um objeto de estímulo de outros objetos. Dentro de lojas, o uso de quiosques isolados é baseado neste princípio. Na propaganda, o uso do "espaço em branco" (colocar uma mensagem breve no centro de uma propaganda vazia ou em branco) é baseado neste princípio, como também o é cercar uma parte fundamental de um comercial de rádio com um breve momento de silêncio.

FORMATO

Graves (2011) justifica que os vendedores por catálogo que desejam mostrar diversos itens por página muitas vezes criam um ambiente em que a concorrência dos itens por atenção reduz o foco neles. No entanto, com uma arrumação e um formato adequados, essa concorrência por atenção pode ser reduzida, e as vendas, aumentadas. O formato refere-se ao modo como a mensagem é apresentada. Em geral, as apresentações simples e diretas recebem mais atenção que apresentações complexas.

Elementos na mensagem que aumentam o esforço necessário para processar a mensagem tendem a diminuir a atenção. Propagandas que não têm um ponto de referência visual claro ou têm um movimento inadequado (rápido demais, lento ou "sobressaltado") aumentam o esforço de processamento e diminuem a atenção. Da mesma forma, mensagens de áudio difíceis de entender devido a sotaques estrangeiros, volume inadequado ou ritmo da narrativa muito rápido também reduzem a atenção.

CONTRASTE E EXPECTATIVAS

Hoyer, Macinnis e Pieters (2016) argumentam que os consumidores prestam mais atenção aos estímulos que contrastam com o pano de fundo do que aos estímulos que se misturam a ele. O uso de cores nas propagandas da Nissan em jornais demonstra a utilização eficaz do contraste.

O contraste está relacionado com a ideia de expectativas. As expectativas impulsionam nossas percepções do contraste. Embalagens, mostruários dentro de lojas e propagandas que diferem de nossas expectativas tendem a não ser percebidas. Por exemplo, propagandas que diferem do tipo de propaganda que os consumidores esperam para uma categoria de produtos normalmente motivam mais a atenção do que propagandas mais típicas da categoria de produtos.

Uma preocupação dos profissionais de marketing é que, uma vez que uma promoção se torna familiar aos consumidores, ela perde sua capacidade de atrair a atenção. A teoria do nível de adaptação sugere que, se um estímulo não muda, ao longo do tempo nós nos adaptamos ou nos habituamos a ele e passamos a notá-lo cada vez menos.

Assim, uma propaganda que inicialmente notamos quando é nova pode perder sua capacidade de captar nossa atenção à medida que nos familiarizamos com ela. Esse efeito de familiaridade não é incomum. No entanto, um estudo descobriu que, quando é original (isto é, inesperada, surpreendente, singular), uma propaganda pode continuar a atrair a atenção mesmo depois que os consumidores se familiarizam com ela.

ATRATIVIDADE

Solomon (2016) fundamenta que geralmente o interesse de uma pessoa por algo é uma característica individual. Os praticantes de *snowboard* provavelmente prestariam atenção a propagandas ou comprariam em lojas relacionadas com essa atividade, enquanto os não praticantes não fariam isso.

No entanto, existem características da mensagem, da loja e dos mostruários dentro das lojas que fazem com que sejam de interesse para um grande percentual da população. Por exemplo, os mostruários dentro das lojas que utilizem *tie-ins* [associações] com eventos esportivos e filmes parecem gerar consideravelmente mais interesse, atenção e vendas que um simples cartaz com a marca.

Em propaganda, fatores que aumentam a curiosidade como uma trama, a possibilidade de um final surpreendente e a incerteza quanto à mensagem até o final podem aumentar o interesse e a atenção em relação à propaganda. De fato, enquanto muitos usuários de televisão pulam os comerciais, um estudo descobriu que mais de 90% dos usuários de celulares assistiam a certas propagandas porque as achavam interessantes. Outro estudo descobriu que os consumidores tinham mais tendência a continuar assistindo a anúncios de televisão que eram altamente divertidos.

QUANTIDADE DE INFORMAÇÃO

Conforme Stephens (2016) o último fator relacionado com o estímulo, a quantidade de informação, representa o número de sugestões no campo dos estímulos. As sugestões podem ser relacionadas com as características da marca em si, os usuários típicos da marca, as situações típicas de uso, e assim por diante. Essa informação pode ser fornecida nas embalagens, em mostruários, em sites e nas propagandas.

A informação ajuda os consumidores a tomar decisões. Mas é melhor ter mais informação? Em propaganda, a resposta é que isso depende de diversos fatores, incluindo a mídia utilizada. Na propaganda impressa, a informação parece atrair a atenção, enquanto na televisão a informação parece reduzir a atenção.

Uma explicação é que o aumento na quantidade de informação em propagandas de televisão leva rapidamente a uma sobrecarga de informação, visto que (diferentemente das propagandas impressas) os consumidores não têm controle sobre o ritmo de exposição. A sobrecarga de informação ocorre quando os consumidores enfrentam tanta informação que não conseguem ou não querem prestar atenção a tudo. O resultado pode ser decisões ruins.

CAPÍTULO 7

FATORES RELACIONADOS COM O INDIVÍDUO

Lewis e Bridges (2004) retratam os fatores relacionados com o indivíduo são características que distinguem um indivíduo de outro. Em termos gerais, a motivação e a habilidade do consumidor são os principais fatores relacionados com o indivíduo que afetam a atenção.

MOTIVAÇÃO

Mark e Pearson (2017) descrevem que a motivação é um estado de impulso criado pelos interesses e pelas necessidades do consumidor. Os interesses são um reflexo do estilo de vida geral, bem como um resultado dos objetivos (p. ex., tornar-se um guitarrista bem-sucedido) e das necessidades (p. ex., fome).

O envolvimento com o produto indica a motivação ou o interesse em relação a uma categoria específica de produtos. O envolvimento com o produto pode ser temporário ou duradouro. Você pode estar temporariamente envolvido com máquinas de lavar louça se a sua para de funcionar, mas envolvido com guitarras e música durante toda a vida.

De qualquer forma, o envolvimento com o produto motiva a atenção. Por exemplo, um estudo descobriu que o envolvimento com o produto aumenta a atenção dedicada a propagandas impressas e, em particular, ao corpo do texto da propaganda em vez da imagem. Assim, o efeito de superioridade da imagem discutido antes pode ter menos influência quando os consumidores estão altamente envolvidos com o produto anunciado.

Nos estudos de Miller (2012) descobriu se que os consumidores tinham mais tendência a clicar em banners relacionados com produtos com os quais estavam envolvidos. As características externas dos estímulos, como a animação, têm menos influência sobre esses consumidores, visto que eles já estão motivados internamente.

Uma das maneiras como os profissionais de marketing tem respondido aos interesses e ao envolvimento do consumidor é desenvolvendo banners inteligentes para a Internet. Os banners inteligentes são banners de propaganda ativados com base nos termos utilizados nas ferramentas de busca.

Godin (2019) enfatiza que essas estratégias de alvo comportamental também estão disponíveis em sites gerais e parecem ser bem eficazes. Por exemplo, durante uma campanha promocional, os leitores do www.wsj.com [The Wall Street Journal] que visitavam as colunas relacionadas com viagens eram considerados viajantes potenciais e "eram 'seguidos' pelo site e viam propagandas da American Airlines, não importava que seção do wsj.com estivessem lendo". A atenção foi maior no caso dessas propagandas direcionadas, assim como a lembrança da marca e da mensagem.

HABILIDADE

Cerf e Garcia-Garcia (2017) esclarecem que a habilidade refere-se à capacidade dos indivíduos prestarem atenção e processarem informações. A habilidade é relacionada com o conhecimento e a familiaridade com o produto, a marca ou a promoção. Um audiófilo, por exemplo, é mais capaz de prestar atenção a informações altamente detalhadas de um equipamento de som do que um novato.

Como consequência, os especialistas podem prestar atenção a mais informação, mais rapidamente e com mais eficácia do que novatos e tendem a ser menos atormentados pela sobrecarga de informação. Um estudo descobriu que os consumidores com boa formação acadêmica e bom histórico de saúde têm maior tendência a prestar atenção a informações técnicas altamente detalhadas em propagandas farmacêuticas "direcionadas ao consumidor".

Aaker (2015) ilustra que a familiaridade com a marca é um fator de habilidade relacionado com a atenção. Aqueles com alta familiaridade com a marca podem precisar prestar menos atenção às propagandas da marca devido ao grande conhecimento que têm. Por exemplo, uma única exposição parece ser necessária para captar a atenção e gerar um clique em banners de propaganda quando a familiaridade com a marca é alta.

Por outro lado, a taxa de cliques é muito baixa na primeira exposição, quando a familiaridade com a marca é baixa, mas aumenta drasticamente na quinta exposição. Os consumidores com baixa familiaridade com a marca parecem necessitar de mais atenção ao banner para produzir o conhecimento e a confiança necessários para gerar mais atenção ao site através do clique nas propagandas.

FATORES RELACIONADOS COM A SITUAÇÃO

Lindstrom (2009) relata que os fatores relacionados com a situação incluem os estímulos no ambiente que não sejam o estímulo focal (isto é, a propaganda ou a embalagem) e as características temporárias do indivíduo induzidas pelo ambiente, como a pressão de um prazo ou uma loja lotada. O congestionamento e o envolvimento com a programação são os dois principais fatores relacionados com a situação que afetam a atenção.

Congestionamento

Hoyer, Macinnis e Pieters (2016) expressam que o congestionamento representa a densidade dos estímulos no ambiente. Pesquisas dentro de lojas sugerem que congestionar o ambiente com um excesso de mostruários de pontos de venda diminui a atenção que os consumidores dedicam a um determinado mostruário. Isso explica por que empresas como a Walmart fizeram um esforço combinado para reduzir o número de mostruários em suas lojas.

Em propaganda, os consumidores prestam menos atenção a um comercial em uma sequência maior de comerciais do que em uma sequência menor. Você pode ter percebido que os canais de televisão a cabo estão mudando para um formato de patrocinador único e, na verdade, promovendo o fato de que seus programas terão menos comerciais!

ENVOLVIMENTO COM A PROGRAMAÇÃO

Stephens (2016) descreve que o envolvimento com a programação refere-se a quão interessados os espectadores estão no conteúdo editorial ou da programação que cerca a propaganda (não estamos falando de envolvimento com a propaganda ou a marca). Em geral, o público está utilizando a mídia devido ao conteúdo editorial ou da programação, e não da propaganda.

Então a pergunta permanece: a natureza do conteúdo editorial ou da programação em que uma propaganda é veiculada influencia a atenção que ela receberá? A resposta a essa pergunta é claramente sim. A qualidade da propaganda representa o quão bem uma mensagem é construída em termos de ser crível e cativante e ao comunicar uma mensagem principal de forma eficaz.

ATENÇÃO DESCONCENTRADA

Até agora, discutiu-se um processo de atenção com um envolvimento razoavelmente alto, no qual o consumidor concentra a atenção em algum aspecto do ambiente devido a fatores relacionados com o estímulo, o indivíduo ou a situação. No entanto, os estímulos podem atrair o foco sem uma concentração deliberada ou consciente da atenção.

Um exemplo clássico é o efeito da festa, em que um indivíduo envolvido em uma conversa com um amigo não está conscientemente percebendo as outras conversas em uma festa lotada até que alguém em outro grupo diz algo relevante como mencionar o nome dessa pessoa.

Conforme Lewis e Bridges (2004) esse exemplo sugere que estamos processando uma multidão de estímulos em nível subconsciente, e os mecanismos de nosso cérebro avaliam essa informação para decidir o que garante a atenção consciente e deliberada. De fato, a ideia por trás da lateralização hemisférica é que diferentes partes de nosso cérebro são mais adequadas à atenção concentrada versus desconcentrada.

LATERALIZAÇÃO HEMISFÉRICA

Ramsøy (2015) clarifica que lateralização hemisférica é um termo aplicado a atividades que acontecem em cada lado do cérebro. O lado esquerdo do cérebro é principalmente responsável pela informação verbal, representação simbólica, análise sequencial e capacidade de estar consciente e relatar o que está acontecendo.

Ele controla aquelas atividades que tipicamente denominamos pensamento racional. O lado direito do cérebro lida com informações ilustradas, geométricas, atemporais e não verbais sem que o indivíduo seja capaz de relatá-las verbalmente. Ele trabalha com imagens e impressões.

O lado esquerdo do cérebro precisa de descanso com certa frequência. No entanto, o lado direito do cérebro pode facilmente examinar grande quantidade de informação durante um longo período. Isso levou Krugman a sugerir que "é a capacidade do lado direito do cérebro de absorver imagens que permite o rápido exame do ambiente – para selecionar no que o lado esquerdo do cérebro deve se concentrar".

Tybout e Calkins (2018) ilustram que um estudo sobre os banners de propaganda encontrou evidências de um exame pré-consciente. Os usuários de Internet parecem capazes de identificar um banner de propaganda sem de fato olhar diretamente para ele. Como consequência, a atenção direta a banners de propaganda ocorria em apenas 49% do tempo.

Parece que a experiência com a Web permitiu que os consumidores criassem um conhecimento acerca das características dos banners (tamanho e localização típicos) que é utilizado para evitar a atenção direta.

No entanto, apenas porque os consumidores não prestam atenção direta a uma propaganda não significa que ela não os influencia. Por exemplo, as marcas presentes em propagandas às quais os sujeitos são expostos, mas prestam pouca ou nenhuma atenção (exposição incidental), têm, não obstante, alta probabilidade de serem consideradas na hora da compra.

ESTÍMULOS SUBLIMINARES

Mark e Pearson (2017) relatam que uma mensagem apresentada de forma tão rápida ou tão devagar ou tão disfarçada por outras mensagens que uma pessoa não se dá conta de tê-la visto ou ouvido é chamada estímulo subliminar. Uma propaganda subliminar é diferente de uma propaganda "normal" porque "esconde" informações persuasivas fundamentais dentro da propaganda, tornando-as tão fracas que é difícil ou impossível um indivíduo detectá-las fisicamente. As propagandas normais apresentam informações persuasivas fundamentais aos consumidores de forma que sejam facilmente percebidas.

A propaganda subliminar tem sido foco de intensos estudos e preocupação pública. Uma coisa é os consumidores decidirem não prestar atenção a uma propaganda. Outra bem diferente é os anunciantes tentarem ultrapassar as defesas perceptivas dos consumidores usando estímulos subliminares.

Dois livros deram início ao interesse público em relação à propaganda subliminar disfarçada, The Secret Sales Pitch: An Overview of Subliminal Advertising (O passo de vendas secreto: uma visão geral da publicidade subliminar) de August Bullock e Subliminal Seduction (Sedução Subliminar) de Wilson Bryan Key.

No primeiro livro o autor "documenta" inúmeras propagandas que, depois que lhe dizem onde olhar e o que procurar, parecem conter a palavra sexo em cubos de gelo, falos em drinques e corpos nus nas sombras. O segundo livro explica as formas como a mídia usa o sexo e a violência para manipular o comportamento humano, citando exemplos específicos das revistas Playboy, Vogue e Cosmopolitan.

Esses símbolos disfarçados, deliberados ou acidentais, não parecem afetar as medidas padronizadas da eficácia da propaganda ou influenciar o comportamento do consumidor (MARK e PEARSON, 2017).

Da mesma forma, pesquisas sobre as mensagens apresentadas rápido demais para serem trazidas à consciência indicam que tais mensagens têm pouco ou nenhum efeito. Além disso, não há evidências de que os profissionais de marketing estejam utilizando mensagens subliminares (CERF e GARCIA-GARCIA, 2017).

INTERPRETAÇÃO

Damásio (2022) afirma que a interpretação é a atribuição de significado a sensações. A interpretação está relacionada a como compreendemos e damos sentido às informações que recebemos, com base nas características do estímulo, do indivíduo e da situação.

É importante considerar diversos aspectos da interpretação. Em primeiro lugar, em geral, é um processo relativo, e não absoluto, normalmente denominado relatividade perceptiva. Muitas vezes é difícil as pessoas fazerem interpretações na ausência de um ponto de referência.

O segundo aspecto da interpretação é que ela tende a ser subjetiva e aberta a uma multidão de predisposições psicológicas. A natureza subjetiva da interpretação pode ser vista na distinção entre o significado semântico, o significado convencional atribuído a uma palavra como encontrada no dicionário, e o significado psicológico, aquele específico atribuído a uma palavra por um determinado indivíduo ou grupo de indivíduos com base em suas experiências, expectativas e o <B type A > contexto em que o termo é utilizado.

Godin (2019) recomenda que os profissionais de marketing devem se preocupar com o significado psicológico porque é a experiência subjetiva, não a realidade objetiva, que impulsiona o comportamento do consumidor. Uma empresa pode introduzir uma nova marca de alta qualidade por um preço mais baixo que o dos concorrentes porque é mais eficiente. No entanto, se os consumidores interpretarem o preço mais baixo como uma qualidade mais baixa (e eles normalmente o fazem), a nova marca não será bem-sucedida apesar da realidade objetiva.

O aspecto final da interpretação é que ela pode ser um processo "mental" cognitivo ou um processo "emocional" afetivo. A interpretação cognitiva é um processo em que os estímulos são alocados em categorias de significado existentes. Como vimos anteriormente, os consumidores categorizam as propagandas como esperadas ou inesperadas, um processo que pode variar de acordo com a cultura e o indivíduo. (UNDERHILL, 2009)

Tybout e Calkins (2018) descrevem que em países como a França, onde as propagandas são mais explícitas em termos sexuais, a nudez pode ser vista como mais adequada do que nos Estados Unidos. Os produtos também podem ser categorizados. Quando os aparelhos de DVD foram lançados, a maioria dos consumidores provavelmente os agrupou na categoria geral de aparelhos de videocassete, mas, depois de alguma experiência, eles os colocaram em categorias separadas.

Quanto mais radicalmente "novo" um produto (uma inovação descontinuada), mais difícil é categorizá-lo e interpretá-lo, e os profissionais de marketing devem fornecer ajuda aos consumidores, para que estes ganhem entendimento e a aceitação do produto.

Morin (2011) elucida que a interpretação afetiva é a resposta emocional ou o sentimento disparado por um estímulo como uma propaganda. As respostas emocionais podem variar dentro da faixa de positivo (animador, empolgante, quente) a neutro (desinteressante) e a negativo (raiva, medo, frustração). Assim como a interpretação cognitiva, existem respostas emocionais "normais" (adequadas à cultura) a muitos estímulos (p. ex., a maioria dos norte-americanos tem uma sensação de carinho quando veem imagens de crianças pequenas com gatinhos).

Da mesma forma Cialdini (2021) enfatiza também que há variações individuais a essa resposta (uma pessoa alérgica a gatos pode ter uma resposta emocional negativa a tal imagem). Os consumidores que se deparam com novos produtos ou marcas normalmente lhes atribuem categorias emocionais, bem como cognitivas.

CHEIRO DE LARANJA, GOSTO DE AZUL, SENSAÇÃO DE PRATA E SOM DE RABISCOS

A importância fundamental de pistas – nomes de marcas, logotipos, som, embalagem, cor, fonte, cheiro, sensação e gosto – para produzir a percepção do produto, e particularmente a interpretação, é amplamente aceita pelos profissionais de marketing (LINDSTROM, 2009).

As empresas investem pesado para desenvolver os nomes corretos da marca e fazer o design certo dos logotipos para comunicar qual é a marca, o que designa, o que promete – em alguns casos, de maneira perspicaz, com mensagens especiais – a seta no FedEx, o beijo nos Hershey's kisses (gotas de chocolate), o 31 nos 31 sabores da Baskin Robbins (MOTHERSBAUGH *et al.*, 2020).

Eyal (2020) ilustra que a compreensão da Microsoft sobre a importância do som para a sua marca levou a empresa a usar muitos músicos do mundo todo para compor as notas musicais "inspiradoras, universais, otimistas, futuristas, sentimentais, sexy, emotivas..." para o lançamento de um novo sistema. O uso de quatro notas pela Intel do "bongô da Intel" é tão bem conhecido que os consumidores podem cantá-los se forem solicitados. A Harley-Davidson julgou que o som do motor do Grupo de Proprietários de Harleys (HOG) era tão importante para a identidade da marca que buscou, embora sem sucesso, registrá-lo.

Cada pista é uma parte que, quando se junta, cria a percepção do produto como um todo. Os profissionais de marketing sabem que o todo é mais do que a soma de suas partes, mas compreender como todas as partes se juntam é um desafio. É aí que entram os sinestetas, como as pessoas com sinestesia se chamam (MILLER, 2012).

Os sinestetas têm uma condição neurológica que atravessa dois ou mais sentidos – as letras têm cores, os sons têm gosto – e os coloca em uma posição particularmente boa para avaliar como as partes interagem e contribuem para o todo. Estima-se que uma a cada 27 pessoas seja sinesteta, incluindo o músico John Mayer, o físico Richard Feynman, ganhador do Nobel, e o *rapper* Kanye West. Como um grupo, os sinestetas parecem ter memórias melhores e obtêm notas maiores em testes de criatividade (PINKER, 2008).

Os profissionais de marketing têm apreciado o potencial único dos sinestetas e começaram a incorporar suas contribuições no planejamento e design do produto. A Ford Motor Co., por exemplo, recentemente criou uma posição personalizada de especialista em harmonização de sensações cruzadas para um de seus engenheiros, que é um sinesteta (CERF e GARCIA-GARCIA, 2017).

Como sugere o título de sua função, ele é responsável por trabalhar com os designers e engenheiros para coordenar as partes do carro – som, visual, toque, cheiro – em um todo harmonioso que a Ford quer que os consumidores tenham em seus carros da marca.

> A atenção do marketing voltada para os sinestetas reflete o uso cada vez maior do marketing multissensorial para esculpir a imagem da marca em um mundo que compete cada vez mais pela atenção do consumidor. Esta é uma razão, por exemplo, pela qual organizações como a Zappos (varejista *online* de roupas conhecida por seu cuidado com o consumidor) estão realizando oficinas para mostrar a seus funcionários uma apreciação das experiências do consumidor com uma consideração multissensorial. É claro que há instâncias anteriores do marketing multissensorial – o slogan da Skittles "Taste the Rainbow" (Saboreie o arco-íris de frutas) –, mas são esporádicas. O que estamos vendo agora é uma estratégia mais formal, definida e concentrada que reconhece o potencial dos sinestetas. Alguns deles não esperam que empresas encarregadas reconheçam seu potencial e acabam abrindo seu próprio negócio como o 12.29, uma empresa de marca olfativa fundada por dois sinestetas que ajudam hotéis, bancos e passarelas de moda a escolher o aroma correto.

CARACTERÍSTICAS RELACIONADAS COM O INDIVÍDUO

Cialdini (2021) enfatiza que os estímulos de marketing têm significado apenas quando os indivíduos os interpretam. Os indivíduos não são interpretadores passivos das mensagens de marketing e outras, mas ativamente atribuem um significado com base em suas necessidades, desejos, experiências e expectativas.

TRAÇOS

Segundo Stephens (2016) os traços fisiológicos e psicológicos hereditários, que impulsionam nossas necessidades e desejos, influenciam o modo como um estímulo é interpretado. Do ponto de vista fisiológico, os consumidores diferem na sensibilidade aos estímulos. Algumas crianças são mais sensíveis ao sabor amargo de certos produtos químicos encontrados em verduras como o espinafre.

O Tab (um refrigerante de cola dietético que contém sacarina) mantém uma base de consumidores pequena, mas muito fiel, principalmente entre as pessoas que (ao contrário da maioria de nós) não têm uma percepção fisiológica da sacarina como amarga.

Do ponto de vista psicológico, os consumidores têm predisposições cognitivas, emocionais e comportamentais naturais. Para dar apenas um exemplo, algumas pessoas vivenciam as emoções de modo mais drástico que outras, um traço conhecido como intensidade de sentimento. Inúmeros estudos descobriram que os consumidores que têm mais intensidade de sentimento experimentam reações emocionais mais fortes a qualquer propaganda.

APRENDIZADO E CONHECIMENTO

Hoyer, Macinnis e Pieters (2016) afirmam que os significados atribuídos a coisas "naturais" como tempo, espaço, relacionamentos e cores são aprendidos e variam amplamente de uma cultura para outra. Os consumidores também aprendem sobre os estímulos criados pelos profissionais de marketing, como marcas e promoções, por meio de suas experiências com elas.

Essa experiência e esse conhecimento afetam as interpretações. Uma descoberta comum é que os consumidores tendem a interpretar as informações de modo a favorecer suas marcas preferidas. Em um estudo, aqueles com uma fidelidade maior a uma empresa tendiam a desacreditar uma publicidade negativa sobre a empresa e, portanto, eram menos afetados por essa publicidade.

De modo semelhante, outro estudo descobriu que os consumidores inferem mais razões positivas a um aumento de preço de uma empresa quando ela possui reputação sólida.

EXPECTATIVAS

Ramsøy (2015) esclarece que as interpretações de um indivíduo em relação aos estímulos tendem a ser coerentes com suas expectativas, um efeito denominado predisposição relacionada com a expectativa. A maioria dos consumidores espera que um pudim marrom-escuro tenha sabor de chocolate, e não baunilha, porque o pudim escuro normalmente tem sabor de chocolate e o pudim de baunilha geralmente é bege.

Em um teste de sabor, 100% da amostra de alunos de faculdade disseram que um pudim de baunilha marrom-escuro tinha sabor de chocolate. Assim, suas expectativas, influenciadas pela cor, levaram a uma interpretação incoerente com a realidade objetiva.

As expectativas dos consumidores são o resultado da aprendizagem e podem ser geradas muito rapidamente, como sugere o antigo ditado "a primeira impressão é a que fica". Uma vez estabelecidas, essas expectativas podem gerar uma enorme influência e podem ser difíceis de mudar. Muitos consumidores esperam, por exemplo, que marcas famosas tenham maior qualidade.

Como consequência, os consumidores frequentemente avaliam o desempenho de uma marca famosa como melhor do que o de um produto idêntico com um nome de marca desconhecido. Muitos consumidores também esperam que as marcas que têm algum tipo de sinalização dentro das lojas estejam em liquidação.

Como consequência, um estudo descobriu que os consumidores interpretam que marcas acompanhadas de cartazes promocionais em lojas de varejo estão com preços reduzidos mesmo que os cartazes não indiquem uma redução de preço e que os preços não estejam de fato reduzidos (STEPHENS, 2016).

CARACTERÍSTICAS RELACIONADAS COM A SITUAÇÃO

Solomon (2016) articula que diversas características relacionadas com a situação têm impacto sobre a interpretação, incluindo características temporárias do indivíduo, como a pressão do tempo e o humor, e as características físicas da situação, como a quantidade e as características de outros indivíduos presentes e a natureza do ambiente material em torno da mensagem.

Basicamente, a situação fornece um contexto dentro do qual o estímulo focal é interpretado. As sugestões contextuais presentes na situação representam um papel na interpretação do consumidor independentemente do estímulo real. Existem inúmeras sugestões contextuais em qualquer contexto de marketing – aqui, examinaremos apenas alguns exemplos.

Morin (2011) explica que a cor pode ser uma sugestão contextual. Um estudo recente sobre a propaganda *online* examinou diversos aspectos da cor de fundo presente durante o carregamento de páginas Web. Descobriram que certas características de cor provocavam sentimentos de relaxamento (azul é mais relaxante que vermelho) e esses sentimentos aumentavam a percepção de que o carregamento da página Web era mais rápido mesmo quando a velocidade real era idêntica.

A natureza da programação em torno das propagandas de uma marca também pode ser uma sugestão contextual. Tanto a Coca-Cola quanto a General Foods se recusaram a anunciar alguns produtos durante noticiários porque acreditam que notícias "ruins" podem afetar a interpretação acerca de seus produtos. De acordo com o porta-voz da Coca-Cola:

É política corporativa da Coca-Cola não anunciar em noticiários na televisão porque eles exibirão notícias ruins, e a Coca é um produto divertido e animador. O exemplo anterior expressa uma preocupação com o impacto que o conteúdo do material em torno de uma propaganda terá na interpretação dessa propaganda. Como a Coca-Cola suspeita, parece que as propagandas são avaliadas sob uma luz mais positiva quando cercadas de uma programação positiva. Além disso, os efeitos podem ser até mais específicos e têm implicações para o marketing no nível global. Pesquisas revelam que o conteúdo relacionado com a morte, prevalente em programas de notícias, sugere aos consumidores pensamentos de patriotismo e, portanto, aumenta a preferência deles por marcas domésticas versus estrangeiras. As marcas estrangeiras podem superar isso, no entanto, com declarações pró-domésticas.

CARACTERÍSTICAS RELACIONADAS COM O ESTÍMULO

Stephens (2016) esclarece que o estímulo é a entidade fundamental à qual um indivíduo reage e inclui o produto, a embalagem, a propaganda, o mostruário dentro das lojas, e assim por diante. Os consumidores reagem e interpretam os traços fundamentais do estímulo (tamanho, formato, cor), o modo como o estímulo é organizado e as mudanças no estímulo. Como vimos anteriormente, todos esses processos tendem a ser altamente influenciados pelo indivíduo e pela situação.

TRAÇOS

Mothersbaugh *et al.*, (2020) relatam que os traços específicos do estímulo, como tamanho, formato e cor, afetam a interpretação. O significado de diversos traços do estímulo é aprendido. As vendas do Ginger ale sem açúcar da Canada Dry aumentaram drasticamente quando a lata mudou de vermelho para verde e branco. O vermelho é interpretado como cor de refrigerante de "cola" e, dessa forma, entrava em conflito com o sabor do Ginger ale.

O espaço em branco em propagandas é outro traço que envolve o significado aprendido, isto é, ao longo do tempo, os consumidores passaram a acreditar que o espaço em branco em um anúncio significa prestígio, preço elevado e qualidade. Como consequência, os profissionais de marketing podem influenciar positivamente as percepções do produto pelo que eles não dizem em uma propaganda!

Segundo Page (2015) outro traço geral é até que ponto o estímulo é inesperado, um traço que às vezes é denominado incongruência. A incongruência aumenta a atenção, como vimos anteriormente. No entanto, também aumenta o prazer, em parte por causa da satisfação que os consumidores encontram em "resolver o quebra-cabeça" apresentado pela incongruência.

Como consequência, os produtos e as propagandas que se desviam um pouco das normas estabelecidas (sem se excederem) normalmente agradam mais. A incongruência normalmente requer que os consumidores vão além do diretamente declarado ou apresentado para dar sentido ao estímulo.

Essas inferências, que discutiremos mais à frente neste capítulo, são uma parte importante da interpretação. As figuras retóricas envolvem o uso de distorção inesperada ou de um desvio engenhoso no modo como uma mensagem é comunicada tanto visualmente na imagem da propaganda como verbalmente no texto ou no título do anúncio.

ORGANIZAÇÃO

Mark e Pearson (2017) afirmam que os estímulos relacionados com a organização referem-se à arrumação física dos objetos de estímulo. A organização afeta a interpretação e a categorização do consumidor. Por exemplo, você provavelmente percebe as letras que formam as palavras que está lendo como palavras, e não como letras individuais. Esse efeito é aumentado pelo fato de que cada palavra tem letras que estão próximas e é separada por espaços mais amplos, um princípio chamado proximidade. Discutiremos este e outros princípios a seguir.

Zurawicki (2010) explica que a proximidade refere-se ao fato de que os estímulos posicionados próximos são considerados pertencentes à mesma categoria. Às vezes, a proximidade vem do estímulo em si. Por exemplo, quando os consumidores leem o título "Have a Safe Winter. Drive Bridgestone Tires" (Tenha um inverno seguro. Use os pneus da Bridgestone), eles tendem a inferir pela proximidade das duas declarações que a propaganda quer dizer que os pneus da Bridgestone os ajudarão a ter um inverno mais seguro. No entanto, o título não faz essa declaração explicitamente. Quais são as implicações éticas?

Às vezes a proximidade resulta do relacionamento entre o estímulo e o contexto em que está inserido, como no marketing de emboscada. O marketing de emboscada envolve qualquer comunicação ou atividade que implica (ou pela qual alguém poderia inferir de modo razoável) que uma organização está associada a um evento, quando de fato não está. Uma forma comum de marketing de emboscada é anunciar pesadamente durante o evento. A proximidade levaria muitos a acreditarem que a empresa é patrocinadora do evento mesmo que não seja.

O fechamento envolve apresentar um estímulo incompleto com o objetivo de fazer com que os consumidores o completem e, assim, se tornem mais engajados e envolvidos. Os anunciantes normalmente utilizam estímulos incompletos dessa maneira, visto que o fechamento muitas vezes é uma reação automática em que os consumidores se envolvem com o objetivo de interpretar o significado da mensagem. Não é de surpreender que aumentar o envolvimento do consumidor com a propaganda também aumenta a lembrança.

Kardes, Cronley e Cline (2014) argumentam que o efeito de figura-fundo envolve apresentar o estímulo de um modo que ele seja percebido como o objeto principal em que se concentrar e todos os outros estímulos são percebidos como pano de fundo. Esta estratégia é muito usada em propaganda, onde o propósito é fazer a marca se destacar como o objeto principal proeminente no qual os consumidores vão prestar atenção.

A Absolut, uma vodca sueca, utiliza o efeito de figura-fundo de modo muito eficaz. Cada propaganda utiliza os elementos naturais para "formar" a imagem de uma garrafa, como no caso da Absolut Mandarin, em que a garrafa é formada por pedaços de casca de laranja.

MUDANÇAS

Eyal (2020) justifica que para interpretar as mudanças nos estímulos, os consumidores devem ser capazes de categorizar e interpretar os novos estímulos em relação aos antigos. Interpretar as mudanças requer a habilidade de detectar a mudança e depois atribuir significado a ela. Às vezes, os consumidores não são capazes de detectar uma mudança. Outras vezes eles conseguem detectar a mudança, mas interpretam que ela não é importante.

A capacidade fisiológica de um indivíduo distinguir entre estímulos semelhantes é chamada discriminação sensorial. Isso envolve variáveis como o som de aparelhos de som, o sabor de produtos alimentícios ou a claridade de telas de mostruários.

A quantidade mínima pela qual uma marca difere de outra (ou de sua versão anterior) e com a diferença ainda é notada chama-se diferença apenas perceptível. Quanto maior o nível inicial de um atributo, mais esse atributo deve ser mudado antes que a mudança seja percebida. Assim, uma pequena adição de sal a um pretzel dificilmente seria notada, a não ser que ele contivesse pouco sal no início.

Como regra geral, os indivíduos, em geral, não percebem diferenças relativamente pequenas entre marcas ou mudanças nos atributos da marca. Os fabricantes de barras de chocolate utilizam esse princípio há anos. Visto que o preço do cacau flutua muito, eles simplesmente fazem pequenos ajustes no tamanho da barra de chocolate em vez de alterar o preço.

Kotler, Kartajaya e Setiawn (2021) salientam que como os profissionais de marketing querem que algumas mudanças no produto, como reduções no tamanho, passem despercebidas, eles podem tentar fazer mudanças que se enquadrem na diferença apenas perceptível. Essa estratégia, às vezes chamada diminuição de peso, parece estar em alta. No entanto, quando os consumidores perceberem, a forte e potencial reação negativa pode ser bastante grave. Como você avalia a ética desta prática?

Depois de perceber uma mudança ou diferença, os consumidores devem interpretá-la. Algumas mudanças são significativas e outras não. A relação entre a mudança e a avaliação do consumidor quanto a essa mudança tende a seguir o padrão discutido para a diferença apenas perceptível. Quanto maior o nível inicial de um atributo, mais o atributo deve mudar antes de ser visto como significativo. Por exemplo, os consumidores subestimam as calorias de uma refeição à medida que o tamanho da porção aumenta. Essa interpretação equivocada tem consequências individuais e sociais importantes para a obesidade e o controle da porção de comida.

A mudança, muitas vezes, é interpretada em relação a algum estado de referência. O estado de referência pode ser um modelo anterior da marca ou um modelo do concorrente. O preço de referência também é um estado de referência. Os consumidores podem ter dentro de si preços de referência internos com base em experiências anteriores (SOLOMON, 2016).

Além disso, os profissionais de marketing podem fornecer uma referência na forma do preço de varejo sugerido pelo fabricante. Os consumidores, então, têm mais possibilidade de interpretar o preço de venda em relação ao preço de varejo sugerido pelo fabricante, que, se for favorável, deve aumentar o valor percebido da oferta e a probabilidade de compra (GRAVES, 2011).

INFERÊNCIAS DO CONSUMIDOR

Quando se trata de marketing, "o que você vê não é o que você obtém". Isso acontece porque a interpretação normalmente requer que os consumidores façam inferências. Uma inferência vai além do diretamente declarado ou apresentado. Os consumidores utilizam os dados disponíveis e suas próprias ideias para tirar conclusões sobre as informações que não são fornecidas (GODIN, 2019).

SINAIS DE QUALIDADE

Mothersbaugh *et al.*, (2020) alerta que as inferências são tão numerosas e divergentes quanto os próprios consumidores. No entanto, algumas inferências relacionadas com a qualidade do produto são relativamente coerentes para consumidores diferentes. Aqui, os consumidores utilizam suas próprias experiências e conhecimento para fazer inferências sobre a qualidade do produto com base em uma sugestão não relacionada com a qualidade.

A qualidade percebida em relação ao preço é uma inferência baseada no ditado popular "o barato sai caro". Os consumidores normalmente inferem que as marcas de preço mais alto possuem maior qualidade que as marcas de preço mais baixo. Os consumidores às vezes entendem os descontos nos preços como sinal de baixa qualidade, o que é uma grande preocupação para empresas como a General Motors, que se apoia muito nessas táticas (AAKER, 2015).

A intensidade da propaganda também é um sinal de qualidade. Os consumidores tendem a inferir que marcas mais anunciadas têm mais qualidade. Um motivo para isso é que se acredita que o esforço prevê o sucesso, e os gastos em propaganda são vistos como um indicador de esforço. Qualquer fator relacionado com os gastos em propaganda, como mídia, uso de cor e repetição, pode aumentar a percepção da qualidade e a escolha (BRIDGER, 2018).

As garantias são outro sinal de qualidade, sendo que garantias mais longas geralmente sinalizam maior qualidade. Os consumidores inferem que uma empresa não ofereceria uma garantia mais longa se não tivesse confiança na qualidade de seus produtos, visto que honrar a garantia seria dispendioso.

O preço, a propaganda e as garantias são apenas algumas sugestões de qualidade. Outras incluem o país de origem, em que os consumidores interpretam os produtos de modo mais positivo quando são fabricados em um país que eles consideram de modo positivo, bem como os efeitos da marca, em que as marcas famosas são vistas como de maior qualidade do que as marcas desconhecidas (TYBOUT e CALKINS, 2018).

Em geral, os sinais de qualidade operam com mais força quando os consumidores não têm o conhecimento para fazer julgamentos embasados por si mesmos, quando a motivação ou o interesse do consumidor em relação à decisão é baixo e quando ele não tem outra informação relacionada com a qualidade (LEWIS e BRIDGES, 2004).

INTERPRETAÇÃO DE IMAGENS

Stephens (2016) sugere que as inferências dos consumidores acerca de imagens visuais estão se tornando cada vez mais importantes à medida que os anunciantes aumentam o uso dessas imagens. Observe como as imagens dominam muitos anúncios impressos. Por exemplo, a Clinique veiculou uma propaganda em que figurava um copo alto e transparente de água mineral e cubos de gelo. Uma fatia grossa de limão estava posicionada na borda do copo. Dentro do copo com a água mineral e os cubos de gelo havia um estojo de batom da Clinique e um estojo de base. Nada mais aparecia na propaganda. O que isso significa?

Obviamente, para interpretar a propaganda da Clinique, os consumidores devem inferir um significado. Até recentemente, as imagens em propagandas eram utilizadas para transmitir um sentido de realidade. Se for assim, a propaganda da Clinique não tem sentido. A Clinique é culpada de fazer propaganda ineficaz? Não. Todos nós intuitivamente reconhecemos que imagens fazem mais do que representar a realidade; elas fornecem significado. Assim, uma interpretação da propaganda da Clinique é que "a nova linha de maquiagem de verão da Clinique é refrescante como um copo alto de soda com uma fatia de limão".

A tradução verbal do significado transmitido pelas imagens geralmente é incompleta e inadequada. Uma imagem vale por mil palavras não apenas porque consegue transmitir a realidade de modo mais eficiente que as palavras, mas porque pode transmitir significados que as palavras não conseguem expressar adequadamente (PAGE, 2015).

Os profissionais de marketing têm de entender os significados que seu público atribui a diversas imagens e palavras, e usá-los de forma combinada para construir mensagens que transmitirão o significado desejado. Eles têm de ser sensíveis às diferenças culturais, visto que a interpretação é altamente contingencial na experiência cultural compartilhada. Por exemplo, os consumidores em algumas culturas (denominadas culturas altamente contextuais) tendem a "ler nas entrelinhas" (RAMSØY, 2015).

Esses consumidores são muito sensíveis a sugestões nos ajustes da comunicação, como o tom de voz. Por outro lado, os consumidores em culturas pouco contextuais tendem a ignorar essas sugestões e se concentrar mais no significado literal ou explícito da mensagem (AAKER, 2015).

ESTRATÉGIA DE MÍDIA

A explosão de alternativas de mídia torna difícil e dispendioso conseguir exposição direcionada ao público-alvo fundamental. No entanto, o fato de que o processo de exposição geralmente é seletivo, e não aleatório, é a base para estratégias de mídia eficazes (UNDERHILL, 2009).

Especificamente, deve-se determinar a que mídia os consumidores do mercado-alvo são mais frequentemente expostos e veicular mensagens nessa mídia. Como declara Solomon (20):

> "Devemos procurar cada vez mais mídias que nos permitam alcançar melhor os mercados emergentes, cuidadosamente almejados. A abordagem do rifle, e não da velha espingarda".

O envolvimento do consumidor pode impulsionar a exposição à mídia e a estratégia de mídia. Para produtos de alto envolvimento, as propagandas devem ser veiculadas em expositores com conteúdo relevante para o produto. A mídia especializada, como Runner's World ou Vogue, tende a atrair leitores interessados e receptivos às propagandas de produtos relacionados.

Por outro lado, propagandas para produtos de baixo envolvimento devem ser veiculadas em mídias de boa reputação independentemente do conteúdo, desde que seja frequentada pelo mercado-alvo. Em uma situação como essa, o profissional de marketing deve encontrar mídias nas quais o mercado-alvo está interessado e veicular a mensagem da propaganda nessas mídias.

Mercados-alvo definidos por idade, grupo étnico, classe social ou estágio no ciclo de vida familiar têm diferentes preferências de mídia, que podem ser utilizadas para selecionar os expositores de mídia (GRAVES, 2011).

PROPAGANDAS

Godin (2019) orienta que as propagandas devem realizar duas tarefas fundamentais – captar a atenção e transmitir um significado. Infelizmente, as técnicas adequadas para realizar uma tarefa muitas vezes são contraproducentes para a outra. E se você tivesse de projetar uma campanha para aumentar o número de usuários do desodorizador sanitário de sua empresa, mas as pesquisas mostrassem que seu mercado-alvo tem pouco interesse no produto? O que você faria?

Duas estratégias parecem razoáveis conforme Godin (2019). Uma é utilizar características relacionadas com o estímulo, como cores vivas ou surrealismo, para atrair a atenção. A segunda é vincular a mensagem a um tópico no qual o mercado-alvo tem interesse. No entanto, utilizar fatores não relacionados com a categoria de produtos para atrair a atenção deve ser feito com cautela.

Em primeiro lugar, pode desviar a atenção da mensagem principal da marca, visto que os estímulos competem pela atenção limitada. É por isso que as empresas normalmente tentam utilizar o humor, a sensualidade e celebridades de modo relevante para o produto ou a mensagem.

Em segundo lugar, pode afetar negativamente a interpretação. Por exemplo, utilizar humor em uma apólice de seguro pode resultar em uma interpretação de que a marca não é confiável.

APRENDIZADO, MEMORIZAÇÃO E POSICIONAMENTO DE PRODUTO

Miller (2012) suscita que o aprendizado e a memorização podem ser complicados para os consumidores e os profissionais de marketing. Como aprendemos ou "passamos a saber" algo é complexo e apresenta multifacetas. Quando aprendemos algo, é difícil "desaprender" mesmo quando ficamos sabendo ou suspeitamos de que seja falso.

Stephens (2016) sugere que os profissionais de marketing devem lidar com o desafio de compreender o aprendizado e a memória e as implicações que isso tem para as mensagens de marketing e design de produto. Alguns exemplos bizarros, engraçados e não tão engraçados de aprendizado e a dificuldade de desaprendê-los incluem:

- Moscas desenhadas em mictórios nos banheiros masculinos aparentemente agem como "alvos", resultando em 80% menos "respingos". Como os homens "aprendem" a mirar o alvo não é bem compreendido.

- As pessoas que recebem baldes grandes de pipoca murcha de 5 dias atrás comem sem pensar 57% mais pipoca do que aquelas que recebem a mesma pipoca em um balde médio. Uma explicação para tal ato de comer "sem pensar" poderia ser o mantra de "limpar o prato" aprendido cedo por muitas crianças nos Estados Unidos.

- Aprendemos desde cedo que os botões geram respostas via videogames, campainhas e assim por diante. É interessante observar que as pesquisas sugerem que a maioria dos botões para atravessar as ruas nos sinais não está ligada a nada e mesmo assim as pessoas os apertam incessantemente na expectativa de um efeito.

- "Aprendemos" que determinados ruídos sinalizam uma ação bem-sucedida. Portanto, embora os smartphones não necessitem de um "clique" para o sucesso de ação do botão, (teclado ou câmera), os consumidores, em geral, querem o barulho porque acham difícil "desaprender" a relação "ruído = ação bem-sucedida".

- Na posição de condutores ou de pedestres tentando se manter seguros, "aprendemos" como é o ruído dos carros com motores de combustão. Os carros híbridos Leaf da Nissan são tão silenciosos que os condutores não diriam que seus carros estão rodando. Um sintetizador no painel ligado aos alto-falantes no capô toca um som de motor para proporcionar aos motoristas o *feedback* necessário. Para alertar as pessoas sobre essa abordagem, foi adicionado um ruído artificial de ronco do motor à motocicleta ENV (Veículo de Emissão Neutra) movida à célula de combustível de hidrogênio.

Neste capítulo, discutiremos a natureza do aprendizado e da memorização, as teorias cognitiva e de condicionamento do aprendizado e os fatores que afetam a recuperação. As implicações para os gerentes de marketing serão discutidas ao longo do caminho, culminando com um exame acerca de posicionamento do produto e valor da marca nas seções finais.

CAPÍTULO 8

NATUREZA DO APRENDIZADO E DA MEMORIZAÇÃO

O aprendizado é essencial para o processo de consumo. Na verdade, o comportamento do consumidor é, em grande parte, um comportamento aprendido. As pessoas adquirem a maioria de suas atitudes, valores, gostos, comportamentos, preferências, significados simbólicos e sentimentos por meio do aprendizado (SOLOMON, 2016).

Cerf e Garcia-Garcia (2017) salientam que a cultura, a família, os amigos, a mídia de massa e a propaganda proporcionam experiências de aprendizado que afetam o tipo de estilo de vida que as pessoas buscam e os produtos que consomem. Considere, por exemplo, quantas vezes suas escolhas de filme são influenciadas por algo que você leu *online* e por discussões que você tem com amigos.

Aprendizado é qualquer mudança no conteúdo ou na organização da memória ou do comportamento de longo prazo e é resultado do processamento de informações. Nos capítulos anteriores, descrevemos o processamento de informações como uma série de atividades por meio das quais os estímulos são percebidos, transformados e armazenados. As quatro atividades da série são a exposição, a atenção, a interpretação e a memorização.

Como indica Morin (2011) na Figura 12, diferentes sistemas de processamento de informações lidam com diferentes aspectos do aprendizado. O sistema perceptivo lida com a entrada de informações por meio da exposição e da atenção e, como discutimos nos capítulos anteriores, pode ser consciente ou inconsciente.

A memória de curto prazo (MCP) trata de reter informações temporariamente, enquanto elas são interpretadas e transferidas para a memória de longo prazo. A memória de longo prazo (MLP) trata de armazenar e recuperar informações a serem utilizadas nas decisões.

Figura 12 – Processamento de informações, aprendizado e memória

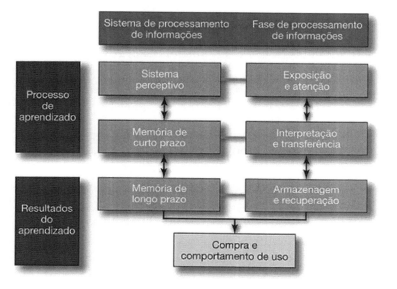

Fonte: Morin (2011)

Esses processos são altamente inter-relacionados. Por exemplo, um consumidor pode notar sua marca favorita de refrigerante na prateleira da loja por causa de um objetivo de compra armazenado na memória de longo prazo. O preço atual do refrigerante é trazido à memória de curto prazo por meio do sistema perceptivo para processamento.

No entanto, um preço de referência também pode ser recuperado da memória de longo prazo como ponto de comparação para ajudar a tomar a decisão. Por fim, a percepção de preço associada à sua marca favorita pode ser atualizada e armazenada na memória de longo prazo como consequência do processo de comparação (MOTHERSBAUGH *et al.*, 2020).

O PAPEL DA MEMÓRIA NO APRENDIZADO

Ramsøy (2015) explica que a memória é a acumulação total das experiências de aprendizado anteriores. Como sugere a Figura 12, a memória é fundamental para o aprendizado. Ela consiste em dois componentes inter-relacionados: a memória de curto prazo e a de longo prazo. Estas não são entidades fisiológicas distintas. Em vez disso, a memória de curto prazo (MCP) ou memória de trabalho é a parte da memória total que está ativada ou em uso no momento. A memória de longo prazo (MLP) é a parte da memória total dedicada ao armazenamento permanente de informações.

MEMÓRIA DE CURTO PRAZO

Conforme Zurawicki (2010) a memória de curto prazo tem uma capacidade limitada para armazenar informações e sensações. De fato, não é utilizada para armazenamento no sentido normal desse termo. É mais como um arquivo de computador que está em uso no momento. Os arquivos ativos guardam a informação enquanto ela está sendo processada. Depois que o processamento é completado, a informação reconfigurada é impressa ou devolvida ao armazenamento mais permanente, como um disco rígido.

Um processo semelhante ocorre com a memória de curto prazo. Os indivíduos utilizam a memória de curto prazo para guardar as informações enquanto a analisam e interpretam. Depois podem transferi-la para outro sistema (escrevê-la ou digitá-la), guardá-la na memória de longo prazo ou ambos. Assim, a memória de curto prazo é análoga ao que normalmente chamamos pensamento. É um processo ativo, dinâmico, e não uma estrutura estática.

A MCP TEM VIDA CURTA

Segundo Cerf e Garcia-Garcia (2017) as informações na memória de trabalho somem rapidamente. A capacidade de retenção da memória para preços, por exemplo, é de cerca de 3,7 segundos. A vida curta da MCP significa que os consumidores devem renovar constantemente as informações por meio do treinamento mental ou elas irão se perder.

O treinamento mental é a repetição contínua de um fragmento de informação de modo a guardá-la na memória atual para uso na solução de problemas ou na transferência para a memória de longo prazo. Repetir a mesma fórmula ou definição várias vezes antes de realizar uma prova é um exemplo. Os profissionais de marketing frequentemente simulam isso repetindo o nome da marca ou um benefício fundamental, de modo proeminente, diversas vezes em uma propaganda.

A MCP TEM CAPACIDADE LIMITADA

Damásio (2022) diz que a capacidade limitada da MCP significa que os consumidores só podem guardar certa quantidade de informação na memória atual. Estima-se que a capacidade da MCP esteja na faixa de cinco a nove fragmentos de informação. Um fragmento pode ser um item individual ou um conjunto de itens relacionados. Organizar os itens individuais em grupos de itens relacionados que podem ser processados como uma unidade é chamado aglutinação.

A aglutinação pode ser muito útil na transferência (e recuperação) de informação para a memória. Um estudo recente sobre números de telefone 0800 que utilizam palavras para auxiliar a memória mostra o poder da aglutinação.

A memorização de números de telefone completamente numéricos foi de 8%, a memorização das combinações de números e palavras (0800-555-CASA) foi de 44% e a memorização de números formados apenas de palavras (0800-SUA-CASA) foi de 58%! A quantidade de fragmentos diminui à medida que as palavras se tornam partes significativas que substituem os números sem significado.

Godin (2019) sugere que os profissionais de marketing podem ajudar os consumidores a aglutinar as informações sobre o produto organizando as informações detalhadas dos atributos em mensagens em torno dos benefícios mais gerais que esses atributos proporcionam.

Uma questão interessante é que os consumidores especialistas no produto são mais capazes de aglutinar devido a estruturas de memória altamente organizadas. Como consequência, os especialistas são mais capazes de absorver informações e evitar a sobrecarga de informações.

AS ATIVIDADES DE ELABORAÇÃO OCORREM NA MCP

A MCP muitas vezes é chamada memória de trabalho porque é nela que as informações são analisadas, categorizadas e interpretadas – isto é, a MCP é onde as atividades de elaboração acontecem. As atividades de elaboração são o uso de experiências, valores, atitudes, crenças e sentimentos previamente armazenados para interpretar e avaliar as informações na memória de trabalho, bem como adicionar informações relevantes previamente armazenadas. As atividades de elaboração servem para redefinir ou adicionar novos elementos à memória (ZURAWICKI, 2010).

Imagine que sua empresa desenvolveu um novo produto voltado para consumidores que querem usar seus dispositivos eletrônicos de forma segura enquanto dirigem. O produto é um programa ativado por voz que permite que se deem comandos ao tocador de MP3 e ao telefone celular, sem a utilização das mãos. Como esse produto será categorizado?

A resposta depende, em grande parte, de como ele será apresentado. O modo como será apresentado influenciará a natureza das atividades de elaboração que ocorrerão, e que, por sua vez, determinarão como o produto será lembrado. As atividades de elaboração podem envolver tanto conceitos quanto imagens mentais.

Conceitos são abstrações da realidade que captam o significado de um item em termos de outros conceitos. São semelhantes a uma definição de uma palavra em um dicionário. As imagens mentais envolvem representações sensoriais concretas de ideias, sentimentos e objetos (MILLER, 2012).

Permitem uma lembrança direta de aspectos de experiências anteriores. Dessa forma, o processamento de imagens envolve a lembrança e a manipulação mental de imagens sensoriais, incluindo sensações relacionadas com a visão, o olfato, o paladar e o tato (toque).

As fotografias podem melhorar a imagem mental, especialmente quando são vívidas, o que significa que são representações relativamente concretas da realidade, em vez de uma abstração. No entanto, as fotografias não são o único fator a melhorar a imagem mental. As palavras e frases em uma propaganda também podem encorajar os consumidores a construir suas próprias imagens (por exemplo, "visualize...", "sinta...", "imagine...").

Os profissionais de marketing têm de se certificar de que as palavras e as fotografias combinam. Por exemplo, se o texto de uma propaganda convidar o consumidor para se juntar ao processamento de imagens mentais, mas oferece uma imagem enfadonha, o consumidor irá se desligar da mensagem e estará menos propenso a comprar a marca (EYAL, 2020).

Estejam os consumidores processando conceitos ou imagens mentais, uma questão fundamental no aprendizado e na memorização é a extensão da elaboração. Um importante determinante da elaboração é a motivação ou o envolvimento do consumidor.

A elaboração é maior quando os consumidores estão mais envolvidos ou interessados na marca, no produto ou na mensagem em questão (como vimos anteriormente, também é facilitada pela especialização do consumidor).

A elaboração aumenta as chances de a informação ser transferida para a MLP e ser posteriormente recuperada ao dar mais atenção ao processamento direcionado à informação e ao estabelecer vínculos significativos entre a nova informação e a informação existente (TYBOUT e CALKINS, 2018). Esses vínculos ou associações são uma parte importante da MLP, como discutiremos a seguir.

MEMÓRIA DE LONGO PRAZO

Cialdini (2021) explica que a memória de longo prazo é vista como uma armazenagem permanente e ilimitada. Pode armazenar inúmeros tipos de informação como conceitos, regras de decisão, processos e estados afetivos (emocionais).

Os profissionais de marketing estão particularmente interessados na memória semântica, que se constitui de conhecimento e sentimentos básicos que um indivíduo tem acerca de um conceito. Representa o entendimento de uma pessoa acerca de um objeto ou evento em seu nível mais simples. Nesse nível, uma marca como a Acura pode ser categorizada como "um carro de luxo". Outro tipo de memória interessante para os profissionais de marketing é a memória episódica, que é a memória de uma sequência de eventos dos quais a pessoa participou. Essas memórias pessoais de eventos, como o primeiro encontro, a formatura ou aprender a dirigir, podem ser bem nítidas. Muitas vezes trazem à tona imagens mentais e sentimentos.

Os profissionais de marketing frequentemente tentam despertar memórias episódicas porque sua marca estava envolvida nessas memórias ou para associar à marca os sentimentos positivos que elas geram. As memórias em lampejo* são um tipo especial de memória episódica. A memória em lampejo é uma memória precisa para as circunstâncias ao redor de um evento novo ou surpreendente (LINDSTROM, 2009).

OS ASPECTOS-CHAVE DAS MEMÓRIAS EM LAMPEJO:

- São vividamente detalhadas e, portanto, duram bastante ao longo do tempo.
- Contêm detalhes situacionais específicos sobre localização, pessoas, atividades e emoções sentidas.
- Ocorrem com um alto grau de confiança.
- São percebidas como memórias especiais e diferentes das experiências ordinárias ou mundanas.

Os profissionais de marketing se preocupam não apenas com qual informação está armazenada na MLP, mas também como essa informação é organizada. Os esquemas e os roteiros são duas importantes estruturas de memória (GODIN, 2019).

ROTEIROS

Page (2015) descreve que a memória de como uma sequência de ação deve ocorrer, como comprar e beber um refrigerante para saciar a sede, é um tipo especial de esquema, conhecido como roteiro. Os roteiros são necessários para que os consumidores comprem de modo eficaz. Uma das dificuldades que as novas formas de vendas varejistas têm é ensinar aos consumidores o roteiro adequado para adquirir itens de uma nova maneira.

Esse é o problema que as empresas que querem vender produtos pela Internet enfrentam. Antes que elas possam ter sucesso, seus mercados-alvo precisam aprender os roteiros adequados para as compras via Internet. Os esforços do marketing ecológico se relacionam em parte a ensinar aos consumidores os roteiros apropriados para o descarte que inclua a reciclagem.

RECUPERAÇÃO DA MLP

Mark e Pearson (2017) manifestam que a probabilidade e a facilidade com que a informação pode ser recuperada da MLP são denominados acessibilidade. Toda vez que um nó informacional ou um vínculo entre esses nós é ativado (acessado) na memória, ele é fortalecido. Dessa forma, a acessibilidade pode ser melhorada por meio do ensaio, da repetição e da elaboração. Por exemplo, a Coca-Cola pode ser uma das marcas que sempre vêm à mente (é recuperada) quando você pensa em refrigerantes porque você viu muitas propagandas dessa marca. Esse efeito de acessibilidade para as marcas é chamado menção espontânea. Além disso, a acessibilidade é relacionada com a força e a quantidade de vínculos de entrada.

Em essência, quando um conceito é vinculado a outros conceitos na memória, sua acessibilidade melhora devido à multiplicidade de caminhos de recuperação. Assim, a elaboração melhora a recuperação ao criar uma rede associativa substancial. Por fim, a acessibilidade é relacionada com quão fortes e diretos os vínculos são com os nós, sendo que os vínculos mais fortes e mais diretos são mais acessíveis (TYBOUT e CALKINS, 2018).

Dessa forma, legal e revigorante são associações altamente acessíveis relacionadas com o Mountain Dew, enquanto festas e refrescante são menos acessíveis. Obviamente, os profissionais de marketing desejam vínculos fortes e diretos entre suas marcas e as características fundamentais do produto.Recuperar informações da MLP não é uma tarefa completamente objetiva ou mecânica. Se pedirmos aos consumidores para se lembrarem do patrocinador das últimas Olimpíadas de verão, alguns, com certeza, não se lembrarão rapidamente. Esses indivíduos podem construir uma memória com base em uma recuperação limitada e em uma série de julgamentos e inferências (PINKER, 2008).

Por exemplo, muitos podem "se lembrar" da Nike porque ela é uma empresa dominante em equipamentos e acessórios esportivos. Assim, "faria sentido" que a Nike fosse a patrocinadora, o que poderia levar alguns consumidores a acreditarem que a Nike de fato era patrocinadora do evento mesmo que não fosse. Portanto, a memória muitas vezes é moldada e modificada à medida que é acessada (STEPHENS, 2016).

Por fim, a recuperação pode envolver memórias explícitas ou implícitas. Tradicionalmente, pensamos em lembrança e, portanto, em memória, como a capacidade de lembrar itens ou eventos específicos. Se você ler este capítulo e então tentar responder às perguntas de revisão no final sem consultar o texto, você está se engajando em uma lembrança tradicional (SOLOMON, 2016).

Isso é chamado memória explícita, e é caracterizada pela lembrança consciente de um evento em exposição. Por outro lado, a memória implícita envolve a recuperação não consciente de estímulos encontrados previamente. Trata-se de um senso de familiaridade, um sentimento, um conjunto de crenças sobre um item sem conscientização de quando e como foram adquiridos (MORIN, 2011).

Um exemplo de memória implícita é o posicionamento de marcas. Um estudo descobriu que, ao longo do tempo, a imagem de uma marca se torna cada vez mais semelhante ao programa de televisão em que ela aparece, mesmo quando os consumidores não se lembram de terem visto os posicionamentos da marca (AAKER, 2015).

APRENDIZADO DE ALTO E BAIXO ENVOLVIMENTO

Descrevemos o aprendizado como qualquer mudança no conteúdo ou na organização da memória de longo prazo ou do comportamento. Além disso, descrevemos a memória de longo prazo em termos de esquemas ou redes associativas. Mas como as pessoas aprendem essas associações? Por exemplo, como os consumidores aprendem que um produto é legal ou que o Walmart tem preços baixos?

Um momento de reflexão revelará que as pessoas aprendem coisas de modos diferentes. Por exemplo, comprar um carro ou aparelho de som geralmente envolve atenção e processamento intensos e concentrados. O resultado desses esforços é recompensado por melhores escolhas. No entanto, a maioria do aprendizado é de uma natureza muito diferente.

A maioria dos americanos sabe quem está jogando nas World Series todo ano, mesmo que não gostem de beisebol, porque elas ouvem falar do assunto com frequência. E as pessoas conseguem identificar roupas que estão na moda, mesmo que nunca pensem muito sobre estilos de roupas.

Ramsøy (2015) descreve que o aprendizado pode ocorrer tanto em uma situação de alto envolvimento quanto de baixo envolvimento. Lembre-se de que o processamento de informações (e, portanto, o aprendizado) pode ser consciente e deliberado em situações de alto envolvimento. Ou pode ser desconcentrado e até inconsciente em situações de baixo envolvimento.

Uma situação de aprendizado de alto envolvimento é aquela em que o consumidor é motivado a processar ou conhecer o material. Por exemplo, um indivíduo que lê o Guia do Comprador de Computadores antes de comprar um computador provavelmente está altamente motivado a conhecer um material relevante sobre as diversas marcas de computador.

Uma situação de aprendizado de baixo envolvimento é aquela em que o consumidor tem pouca ou nenhuma motivação para processar ou conhecer o material. Um consumidor cuja programação de televisão é interrompida por um comercial de um produto que ele não usa ou pelo qual não sente desejo, geralmente, tem pouca motivação para conhecer o material apresentado no comercial. Grande parte, se não a maioria, do aprendizado do consumidor ocorre em contextos de envolvimento relativamente baixo.

Na Figura 13 Mothersbaugh *et al.*, (2020) mostram as duas situações gerais e as cinco teorias de aprendizado específicas que vamos considerar. O nível de envolvimento é o principal determinante de como o material é conhecido. As linhas sólidas na figura indicam que o condicionamento operante e o raciocínio analítico são processos de aprendizado comuns em situações de alto envolvimento.

O condicionamento clássico e o aprendizado mecânico tendem a ocorrer em situações de baixo envolvimento. E o aprendizado indireto/imitação é comum, tanto em situações de baixo quanto de alto envolvimento. A seguir, discutiremos cada uma dessas teorias.

Figura 13 – Teorias de aprendizado em situações de alto e de baixo envolvimento

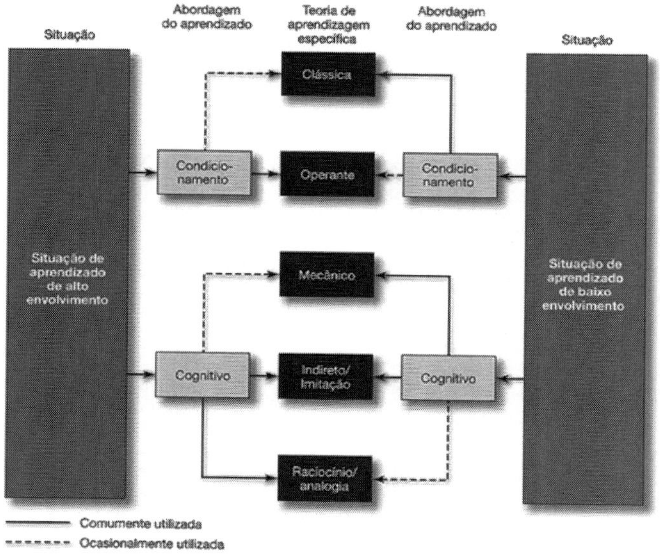

Fonte: Mothersbaugh *et al.*, (2020)

CONDICIONAMENTO

O condicionamento é descrito por Ramsøy (2015) de modo mais adequado como um conjunto de procedimentos que os profissionais de marketing podem utilizar para aumentar as probabilidades de uma associação entre dois estímulos ser formada ou conhecida.

A palavra condicionamento tem uma conotação negativa para muitas pessoas e traz à mente imagens de humanos robotizados. No entanto, o procedimento geral envolve apresentar dois estímulos bem próximos para que os dois acabem sendo percebidos (consciente ou inconscientemente) como relacionados ou associados. Isto é, os consumidores aprendem que os estímulos andam (ou não andam) juntos.

Existem duas formas básicas de aprendizado condicionado – a clássica e a operante. O condicionamento clássico tenta criar uma associação entre um estímulo (p. ex., o nome da marca) e uma reação (p. ex., comportamento ou sentimento). O condicionamento operante tenta criar uma associação entre uma resposta (p. ex., comprar determinada marca) e um resultado (p. ex., satisfação) que serve para reforçar a resposta.

CONDICIONAMENTO CLÁSSICO

Analisemos o cenário que Ramsøy (2015) nos traz. Imagine que você esteja comercializando uma nova marca de caneta e quer que os consumidores tenham um sentimento positivo em relação a essa caneta. De que modo o condicionamento clássico pode ajudá-lo a associar sentimentos positivos a sua marca desconhecida?

O procedimento do condicionamento clássico faria com que você unisse repetidamente a marca desconhecida a algum outro estímulo que você já sabe que automaticamente traz à tona sentimentos ou emoções positivas, como música popular em uma propaganda.

O objetivo é, no final, depois de associar repetidamente o nome da marca e a música, que o nome da marca isoladamente traga à tona os mesmos sentimentos positivos provocados pela música.

O processo de utilizar uma relação estabelecida entre um estímulo (música) e uma reação (sentimentos agradáveis) para provocar o aprendizado da mesma reação (sentimentos agradáveis) a um estímulo diferente (a marca) é denominado condicionamento clássico.

A Figura 14 descrita por Ramsøy (2015) ilustra esse tipo de aprendizado. Ouvir música popular (estímulo não condicionado) automaticamente traz à tona uma emoção positiva (reação não condicionada) em muitos indivíduos. Se essa música é associada de forma constante a uma marca específica de caneta ou outro produto (estímulo condicionado), a marca em si pode passar a provocar a mesma emoção positiva (reação condicionada).

Além disso, algumas características, como as qualidades masculinas/femininas do estímulo não condicionado, também podem passar a ser associadas ao estímulo condicionado. Isto é, utilizar uma cena que mostra homens ou mulheres em uma atividade que provoca emoções positivas pode não apenas gerar uma reação emocional positiva a uma marca constantemente associada a ela, mas também pode fazer com que a marca tenha uma imagem masculina ou feminina.

Portanto, o condicionamento clássico pode levar a atitudes positivas influenciando os sentimentos e as crenças com relação à marca. Isso é importante porque, como veremos em outros capítulos, as atitudes influenciam a busca de informações, os testes e a escolha da marca.

Figura 14 – Aprendizado do consumidor por condicionamento clássico

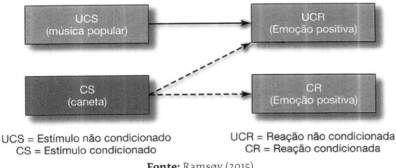

Fonte: Ramsøy (2015)

Conforme Tybout e Calkins (2018) outras aplicações do condicionamento clássico para o marketing incluem:

- Anúncios constantes de um produto em programas de esportes instigantes podem resultar em uma reação empolgante ao produto em si.
- Um candidato político desconhecido pode provocar sentimentos patrióticos ao usar como música de fundo de seus comerciais e aparições, uma música patriótica.
- As músicas de Natal tocadas em lojas podem provocar reações emocionais associadas aos atos de doar e compartilhar, que, por sua vez, podem aumentar a propensão à compra.

O aprendizado por meio do condicionamento clássico é mais comum em situações de baixo envolvimento, em que relativamente poucos níveis de esforço de processamento e consciência estão envolvidos. No entanto, depois de um número suficiente de "exames atentos" ou "olhadas rápidas" para a propaganda, a associação pode ser formada ou aprendida.

CONDICIONAMENTO OPERANTE

Cerf e Garcia-Garcia (2017) orientam que o condicionamento operante (ou aprendizado instrumental) envolve recompensar comportamentos desejados, como comprar a marca, com um resultado positivo que serve para reforçar o comportamento. Quanto maior a frequência com que uma reação é reforçada, mais provável será sua repetição no futuro à medida que os consumidores aprendem que a reação é associada a um resultado positivo.

Imagine que você esteja comercializando um petisco chamado Pipoca de Arroz Pacific Snax. Você acredita que o produto tem um sabor leve e crocante do qual os consumidores vão gostar. Mas como você pode influenciá-los a aprender a consumir sua marca?

Uma opção baseada no procedimento de condicionamento operante seria distribuir uma grande quantidade de amostras grátis por correio, em centros comerciais ou em lojas. Muitos consumidores provariam a amostra grátis (reação desejada). Se o sabor da pipoca de arroz for realmente agradável (um resultado positivo que serve como reforço), aumenta a probabilidade de consumo continuado. Isso é mostrado graficamente na figura 15:

Figura 15 – Aprendizado do consumidor por meio do condicionamento operante

Fonte: Cerf e Garcia-Garcia (2017)

Segundo Solomon (2016) diferentemente das associações relativamente automáticas criadas pelo condicionamento clássico, o condicionamento operante requer que os consumidores primeiro se envolvam em um comportamento deliberado e entendam sua capacidade de prever os resultados positivos que servem de reforço. Como sugerimos na Figura 13, tal aprendizado é comum em condições de maior envolvimento.

O condicionamento operante normalmente envolve influenciar os consumidores a comprar uma marca ou produto específico (reação desejada). Assim, grande parte da estratégia de marketing é voltada para garantir um teste inicial. Amostras grátis (em casa ou na loja), descontos especiais em novos produtos e concursos representam recompensas oferecidas aos consumidores para experimentarem uma marca ou produto específico.

Se eles experimentam a marca sob essas condições e gostam dela (reforço), provavelmente passarão ao próximo nível e comprarão a marca no futuro. Conforme Stephens (2016) esse processo de estimular reações parciais que levam à reação final desejada (consumir uma amostra grátis, comprar com desconto, comprar sem desconto) é conhecido como modelagem e é ilustrado na Figura 16:

Figura 16 – O processo de modelagem no comportamento de compra

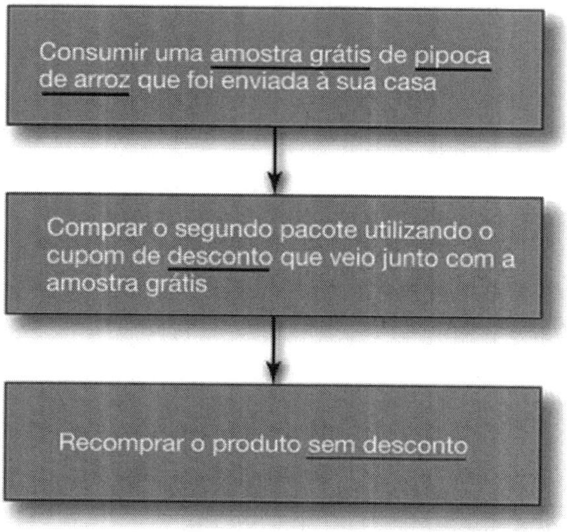

Fonte: Stephens (2016)

Enquanto o reforço aumenta a probabilidade de um comportamento como uma compra ser repetido, uma consequência negativa (punição) tem exatamente o efeito oposto. Assim, a compra de uma marca que não funciona adequadamente reduz muito as possibilidades de compras futuras dessa marca. Isso realça a importância crítica da qualidade consistente do produto (LEWIS e BRIDGES, 2004).

O condicionamento operante é amplamente utilizado pelos profissionais de marketing. A aplicação mais comum é oferecer produtos com qualidade consistente para que o uso do produto para atender a uma necessidade do consumidor seja reforçado. Outras aplicações conforme Kardes, Cronley e Cline (2014) incluem:

- Mala direta ou contato pessoal após uma venda para parabenizar o comprador por fazer uma compra inteligente.
- Dar um reforço adicional por comprar em uma loja, como selos para serem trocados, descontos ou prêmios.

- Dar um reforço adicional por comprar uma marca específica, como reembolsos, brinquedos em caixas de cereais ou cupons de desconto.
- Distribuir amostras grátis do produto ou cupons de introdução para estimular o teste do produto (modelagem).
- Tornar os interiores de lojas, os shopping centers ou os centros comerciais áreas agradáveis para comprar (reforço) proporcionando entretenimento, temperatura controlada, mostruários estimulantes, e assim por diante.

Hoyer, Macinnis e Pieters (2016) retratam que o poder do condicionamento operante foi demonstrado por um experimento conduzido por uma empresa de seguros. Mais de dois mil consumidores que compraram seguros de vida durante um período de um mês foram aleatoriamente divididos em três grupos.

Dois grupos recebiam reforço após cada pagamento mensal na forma de uma simpática carta ou um telefonema de agradecimento. O terceiro grupo não recebeu tal reforço. Seis meses depois, 10% dos membros dos dois grupos que receberam reforço tinham cancelado suas coberturas, enquanto 23% dos que não receberam reforço o fizeram! O reforço (agradecimento) levou a um comportamento continuado (enviar o pagamento mensal).

CAPÍTULO 9

TIPOLOGIAS DE APRENDIZADO

APRENDIZADO COGNITIVO

Miller (2012) explica que o aprendizado cognitivo abrange todas as atividades mentais dos humanos enquanto trabalham para resolver problemas ou lidar com situações. Envolve aprender ideias, conceitos, atitudes e fatos que contribuam para nossa capacidade de raciocinar, resolver problemas e entender relacionamentos sem experiência direta ou reforço.

O aprendizado cognitivo pode variar desde a aquisição muito simples de informação (como no aprendizado mecânico) até a solução complexa e criativa de problemas (como no raciocínio analítico). Três tipos de aprendizado cognitivo são importantes para os profissionais de marketing.

APRENDIZADO MECÂNICO

Morin (2011) descreve que aprender um conceito ou a associação entre dois ou mais conceitos na ausência de condicionamento é conhecido como aprendizado mecânico. Por exemplo, uma pessoa pode ver uma propaganda que declare "Cetoprofeno é um remédio para dor de cabeça" e associar o novo conceito "cetoprofeno" ao conceito existente de "remédio para dor de cabeça". Observe a diferença em relação ao condicionamento visto que não há estímulo não condicionado (clássico) nem recompensa ou reforço direto (operante) envolvido.

Além disso, é importante destacar que, diferentemente de formas mais complexas de aprendizado cognitivo, o aprendizado mecânico, em geral, envolve consideravelmente menos esforço cognitivo e elaboração. Uma quantidade significativa de aprendizado de baixo envolvimento compreende o aprendizado mecânico. Inúmeras repetições de uma mensagem simples que ocorrem quando o consumidor examina o ambiente podem resultar no aprendizado da essência da mensagem.

Por meio do aprendizado mecânico, os consumidores podem gerar crenças acerca das características ou dos atributos de produtos sem se conscientizar da fonte de informações. Quando a necessidade vem à tona, uma compra pode ser feita com base nessas crenças.

APRENDIZADO INDIRETO/IMITAÇÃO

Zurawicki (2010) diz que não é necessário que os consumidores experimentem diretamente uma recompensa ou punição para aprender. Em vez disso, podem observar os resultados dos comportamentos de outrem e ajustar seus próprios comportamentos a eles. De modo semelhante, podem utilizar imagens mentais para antecipar o resultado de diversos cursos de ação. Isso é conhecido como aprendizado indireto ou imitação.

Esse tipo de aprendizado é comum, tanto em situações de alto quanto de baixo envolvimento. Em uma situação de alto envolvimento, como comprar um novo terno logo depois de conseguir um emprego, um consumidor pode deliberadamente observar os estilos de roupa de outras pessoas no trabalho ou ídolos em outros ambientes, incluindo propagandas.

Muitas propagandas estimulam os consumidores a imaginar os sentimentos e a experiência de utilizar tal produto. Tais imagens mentais não apenas melhoram o conhecimento acerca do produto, mas podem até influenciar o modo como o produto é avaliado depois de um teste na vida real.

Uma quantidade substancial de imitação também ocorre em situações de baixo envolvimento. Ao longo da vida, as pessoas observam outros indivíduos utilizando produtos e se comportando em uma grande variedade de situações. Na maioria das vezes, eles prestam pouca atenção a esses comportamentos. No entanto, ao longo do tempo, eles aprendem que certos comportamentos e produtos são adequados a algumas situações e outros não.

RACIOCÍNIO ANALÍTICO

Damásio (2022) relata que a forma mais complexa de aprendizado cognitivo é o raciocínio analítico. Ao raciocinar, os indivíduos pensam de modo criativo para reestruturar e recombinar informações existentes e novas informações de modo a formar novas associações e conceitos. Informações de uma fonte confiável que contradizem ou desafiam as crenças existentes de uma pessoa normalmente iniciam o processo de raciocínio. Uma forma de raciocínio analítico é o uso de analogias.

O raciocínio analógico é um processo de inferência que permite que os consumidores utilizem uma base de conhecimento existente para entender uma nova situação ou um novo objeto. Isto é, permite que os consumidores utilizem o conhecimento acerca de algo com o qual estão familiarizados para ajudá-los a entender algo com o qual não estão familiarizados. Por exemplo, se não tiver testado ou adotado um leitor digital como Kindle ou Nook, você pode aprender sobre ele:

> Relacionando-o com o seu *laptop* ou os documentos do Word. O computador permite o armazenamento digital e o *download* de documentos que "abrem" e são "lidos" na tela. Você pode pensar que isso é como fazer o *download*, abrir e ler qualquer conteúdo digital em qualquer dispositivo digital. Dadas as semelhanças, você pode inferir corretamente que os leitores digitais permitem o acesso conveniente e móvel

> aos livros e revistas *online*. Você também pode inferir de forma equivocada que mudar de página e "se achar" será difícil e que a leitura em tal formato "prejudicará a vista". Portanto, a partir de uma comparação analógica, você pode acabar com um conjunto de crenças relativamente completo (embora equivocado em alguns aspectos) sobre o leitor digital com base nas suas semelhanças com o *laptop* e o Word que você já usa.

APRENDENDO A GENERALIZAR E DIFERENCIAR

Seja qual for a abordagem ao aprendizado aplicável a determinada situação, a capacidade dos consumidores de diferenciar e generalizar entre um estímulo e outro (por exemplo, uma marca para outra) é fundamental para os profissionais de marketing.

Aaker (2015) alerta que a discriminação entre estímulos ou diferenciação refere-se ao processo de aprender a reagir de modo diferente a estímulos semelhantes, mas distintos. Isso é fundamental para profissionais de marketing que desejam que os consumidores percebam suas marcas como possuidoras de características singulares e importantes em comparação a outras marcas.

Por exemplo, a direção da aspirina Bayer pensa que os consumidores não devem ver sua aspirina como igual à de outras marcas. De modo a obter um preço premium ou uma maior participação de mercado, a Bayer deve ensinar aos consumidores que sua aspirina é diferente das outras marcas.

A discriminação entre estímulos é uma consideração importante na questão da imagem da marca e do posicionamento do produto, que serão discutidos mais adiante neste capítulo.

A discriminação entre estímulos é fundamental quando surgem escândalos envolvendo marcas. Os escândalos nem sempre prejudicam apenas a marca envolvida, mas podem afetar os concorrentes daquele setor, um efeito chamado *spillover*. Uma das melhores maneiras para os concorrentes se defenderem do efeito provocado pelos escândalos é ser altamente diferenciado da marca envolvida no escândalo.

A generalização entre estímulos, muitas vezes chamada efeito de contágio, ocorre quando uma reação a determinado estímulo é provocada por um estímulo semelhante, mas distinto (RAMSØY, 2015).

Dessa forma, um consumidor que aprende que os biscoitos Oreo da Nabisco são saborosos e, portanto, supõe que os novos cones de chocolate Oreo da empresa também serão saborosos está utilizando a generalização entre estímulos.

A generalização entre estímulos é comum e proporciona uma grande fonte de valor da marca e oportunidades para as extensões da marca, que serão discutidas mais adiante neste capítulo.

RESUMO DAS TEORIAS DE APRENDIZADO

Conforme Solomon (2016) as teorias de aprendizado nos ajudam a entender como os consumidores aprendem em diversas situações. Examinamos cinco teorias de aprendizado específicas: condicionamento clássico, condicionamento operante, aprendizado mecânico, aprendizado indireto/imitação e raciocínio analítico.

Cada uma dessas teorias pode funcionar em uma situação de alto ou baixo envolvimento, embora algumas delas sejam mais comuns em um tipo de situação do que em outro. A Tabela 2 resume essas teorias e fornece exemplos de contextos de alto e de baixo envolvimento.

Resumo das teorias de aprendizado com exemplos do nível de envolvimento			
Teoria	Descrição	Exemplo de Alto envolvimento	Exemplo de Baixo envolvimento
Condicionamento clássico	Uma reação provocada por um objeto é provocada por um segundo objeto se os dois frequentemente aparecem juntos.	A reação emocional favorável provocada pelo nome Estados Unidos passa a ser provocada por uma marca de carro depois de uma exposição repetida à sua campanha Made in America [Produzido nos Estados Unidos]. Essa reação é adicional a qualquer aprendizado cognitivo que possa ter ocorrido.	A reação emocional favorável provocada por uma música em uma propaganda de uma nova pastilha de menta passa a ser prov Ocada pela marca depois de ser repetidamente associada à música mesmo que o consumidor preste pouca atenção à propaganda.
Condicionamento operante	Uma reação reforçada tem mais possibilidade de se repetir quando a mesma situação (ou uma semelhante) surgir no futuro.	O consumidor compra um terno depois de pensar muito e descobre que ele é confortável e não amassa. Um blazer feito pela mesma empresa é comprado em outra ocasião por causa da experiência positiva com o terno.	Uma marca conhecida de ervilhas é comprada sem muito questionamento devido à baixa importância da decisão. As ervilhas têm sabor de "frescas", então o consumidor continua a comprar a marca.
Aprendizado mecânico	Um conceito ou a associação entre dois conceitos é aprendida sem condicionamento.	Um consumidor com pouco conhecimento sobre aparelhos de Blu-ray se esforça para obter informações sobre a marca examinando o aparelho cuidadosamente várias vezes. No entanto, o aprendizado é limitado porque sua falta de conhecimento inibe a elaboração.	Um consumidor aprende o mais recente jingle de uma empresa porque ele chama a atenção e não para de tocar em sua mente.

Aprendizado indireto ou imitação	Os comportamentos são aprendidos por meio da observação dos resultados dos comportamentos de outrem ou pela imaginação do resultado de um comportamento potencial.	Um consumidor observa cuidadosamente as reações que outros colegas de trabalho têm em relação à nova maleta da amiga antes de decidir comprar uma.	Uma criança aprende que as pessoas se vestem melhor para ocasiões especiais sem, na verdade, pensar muito sobre o assunto.
Raciocínio analítico	Os indivíduos utilizam o pensamento para reestruturar e recombinar informações existentes e novas informações para formar novas associações e conceitos.	Um consumidor que quer comprar um carro processa cuidadosamente informações sobre um novo carro híbrido a gás e eletricidade utilizando a analogia de residências alimentadas pela energia solar.	Quando uma loja não tem pimenta-do-reino, um consumidor compra pimenta-branca em substituição com base no raciocínio rápido de que "pimenta é pimenta".

Fonte: Solomon (2016)

APRENDIZADO, MEMORIZAÇÃO E RECUPERAÇÃO

O crescimento da Chrysler desacelerou consideravelmente no final da década de 2000, assim como o da Gillette no início da década de 2000, o da Saturn no início dos anos 1990 e os cigarros da L&M nos anos 1980. Em cada caso, pelo menos uma parte do declínio no crescimento foi atribuída à redução radical das propagandas. Como declarou um executivo:

Algum tempo depois de a empresa parar de fazer propaganda e marketing, ficou claro que as pessoas rapidamente iriam se esquecer de nossos produtos se não os apoiássemos no mercado.

Esses exemplos enfatizam que os profissionais de marketing desejam que os consumidores aprendam e se lembrem das características, dos sentimentos e comportamentos positivos associados a suas marcas. No entanto, os consumidores esquecem (STEPHENS, 2016).

Segundo Ramsøy (2015) no aprendizado condicionado, o esquecimento muitas vezes é denominado extinção, visto que a reação desejada (por exemplo, sentimentos agradáveis ou compra da marca) diminui ou se extingue se o aprendizado não é repetido e reforçado. No aprendizado cognitivo, o esquecimento muitas vezes é denominado falha na recuperação, visto que a informação disponível na MLP não pode ser acessada, isto é, recuperada da MLP para a MCP.

Dois aspectos do esquecimento importantes para os profissionais de marketing são a possibilidade de esquecimento em qualquer situação determinada e a taxa de esquecimento.

Às vezes, os profissionais de marketing ou grupos de reguladores desejam acelerar o esquecimento ou a extinção. Por exemplo, a Sociedade Americana do Câncer e outras organizações oferecem programas projetados para ajudar os indivíduos a "desaprenderem" o hábito de fumar.

Fabricantes desejam que os consumidores se esqueçam de uma publicidade negativa ou de imagens ultrapassadas de um produto. A propaganda corretiva, uma exigência governamental de que as empresas eliminem um aprendizado incorreto causado por propagandas anteriores, será descrita no posteriormente.

Os consumidores se esquecem de marcas, de associações entre marcas e de outras informações por uma variedade de motivos. Em primeiro lugar, o aprendizado pode ser fraco desde o início. Em segundo lugar, as informações sobre marcas e propagandas concorrentes podem causar uma interferência na memória. Em terceiro lugar, o ambiente da reação (por exemplo, a loja de varejo) pode não ser projetado para estimular a recuperação de informações anteriormente aprendidas (por exemplo, em propagandas). Trataremos desses assuntos a seguir.

FORÇA DO APRENDIZADO

Como a HIV Alliance pode ensiná-lo a minimizar os riscos de contrair AIDS de modo que você não esqueça? Ou como a Neutrogena pode ensinar sobre a linha de produtos de bronzeamento artificial para que você se lembre das características principais quando estiver fazendo compras na farmácia? Isto é, o que é necessário para provocar uma reação aprendida que tenha longa duração?

Um dos fatores é a força do aprendizado. Quanto mais forte o aprendizado original (por exemplo, dos nós e dos vínculos entre os nós), maior a probabilidade de a informação relevante ser recuperada quando necessário. A força do aprendizado é melhorada por seis fatores: importância, envolvimento com a mensagem, humor, reforço, repetição e codificação dual (KARDES, CRONLEY e CLINE, 2014).

IMPORTÂNCIA

Lewis e Bridges (2004) ressaltam que a importância refere-se ao valor que os consumidores atribuem à informação a ser aprendida. A importância pode ser impulsionada pelo interesse inerente no produto ou na marca, ou pode ser impulsionada pela necessidade de tomar uma decisão no futuro próximo.

Quanto mais importante for para o indivíduo aprender um comportamento específico ou fragmento de informação, mais eficaz e eficiente ele irá se tornar no processo de aprendizado. Isso se deve, em grande parte, à maior quantidade de atividades de elaboração envolvidas no completo processamento e categorização do material.

Uma nova área de interesse para os profissionais de marketing é como os consumidores bilíngues processam e se lembram de mensagens no segundo idioma. Por exemplo, se consumidores hispânicos processam uma propaganda em inglês, a eficácia será a mesma de quando eles processam a mesma propaganda em espanhol?

Em termos gerais, processar uma propaganda em um segundo idioma é mais difícil. Isso tende a reduzir o aprendizado e a lembrança de propagandas no segundo idioma do consumidor. Isso significa que as propagandas no segundo idioma nunca serão eficazes?

Conforme Kardes, Cronley e Cline (2014) a resposta parece depender da importância. Quando a importância é alta, os consumidores bilíngues aplicam mais esforço de processamento para entender a propaganda no segundo idioma, levando a um aprendizado e a uma lembrança maiores.

A importância é uma dimensão que separa as situações de aprendizado de alto envolvimento das situações de baixo envolvimento. Portanto, o aprendizado de alto envolvimento tende a ser mais completo do que o aprendizado de baixo envolvimento. Infelizmente, os profissionais de marketing enfrentam os consumidores em situações de baixo envolvimento com mais frequência (HOYER, MACINNIS e PIETERS, 2016).

ENVOLVIMENTO COM A MENSAGEM

Graves (2011) descreve que quando um consumidor não está motivado para conhecer o material, o processamento pode ser melhorado fazendo a pessoa se tornar envolvida com a mensagem em si. Por exemplo, tocar uma versão instrumental de uma canção popular com letra relacionada com as características do produto ("Like a rock" nas propagandas da Chevrolet) pode levar as pessoas a "cantar junto" em voz alta ou mentalmente. Esse maior envolvimento com a mensagem, se comparado com meramente escutar a letra, aumenta a extensão do processamento da mensagem e a memorização das características ou tema associado.

Nos capítulos anteriores, discutimos diversas estratégias para melhorar a atenção dos consumidores, incluindo incongruência, retórica, mensagens incompletas e propagandas interessantes com tramas e finais surpreendentes. Essas estratégias também tendem a melhorar o envolvimento com a mensagem e, assim, levar a um maior aprendizado e memorização.

É importante considerar diversas questões relacionadas com o envolvimento com a mensagem. Em primeiro lugar, há evidências de que o aroma pode ser importante para a memorização. Um estudo descobriu que aromas positivos durante a exposição a uma propaganda aumentavam a atenção à propaganda e resultavam em maior lembrança da marca.

Não é de surpreender que os profissionais de marketing atualmente estejam nos estágios iniciais do desenvolvimento de tecnologias que permitirão a "emissão de aromas" em aplicativos na Internet e quiosques dentro de lojas! A segunda questão é o papel do suspense. Algumas vezes, os profissionais de marketing esperam até o último momento de uma mensagem para revelar o nome da marca, em uma tentativa de atrair interesse e atenção. No entanto, essa estratégia deve ser utilizada com cuidado porque esperar até o final de uma propaganda para revelar a marca dá aos consumidores pouca oportunidade de integrar a nova informação a seus esquemas de marca existentes (GODIN, 2019).

Como resultado, os vínculos associativos são mais fracos e a memorização é reduzida. Esses resultados sugerem que os profissionais de marketing deveriam pensar em mencionar a marca relativamente no início da mensagem de marketing (EYAL, 2020).

A questão final diz respeito às estratégias de mensagens que realçam a relevância pessoal da marca para o consumidor. Tal estratégia é a autorreferência. A autorreferência indica que os consumidores relacionam a informação da marca a si mesmos (AAKER, 2015).

O "ego" é um poderoso esquema de memória, e integrar a informação da marca a esse esquema melhora o aprendizado e a memorização. A autorreferência pode ser estimulada nas propagandas por meio do uso de apelos nostálgicos que estimulem os consumidores a se lembrar de experiências pessoais anteriores. Também pode ser estimulada pelo uso de linguagem como "você" e "seu/sua" (pronomes da segunda pessoa) (TYBOUT e CALKINS, 2018).

HUMOR

Quando você está feliz aprende mais? As pesquisas indicam que isso de fato é verdade. O bom humor durante a apresentação de informações como nomes de marcas melhora o aprendizado.

O bom humor durante a recepção de informação parece melhorar a elaboração relacional – a informação é comparada e avaliada de acordo com mais categorias. Isso produz um conjunto mais completo e mais forte de vínculos entre uma variedade de outras marcas e conceitos, o que, por sua vez, melhora a recuperação (acesso à informação).

A melhora do aprendizado gerado pelo bom humor sugere os tipos de programas nos quais os profissionais de marketing que desejam melhorar o aprendizado do consumidor devem anunciar. Da mesma forma, sugere que os comerciais que melhoram o humor das pessoas também melhoram o aprendizado (CERF e GARCIA-GARCIA, 2017).

REFORÇO

Qualquer coisa que aumente a probabilidade de determinada reação se repetir no futuro é considerada reforço. Embora o aprendizado frequentemente ocorra na ausência de reforço, este tem um impacto significativo na velocidade em que o aprendizado ocorre e na duração de seu efeito.

Um reforço positivo é uma consequência agradável ou desejada. Um casal que gosta de comida mexicana vê uma propaganda do novo restaurante Chipotle Mexican Grill em sua região e decide ir lá. Eles gostam da comida, do serviço e do ambiente. Agora há maior probabilidade de eles escolherem o Chipotle Mexican Grill na próxima vez em que jantarem fora.

Um reforço negativo envolve remover ou evitar uma consequência desagradável. As propagandas do Vick prometem aliviar a dor e a pressão relacionadas com a sinusite. Se a propaganda convence o consumidor a experimentar o medicamento para sinusite e ele funciona bem, esse consumidor provavelmente o comprará mais uma vez no futuro e, com base na generalização do estímulo, talvez também experimente outros produtos Vicks.

A punição é o oposto do reforço. Representa qualquer consequência que diminui a probabilidade de determinada reação se repetir no futuro. Se o casal que tivesse experimentado ir ao restaurante Chipotle Mexican Grill descrito anteriormente considerasse que o serviço era ruim ou que a comida não estava boa, dificilmente o frequentaria no futuro.

Obviamente, é fundamental que os profissionais de marketing determinem exatamente o que reforça as compras dos consumidores para que possam projetar mensagens promocionais e produtos que estimulem as compras iniciais e sua repetição (TYBOUT e CALKINS, 2018).

REPETIÇÃO

Ramsøy (2015) afirma que a repetição melhora o aprendizado e a memorização aumentando a acessibilidade à informação na memória ou fortalecendo os vínculos associativos entre conceitos.

De modo bem simples, quanto mais vezes as pessoas são expostas à informação ou se envolvem em um comportamento, maior a probabilidade de aprenderem e se lembrarem da informação. Por exemplo, em comparação com uma exibição de um comercial da cerveja Miller Lite, duas exibições durante um jogo de campeonato de beisebol produziram uma lembrança 2,33 vezes maior. Por razões que não estão completamente claras, determinadas músicas "motivam" a autorrepetição automática por parte do consumidor, o que cria associações mais fortes de aprendizado e à marca.

Os efeitos da repetição dependem, é claro, da importância e do reforço. É necessária uma repetição menor de uma mensagem de propaganda para uma pessoa aprender a mensagem se o assunto for importante ou se houver uma boa quantidade de reforço relevante (ZURAWICKI, 2010).

Visto que muitas propagandas não contêm informações de importância atual para os consumidores ou recompensas diretas pelo aprendizado, a repetição representa um papel fundamental no processo de promoção de muitos produtos. Como vimos anteriormente, o condicionamento clássico e o aprendizado mecânico (aprendizado de baixo envolvimento) contam muito com a repetição.

Solomon (2016) salienta que os profissionais de marketing devem andar na corda bamba na hora de pensar na repetição. Repetição demais pode levar os consumidores a ativamente afastar a mensagem, avaliá-la de modo negativo ou desprezá-la, um efeito denominado desgaste da propaganda.

Uma estratégia para evitar o desgaste é utilizar variações sobre um tema em comum. Por exemplo, as propagandas da Target enfatizam continuamente os temas essenciais da marca e o símbolo do "alvo vermelho". No entanto, isso é feito de maneiras diferentes e interessantes, incluindo a utilização de letras falantes animadas, um cachorro branco com um alvo vermelho em volta de um olho, e assim por diante (STEPHENS, 2016).

CODIFICAÇÃO DUAL

Cerf e Garcia-Garcia (2017) dizem que os consumidores podem armazenar (codificar) informações de modos diferentes. Armazenar a mesma informação de modos diferentes (codificação dual) resulta em mais caminhos internos (vínculos associativos) para recuperar informações. Isso, por sua vez, pode melhorar o aprendizado e a memorização.

Um exemplo de codificação dual é quando os consumidores absorvem informações em dois contextos diferentes – por exemplo, um consumidor vê duas propagandas da mesma marca de xampu anticaspa, uma com um tema relacionado com um escritório e outra com tema social. O tema variado (contexto) fornece múltiplos caminhos até a marca e, portanto, aumenta a capacidade do consumidor de se lembrar do nome daquela marca mais tarde. Outro exemplo da codificação dual relaciona-se com o armazenamento da informação em modos diferentes de memorização, como verbal versus visual. A codificação dual ajuda a explicar por que as imagens mentais melhoram a memorização.

Os estímulos ricos em imagens mentais provocam uma codificação dual, porque são armazenados na memória tanto em dimensões verbais quanto visuais, enquanto os estímulos pobres em imagens mentais só são codificados verbalmente. Como consequência, nomes de marca ricos em imagens virtuais, como Jolt e Mustang, são substancialmente mais fáceis de aprender e lembrar do que nomes pobres em imagens mentais.

A memória ecoica – memória de sons, incluindo palavras – é outro modo de memória que parece ter características distintas das memórias visual e verbal. Isso proporciona a oportunidade para a codificação dual quando o componente sonoro de uma mensagem (por exemplo, a música de fundo) transmite significados semelhantes àqueles transmitidos pela mensagem verbal.

Cialdini (2021) enfatiza que o aprendizado e a memorização parecem ser melhorados quando as ideias principais transmitidas por um modo são coerentes com aquelas transmitidas por outros modos. Por exemplo, um estudo descobriu que fazer com que a imagem (visual) e o texto (verbal) transmitam ideias coerentes facilita o processamento de propagandas no segundo idioma de consumidores bilíngues. Isso resulta em melhor aprendizado e memorização da propaganda no segundo idioma.

INTERFERÊNCIA NA MEMÓRIA

Morin (2011) retrata que às vezes, os consumidores têm dificuldade de recuperar um fragmento específico de informação porque outras informações relacionadas na memória atrapalham. Esse efeito é denominado interferência na memória. Uma forma comum de interferência no marketing deve-se à propaganda dos concorrentes.

Por exemplo, ver uma propaganda da Canada Dry Ginger Ale pode interferir na sua memória acerca do Mountain Dew. A propaganda dos concorrentes torna mais difícil aos consumidores se lembrarem de qualquer propaganda e seu conteúdo. E, mesmo que eles se lembrem do conteúdo de uma propaganda específica, muitas vezes terão dificuldade de associar essa propaganda a uma marca específica.

Como consequência, a propaganda dos concorrentes pode reduzir a memorização das afirmações acerca da marca feita em uma propaganda específica ou levar a confusões entre as afirmações das marcas em propagandas de marcas concorrentes (AAKER, 2015).

A interferência da propaganda dos concorrentes aumenta à medida que aumenta o número de propagandas dos concorrentes na mesma categoria de produtos e à medida que aumenta a semelhança entre essas propagandas. Devido aos altos níveis de congestionamento de propagandas, não deve surpreender o fato de que esta seja uma área de preocupação para profissionais de marketing e anunciantes (TYBOUT e CALKINS, 2018).

A questão principal é o que os profissionais de marketing podem fazer para diminuir a interferência dos concorrentes? Existem inúmeras estratégias, muitas das quais são relacionadas com os conceitos de aprendizado e memorização que discutimos anteriormente no capítulo.

EVITAR A PROPAGANDA DOS CONCORRENTES

Uma estratégia é evitar que sua propaganda apareça no mesmo conjunto de propagandas (mesmo intervalo, no caso da televisão) que o de seus concorrentes. Algumas empresas de fato pagam uma taxa para garantir essa exclusividade.

Outra estratégia é denominada planejamento da recentidade, que envolve tentar programar as exposições a propagandas de modo que elas ocorram o mais próximo possível da ocasião de compra de um consumidor. A ideia por trás desse conceito é que reduzir o tempo até a compra reduz as chances de uma propaganda de uma marca concorrente ser vista antes da compra (MARK e PEARSON, 2017).

FORTALECER O APRENDIZADO INICIAL

Outra estratégia é aumentar a força do aprendizado inicial, visto que um aprendizado mais forte é menos sujeito à interferência na memória. As evidências acerca do valor dessa estratégia derivam do fato de que a interferência na memória é menos pronunciada em contextos de alto envolvimento e no caso de marcas altamente conhecidas.

Isso não é surpreendente quando consideramos que o aprendizado de alto envolvimento deve resultar em esquemas de marca mais fortes e que os esquemas de marca para marcas conhecidas são mais fortes que aqueles para marcas desconhecidas (GODIN, 2019).

Evidências adicionais acerca do papel do aprendizado derivam das estratégias de propaganda que estimulam a codificação dual. Especificamente, as marcas podem reduzir a interferência dos concorrentes apresentando versões diferentes de uma propaganda para a mesma marca (propaganda de xampu em contexto de escritório e contexto social) ou variando a modalidade em diferentes exposições (propaganda em rádio seguida de propaganda impressa).

É interessante que, embora o aprendizado inicial acerca dos principais atributos de uma marca possa produzir efeitos positivos na memória, ele também pode dificultar a adição ou a mudança de atributos da marca. Isto é, o aprendizado inicial forte interfere no aprendizado e na memorização do consumidor em relação a novas informações sobre a marca. Isso pode tornar o reposicionamento da marca uma tarefa desafiadora (EYAL, 2020). O reposicionamento será discutido mais adiante neste capítulo.

REDUZIR A SEMELHANÇA COM PROPAGANDAS DE CONCORRENTES

Tybout e Calkins (2018) afirma que as propagandas dentro da mesma classe de produtos (p. ex., propagandas para diferentes marcas de telefone celular) provaram aumentar a interferência, assim como acontece com propagandas semelhantes às dos concorrentes.

A semelhança pode ser em termos das afirmações da propaganda, da valência emocional e dos elementos de execução da propaganda, como música de fundo ou imagens. É interessante notar que a semelhança entre os elementos pode levar à interferência na memória, mesmo quando as propagandas são de marcas em diferentes categorias de produtos (propagandas impressas para um alvejante e um refrigerante que mostram, cada uma, cenas de montanhas).

Assim como propagandas singulares podem superar o obstáculo do congestionamento de propagandas para conquistar maior atenção, propagandas singulares também são mais resistentes à interferência do concorrente na memória.

FORNECER DICAS EXTERNAS PARA A RECUPERAÇÃO

Stephens (2016) retrata que as dicas para a recuperação proporcionam um caminho externo para a informação que está armazenada na memória. O motivo pelo qual os nomes de marcas são tão importantes é que eles podem funcionar como dica para a recuperação.

Ver o nome de uma marca pode disparar a lembrança das informações sobre a marca armazenadas na memória, bem como a recuperação de imagens e emoções associadas a propagandas anteriores da marca.

No entanto, o nome da marca nem sempre é suficiente para disparar a lembrança de propagandas anteriores da marca. Por exemplo, ver a marca na prateleira de uma loja pode não ser suficiente para dar uma dica para a memória do consumidor em relação a propagandas anteriores.

Isso é uma consequência importante para os profissionais de marketing, visto que o fracasso na recuperação de informações e emoções de propagandas anteriores durante a compra reduz a eficácia da propaganda. Nesse caso, os profissionais de marketing podem utilizar mostruários no ponto de venda ou sugestões na embalagem que levem diretamente às propagandas daquela marca.

Por exemplo, durante a campanha "Got Milk?" [Comprou Leite?], foram utilizados cartazes no interior das lojas com o slogan "Got Milk?" para lembrar aos consumidores as propagandas da televisão que enfatizavam como era terrível ficar sem leite.

A Aveia Quaker aplicou esse conceito ao colocar a foto de uma cena de seu comercial do cereal Life na caixa de cereais. Isso aumentou a capacidade dos consumidores de lembrar o afeto e a informação vindos do comercial e foi muito bem-sucedido.

AMBIENTE DA REAÇÃO

Mothersbaugh *et al.*, (2020) argumentam que a recuperação também é afetada pela semelhança do ambiente da recuperação (reação) com o ambiente de aprendizado original e o tipo de aprendizado. Dessa forma, quanto mais a situação de reação oferece dicas semelhantes às dicas apresentadas durante o aprendizado, maior a probabilidade de ocorrer uma recuperação eficaz.

Uma estratégia é configurar o ambiente da recuperação de modo que se pareça com o ambiente de aprendizado original. Os exemplos "Got Milk?" e cereal Life, discutidos anteriormente, representam tentativas de os profissionais de marketing combinarem o ambiente da recuperação no interior das lojas fornecendo dicas para a recuperação.

Outra estratégia é configurar o ambiente de aprendizado de modo a se parecer com o ambiente da recuperação mais provável. Suponha que uma marca de chicletes saiba que seu ambiente da recuperação é em lojas de varejo. Nesse caso, condicionar um sentimento positivo à marca e à embalagem ao combinar de modo coerente uma imagem da embalagem com uma música agradável provavelmente seria o mais adequado.

Isso porque o ambiente da recuperação (a prateleira da loja) visualmente apresenta embalagens de marcas aos consumidores. E, uma vez que o aprendizado foi condicionado a uma imagem da embalagem da marca (o ambiente de aprendizado foi configurado para ser parecido com o ambiente da recuperação), ver a embalagem na prateleira provavelmente provocará a reação aprendida.

CAPÍTULO 10

IMAGEM DA MARCA E POSICIONAMENTO DO PRODUTO

Conforme Aaker (2015) a imagem da marca refere-se à memória esquemática de uma marca. Contém a interpretação do mercado-alvo a respeito dos atributos, benefícios, situações de uso, usuários e características do fabricante/comerciante do produto. É o que as pessoas pensam e sentem quando ouvem ou veem o nome de uma marca.

Em essência, é o conjunto de associações que os consumidores aprenderam sobre a marca. A imagem da empresa e a imagem da loja são semelhantes, exceto que aplicados a empresas e lojas em vez de marcas. A importância da construção da marca e da imagem da marca pode ser vista no fato de que produtos que tradicionalmente não tinham marca, como água, maçã e carne, cada vez mais têm criado marcas.

Considere a indústria de carnes. Ela deve lidar com inúmeras questões, além do fato de que muitos consumidores veem a carne como um alimento de preparação difícil e demorada. Como declarou um especialista da indústria:

> Muitos consumidores não têm tempo e conhecimento para pegar uma carne crua e cozinhá-la durante seis a oito horas, então o que temos de fazer nessa indústria é entender isso e fazer algo a respeito.

A Tyson reagiu a isso oferecendo uma linha de carne de frango, porco e boi totalmente cozida que é rápida, fácil e segura de preparar.

Essa medida melhora muito a forte reputação da Tyson de oferecer produtos de carne fresca de qualidade e suas carnes pré-embaladas.

Dadas as atuais preocupações duplas dos consumidores acerca da conveniência e da segurança do alimento, a Tyson está bem posicionada, com uma imagem forte e coerente na qual os consumidores confiam e com a qual podem se relacionar. A capacidade de se beneficiar da imagem da marca é denominada valor da marca (*brand equity*), que discutiremos na próxima seção. A imagem da marca é uma grande preocupação de comerciantes de bens fabricados e bens de consumo (TYBOUT e CALKINS, 2018).

Qual é o poder das imagens das marcas? Pense em Nike, McDonald's, Kate Spade, Hershey's, Coca-Cola, Discovery Channel, Amazon.com e Midas. Para muitos consumidores, cada um desses nomes traz à tona um rico padrão de significados e sentimentos.

Segundo Graves (2011) esses significados e imagens mentais são poderosos impulsionadores das tomadas de decisão dos consumidores, o que explica por que marcas fortes também tendem a ser líderes de mercado em termos de vendas e lucros. As imagens das marcas podem ser um obstáculo ou podem ajudar os produtos.

Recentemente, a Hershey's tentou entrar no mercado luxuoso de chocolates com o nome Cacao Reserve by Hershey's. O produto não foi bem-sucedido, em grande parte, porque os consumidores não associam a Hershey's com a qualidade premium. Embora a Hershey's tenha uma imagem forte, sua reputação como um chocolate do dia a dia atrapalha a mudança para o mercado premium. Nesse caso, teria sido melhor se a Hershey's usasse uma nova estratégia de marca sem relação com o nome da Hershey's.

POSICIONAMENTO DO PRODUTO

Mark e Pearson (2017) argumentam que o posicionamento do produto é uma decisão que um profissional de marketing toma para tentar alcançar determinada imagem da marca em relação ao concorrente dentro de um segmento de mercado. Isto é, os profissionais de marketing decidem que querem que os membros de um segmento de mercado pensem e se sintam de determinada forma em relação a uma marca em comparação com marcas concorrentes.

O termo posicionamento do produto é muito comumente aplicado a decisões relacionadas com marcas, mas também é utilizado para descrever as mesmas decisões para lojas, empresas e categorias de produtos.

O posicionamento do produto tem um grande impacto sobre o sucesso de longo prazo da marca, supondo que a empresa pode criar a posição desejada na mente dos consumidores. Uma questão fundamental no posicionamento relaciona-se com a necessidade de as marcas criarem um posicionamento do produto que o diferencie dos concorrentes de maneiras que sejam significativas para os consumidores.

Uma marca que fracassa na diferenciação de si mesma dos concorrentes (discriminação entre estímulos) geralmente achará difícil gerar interesse nos consumidores e vendas. Considere a estratégia de posicionamento da Saturn. Seu posicionamento original enfatizava o serviço ao consumidor e a experiência no varejo.

Isso diferenciava a Saturn da concorrência e resultava em vendas fortes. No entanto, suas propagandas pararam de se concentrar no serviço ao consumidor em 2002 e, depois disso, as vendas despencaram. Como resultado, a Saturn trocou de agência de publicidade na esperança de reposicionar sua marca nas mentes dos consumidores, concentrando-se novamente no serviço ao consumidor. Esses esforços, por fim, falharam e a linha Saturn teve de ser descontinuada.

Conforme Aaker (2015) um componente importante da imagem da marca são as situações de uso adequadas para o produto ou a marca. Muitas vezes os profissionais de marketing têm a oportunidade de influenciar as situações de uso nas quais um produto ou marca é visto como adequado. Em que um americano pensa quando "molho de amoras" vem à cabeça? A probabilidade é que o Dia de Ação de Graças e o Natal sejam parte de suas imagens relacionadas com o molho de amoras.

De fato, essas provavelmente são as únicas situações de uso que lhe vêm à mente. No entanto, em um estudo, as vendas de molho de amoras aumentaram quase 150% em um período de três meses depois que os consumidores viram anúncios que promoviam usos não tradicionais. Dessa forma, expandir o componente da situação de uso do posicionamento do produto molho de amoras poderia aumentar drasticamente as vendas.

Os termos posicionamento do produto e imagem da marca normalmente são utilizados como sinônimos. Em geral, no entanto, o posicionamento do produto envolve uma referência explícita à imagem da marca em relação a outra marca ou à indústria em geral.

É caracterizado por afirmações como: "As impressoras da HP são as mais confiáveis no mercado." A imagem da marca geralmente considera a imagem da empresa sem uma comparação direta com um concorrente. É caracterizada por afirmações como: "As impressoras da HP são extremamente confiáveis."

Uma vez que o profissional de marketing toma uma decisão acerca do posicionamento adequado do produto, o composto de marketing é manipulado de modo a alcançar esse posicionamento no mercado-alvo. Por exemplo, a Sunkist Growers oferece uma jujuba chamada Sunkist Fruit Gems, que vem em diversos sabores de frutas (GODIN, 2019).

O produto é posicionado como um petisco "saudável e natural" para adultos e crianças. Do ponto de vista do produto, a bala é feita com pectina (um ingrediente natural extraído de cascas de frutas cítricas), não contém conservantes e contém menos açúcar do que a maioria das jujubas de frutas. Assim, o produto em si transmite o posicionamento desejado.

No entanto, outros aspectos do composto de marketing também podem colaborar. Por exemplo, a Sunkist poderia distribuir a bala nos departamentos de frutas e legumes dos supermercados. Observe como a distribuição, então, suporta o desejado posicionamento ou imagem do produto. Um consumidor que recebe uma mensagem de que esse é um produto saudável e natural seria mais receptivo se ele fosse encontrado perto de outros produtos saudáveis e naturais como maçãs e laranjas.

Os gerentes de marketing frequentemente não conseguem alcançar o tipo de imagem ou posicionamento do produto que desejam porque não conseguem antecipar ou testar as reações dos consumidores. A máquina pequena de retirar neve que a Toro lançou não foi bem-sucedida inicialmente. Por quê? Recebeu o nome de Snowpup, e os consumidores interpretaram que era um brinquedo ou que não tinha potência suficiente. O sucesso de vendas só veio depois que um nome mais poderoso e másculo foi utilizado – primeiro, Snowmaster e depois, Toro.

O mapeamento perceptual oferece aos gerentes de marketing uma técnica útil para medir e desenvolver o posicionamento de um produto. O mapeamento perceptual pega as percepções dos consumidores sobre a semelhança de diversas marcas ou produtos e relaciona essas percepções com os atributos dos produtos (MOTHERSBAUGH *et al.*, 2020).

VALOR DA MARCA E ALAVANCAGEM DA MARCA

Tybout e Calkins (2018) definem que o valor da marca é o valor que os consumidores atribuem a uma marca além das características funcionais do produto. Por exemplo, muitas pessoas pagam um preço premium significativo pela aspirina da Bayer em relação a marcas de lojas, embora elas sejam quimicamente idênticas.

O valor da marca é quase sinônimo de reputação da marca. No entanto, o termo valor implica valor econômico. Dessa forma, marcas com "boas" reputações têm potencial para níveis altos de valor da marca, enquanto marcas desconhecidas ou com reputação negativa não têm. Os resultados do valor da marca incluem maior participação de mercado, diminuição da sensibilidade do consumidor ao preço e melhor eficiência de marketing.

O valor da marca baseia-se no posicionamento do produto da marca. Um consumidor que acredita que determinada marca proporciona melhor desempenho, é instigante de usar e é produzida por uma empresa com valores sociais adequados tem mais possibilidade de pagar um preço premium pela marca, de ir até o fim do mundo para localizá-la e comprá-la, de recomendá-la a outrem, de perdoar um erro ou falha no produto ou de se envolver em comportamentos que beneficiam a empresa que comercializa a marca.

Dessa forma, uma fonte de valor econômico de uma imagem positiva da marca resulta dos comportamentos dos consumidores em relação a itens com esse nome de marca. Outra fonte de valor para a imagem de uma marca é que os consumidores podem supor que os aspectos favoráveis da imagem associada a um produto existente podem se aplicar a um novo produto com o mesmo nome de marca. Isso se baseia no princípio da generalização entre estímulos descrito anteriormente neste capítulo.

Segundo Kardes, Cronley e Cline (2014) a alavancagem da marca, muitas vezes denominada construção da família da marca, extensões da marca ou marcas guarda-chuva, refere-se ao fato de os profissionais de marketing capitalizarem sobre o valor da marca utilizando um nome de marca existente para novos produtos.

Se realizada corretamente, os consumidores atribuirão algumas das características da marca existente ao novo produto que leva o mesmo nome. Extensões de marcas relativamente recentes incluem o sorvete Starbucks, as pastilhas de menta Listerine e o suco de tomate Campbell's.

No entanto, a generalização entre estímulos não ocorre apenas porque dois produtos têm o mesmo nome de marca. Deve haver uma conexão entre os produtos. A Pace está finalmente alavancando o valor de sua marca além dos molhos e estendendo o nome para produtos relacionados, como feijão refrito, molho para tacos e pasta de feijão.

A alavancagem bem-sucedida da marca sugere Hoyer, Macinnis e Pieters (2016) geralmente requer que a marca original tenha uma forte imagem positiva e que o novo produto se encaixe no produto original em pelo menos uma destas quatro dimensões:

- **Complementar:** Os dois produtos são utilizados em conjunto.
- **Substituto:** O novo produto pode ser utilizado no lugar do original.
- **Transferência:** Os consumidores acreditam que o novo produto exige a mesma capacidade de fabricação que o original.
- **Imagem:** O novo produto compartilha um componente fundamental da imagem com o original.

É importante os profissionais de marketing entenderem qual é, para os consumidores, o critério fundamental de "encaixe". Por exemplo, um estudo descobriu que os consumidores preferem os pirulitos Fruit Loops ao cereal Fruit Loops. Aparentemente, o critério fundamental de encaixe não foi a transferência da capacidade de fabricação, mas o componente de sabor da imagem.

Também é importante os profissionais de marketing perceberem que, quanto mais a nova categoria de produtos é uma "extensão" da marca, mais as mensagens promocionais precisam ajudar a explicar como os produtos se encaixam.

Tais estratégias ajudam os consumidores a transferir o significado da marca existente para o novo produto, apontando vínculos mais sutis do que eles poderiam naturalmente perceber por conta própria. Por exemplo, a Revlon tentou lançar suas próprias vitaminas com a expressão: "Agora, a beleza Revlon começa de dentro para fora." Observe como o slogan associa os cosméticos e as vitaminas em termos da beleza.

Por fim, é importante que os profissionais de marketing percebam que a forma com que eles anunciam uma marca pode melhorar as percepções de combinação e tornar a marca mais extensa para um conjunto mais amplo de categorias do produto. Outros exemplos de extensões de marca bem-sucedidos e malsucedidos conforme Stephens (2016) incluem:

- A Harley-Davidson aplicou seu nome com sucesso em uma ampla variedade de produtos, mas os baldes para garrafas não foram bem-sucedidos.
- A Levi Strauss fracassou em sua tentativa de comercializar ternos sob medida para homens.
- A Country Time não conseguiu expandir de limonada para cidra.
- O chiclete da LifeSavers não foi bem-sucedido.
- A Coleman expandiu com sucesso seus fogões e lanternas para acampamento para uma linha completa de equipamento de camping.
- O sabonete em barra Oil of Olay é bem-sucedido, em grande parte, graças ao valor da marca da loção Oil of Olay.

Às vezes, as extensões de marca não são viáveis. Quando os profissionais de marketing querem alcançar segmentos de mercado distintos com uma imagem distinta da marca original, eles geralmente precisam criar uma nova marca em vez de estender a existente.

A Toyota fez isso quando migrou para o mercado de automóveis de luxo com a nova marca Lexus, assim como fez a Honda com a nova marca Acura. Essas novas marcas têm imagens distintas da imagem da marca original. Utilizar nomes de marca exclusivos para esse objetivo evita diluir e confundir a imagem da marca original.

As extensões de marca também podem envolver riscos, como uma falha em qualquer produto com um nome de marca pode prejudicar todos os produtos com o mesmo nome de marca (os consumidores generalizam tanto os resultados bons quanto os ruins).

Outro risco é diluir a imagem da marca original. Uma imagem forte geralmente é concentrada em um conjunto razoavelmente pequeno de características.

Cada produto adicionado a esse nome de produto altera um pouco a imagem. Se produtos demais ou produtos muito diferentes forem adicionados ao nome da marca, a imagem da marca pode se tornar difusa ou confusa. Por exemplo, se a Porsche oferecesse um barco para esqui que competisse em relação ao preço e não ao desempenho, poderia danificar sua imagem essencial, especialmente entre os proprietários existentes. Alguns observadores acham que a Nike está ameaçada desse tipo de diluição de marca porque associa seu nome a uma gama cada vez maior de produtos.

CAPÍTULO 11

MOTIVAÇÃO, PERSONALIDADE E EMOÇÃO

Solomon (2016) descreve que as marcas, assim como as pessoas, têm personalidade. A personalidade da marca, como veremos mais adiante neste capítulo, é um conjunto de características humanas que passa a ser associado à marca. Essas características contribuem para a imagem de uma marca.

Os traços de personalidade e outras associações às marcas podem ser afetados de formas positivas e negativas por diversos fatores, incluindo propaganda, comunicação boca a boca, experiência direta do produto e assim por diante. A Toyota, que tem sido muito bem-sucedida nos Estados Unidos, se viu com dificuldades com a imagem da marca desde que questões de segurança relacionadas com seu pedal e sistema do acelerador resultaram em um *recall* de aproximadamente 6 milhões de veículos.

Tanto para os proprietários quanto para os não proprietários, as percepções de confiabilidade e qualidade caíram após o *recall*, e esses efeitos foram mais fortes para os não proprietários. Os donos de veículos da marca parecem estar dando à Toyota o benefício da dúvida, embora também haja declínio substancial entre eles. Especificamente, entre os proprietários de um Toyota, houve uma queda de confiança de 23 pontos e de 44 pontos entre aqueles que enxergavam a Toyota como uma marca de maior qualidade do que as americanas.

A confiabilidade é o traço de personalidade da marca associado à competência. Claramente, a imagem da Toyota foi abalada e isso foi traduzido em uma redução de percepção de qualidade e de intenção de compra, uma vez que a porcentagem de proprietários da Toyota que considerariam comprar um veículo da marca no futuro caiu 16 pontos após o *recall*.

A Toyota está trabalhando duro para resolver o seu problema de imagem. Entre outras coisas, a marca possui uma página de "informações sobre o *recall*" em seu site e lançou sua propaganda "Safety First" (Segurança em Primeiro Lugar), que afirma:

> "Na Toyota, estamos comprometidos a fornecer aos clientes carros seguros e confiáveis. É por isso que atualmente estamos gastando $1 milhão por hora para aprimorar a tecnologia e a segurança de nossos veículos. E também usamos o nosso melhor padrão de sistema de segurança em cada veículo que fabricamos."

Há evidências de que a Toyota está se recuperando. Embora a marca tenha caído para o quarto lugar em vendas nos EUA após o *recall*, os números mais recentes de venda a colocam em terceiro lugar, atrás da Ford e da GM. A personalidade da marca é fundamental para a sua imagem e para o comportamento do consumidor. É também parte de três aspectos inter-relacionados do comportamento do consumidor, a saber motivação, personalidade e emoções (AAKER, 2015).

A motivação é a força energizante que ativa o comportamento e proporciona objetivo e direcionamento para esse comportamento. Ajuda a responder o porquê dos consumidores se envolverem em comportamentos específicos (TYBOUT e CALKINS, 2018).

Mark e Pearson (2017) explicam que a personalidade reflete as tendências comportamentais relativamente estáveis que os indivíduos demonstram em uma variedade de situações. As emoções são sentimentos fortes, relativamente incontroláveis, que afetam nosso comportamento. As emoções são disparadas por uma complexa interação entre motivos, personalidade e fatores externos.

De fato, os três conceitos têm uma inter-relação próxima e frequentemente são difíceis de separar.

A NATUREZA DA MOTIVAÇÃO

Zurawicki (2010) retrata que a motivação é a razão para o comportamento. Um motivo é um constructo que representa uma força interior não observável que estimula e compele uma resposta comportamental e fornece um direcionamento específico para essa resposta. Um motivo é o porquê de um indivíduo fazer algo.

Os termos necessidade e motivação frequentemente são utilizados como sinônimos. Isso porque, quando um consumidor sente um vazio entre um estado desejado e seu estado atual, uma necessidade é reconhecida e vivenciada como um estado impulsionador denominado motivação.

As necessidades e os motivos influenciam o que os consumidores percebem como relevante e também influenciam seus sentimentos e emoções. Por exemplo, um consumidor que sente fome estará motivado a satisfazer a essa necessidade, verá comidas e propagandas de alimentos como pessoalmente relevantes e sentirá emoções negativas antes de comer e emoções positivas depois de comer.

Existem inúmeras teorias da motivação segundo Solomon (2016). Esta seção descreve duas abordagens particularmente úteis. A primeira abordagem, a hierarquia das necessidades de Maslow, é uma macroteoria projetada para explicar a maioria dos comportamentos humanos em termos gerais.

A segunda abordagem, baseada no trabalho de McGuire, utiliza um conjunto razoavelmente detalhado de motivos para explicar aspectos específicos do comportamento do consumidor.

HIERARQUIA DAS NECESSIDADES DE MASLOW

A hierarquia das necessidades de Maslow baseia-se em quatro premissas:

- Todos os seres humanos adquirem um conjunto semelhante de motivos por meio da herança genética e da interação social.
- Alguns motivos são mais básicos ou críticos que outros.
- Os motivos mais básicos devem ser satisfeitos em um nível mínimo antes que os outros motivos sejam ativados.
- À medida que os motivos básicos são satisfeitos, mais motivos avançados vêm à tona.

Figura 17 – Pirâmide de Maslow

Fonte: adaptado de Solomon (2016)

A teoria de Maslow é um bom guia para o comportamento geral. No entanto, não é uma regra rígida. Existem inúmeros exemplos de indivíduos que sacrificaram a vida por amigos ou ideais, ou que abriram mão de alimento e abrigo para buscar a autorrealização. No entanto, temos a tendência de considerar esse tipo de comportamento excepcional, o que indica a validade geral da abordagem global de Maslow (SOLOMON, 2016).

É importante lembrar que qualquer comportamento de consumo dado pode satisfazer a mais de uma necessidade. Da mesma forma, o mesmo comportamento de consumo pode satisfazer a necessidades diferentes em momentos distintos (STEPHENS, 2016).

MOTIVOS PSICOLÓGICOS DE MCGUIRE

Maslow apresentou um conjunto hierárquico de cinco motivos básicos, e outros pesquisadores propuseram centenas de motivos adicionais muito específicos (HOYER, MACINNIS e PIETERS, 2016).

McGuire (1976) desenvolveu um sistema de classificação que organiza essas diversas teorias em 16 categorias.

Esse sistema ajuda os profissionais de marketing a isolarem os motivos com mais probabilidade de estarem envolvidos em diversas situações de consumo. McGuire primeiro dividiu a motivação em quatro categorias principais utilizando dois critérios:

- O modo da motivação é cognitivo ou afetivo?
- O motivo concentra-se na preservação do status quo ou no crescimento?

Os motivos cognitivos concentram-se na necessidade de uma pessoa ser adaptativamente orientada para o ambiente e alcançar um significado. Os motivos afetivos lidam com a necessidade de alcançar estados emocionais satisfatórios para conquistar objetivos pessoais.

Os motivos voltados para a preservação enfatizam o indivíduo como alguém que se esforça para manter o equilíbrio, enquanto os motivos de crescimento enfatizam o desenvolvimento. Essas quatro categorias principais são, então, subdivididas com base na fonte e no objetivo do motivo:

- Esse comportamento é ativamente iniciado ou é uma reação ao ambiente?
- Esse comportamento ajuda o indivíduo a alcançar um novo relacionamento interno ou externo com o ambiente?

O terceiro critério faz a distinção entre motivos provocados de modo ativo ou interno versus aqueles que são uma reação mais passiva às circunstâncias. O critério final é utilizado para categorizar resultados internos ao indivíduo e aqueles que se concentram em um relacionamento com o ambiente.

Cada um dos 16 motivos de McGuire e suas implicações para o marketing serão brevemente descritos nas seções a seguir.

MOTIVOS COGNITIVOS DE PRESERVAÇÃO

Necessidade de coerência (ativa, interna) – Um desejo básico é que todas as facetas ou partes de um indivíduo sejam coerentes umas com as outras. Essas facetas incluem atitudes, comportamentos, opiniões, autoimagens, visões de outrem e assim por diante.

A dissonância cognitiva é um motivo comum desse tipo. Muitas vezes, fazer uma compra importante não é coerente com a necessidade de economizar dinheiro, de fazer outras compras ou de comprar uma marca diferente com características desejáveis que não estão presentes na marca comprada. Essa incoerência motiva o indivíduo a reduzi-la.

Entender a necessidade de coerência também é importante para estruturar mensagens promocionais e desenvolver estratégias de mudança de atitude. Os consumidores têm necessidade de coerência interna, portanto relutam em aceitar informações que estejam em discordância com suas crenças existentes. Dessa forma, os profissionais de marketing que desejam mudar atitudes devem utilizar fontes altamente confiáveis ou outras técnicas para superar isso.

Necessidade de atribuição (ativa, externa) – Este conjunto de motivos lida com nossa necessidade de determinar quem ou o que causa as coisas que nos acontecem e está relacionado com uma área de pesquisa chamada teoria da atribuição. Nós atribuímos a causa de um resultado favorável ou desfavorável a nós mesmos ou a alguma força exterior?

A necessidade de atribuição é extremamente relevante para as reações dos consumidores a mensagens promocionais (em termos de credibilidade). Visto que os consumidores não recebem mensagens passivamente, mas, em vez disso, atribuem motivos e táticas de "venda" às propagandas e aos conselhos de vendedores, eles desacreditam ou não levam em consideração muitas mensagens de vendas. Os profissionais de marketing utilizam uma variedade de meios para superar isso. Uma abordagem é utilizar um porta-voz confiável em propagandas.

Necessidade de categorizar (passiva, interna) – As pessoas têm necessidade de categorizar e organizar uma ampla gama de informações e experiências que encontram de modo significativo e, ainda assim, administrável. Por isso, estabelecem categorias ou partições mentais que lhes permitem processar grande quantidade de informação. Os preços normalmente são categorizados de modo que preços diferentes representam categorias diferentes de bens. Automóveis acima de $20.000 e automóveis abaixo de $20.000 podem provocar dois significados diferentes por causa da informação categorizada de acordo com o nível de preço. Muitas empresas dão aos itens preços de $9,95, $19,95, $49,95, e assim por diante. Um motivo é evitar que o item seja categorizado no grupo de mais de $10, $20, $50.

Necessidade de objetificação (passiva, externa) – Estes motivos refletem a necessidade de dicas ou símbolos observáveis que permitam que as pessoas façam uma inferência sobre o que sentem e sabem. Impressões, sentimentos e atitudes são sutilmente estabelecidos na observação do comportamento de uma pessoa e de outras pessoas e nas inferências sobre os sentimentos e pensamentos de um indivíduo.

Em muitos casos, as roupas têm um importante papel na apresentação do significado sutil da imagem e do estilo de vida desejados pelo consumido e as marcas têm participação nisso. Isso é tão importante que empresas como a Anheuser-Busch utiliza empresas de consultores de moda para desenhar para os executivos roupas que sejam coerentes com a imagem desejada pela empresa.

MOTIVOS COGNITIVOS DE CRESCIMENTO

Necessidade de autonomia (ativa, interna) – A necessidade de independência e individualidade é uma característica da cultura norte-americana. Todos os indivíduos em todas as culturas têm essa necessidade em algum nível.

Os norte-americanos aprendem que é adequado e até essencial expressar e satisfazer a essa necessidade. Por outro lado, em países como o Japão, a satisfação dessa necessidade é desencorajada, enquanto a necessidade de afiliação é mais aceita socialmente.

Possuir ou utilizar produtos e serviços exclusivos é um modo de os consumidores expressarem sua autonomia. Os profissionais de marketing têm reagido a esse motivo desenvolvendo edições limitadas de produtos e fornecendo uma ampla variedade e opções de customização. Além disso, muitos produtos são anunciados e posicionados com temas relacionados com independência, exclusividade ou individualidade.

Necessidade de empolgação (ativa, externa) – As pessoas normalmente buscam variedade e diferença por conta da necessidade de empolgação. Esse comportamento de busca de variedade pode ser a razão principal para a mudança de marcas e uma parte da chamada compra por impulso. A necessidade de empolgação é curvilínea e muda ao longo do tempo. Isto é, os indivíduos que vivenciam uma mudança rápida geralmente ficam saciados e desejam estabilidade, enquanto os indivíduos em ambientes estáveis se tornam entediados e desejam a mudança.

Necessidade teleológica (passiva, interna) – Os consumidores são padronizadores que têm imagens de resultados desejados ou estados finais aos quais comparam sua situação atual. Os comportamentos são alterados e os resultados são monitorados em termos do movimento em direção ao estado final desejado. Esse motivo impulsiona as pessoas a preferirem a mídia de massa, como cinema, programas de televisão e livros, com resultados que se assemelham à sua visão de como o mundo deveria funcionar (p. ex., os bonzinhos vencem). Isso tem implicações óbvias para as mensagens promocionais.

Necessidade de utilidade (passiva, externa) – Estas teorias veem o consumidor como um solucionador de problemas que aborda as situações como oportunidades de adquirir informações úteis ou novas habilidades. Dessa forma, um consumidor que assiste a uma comédia de situações na televisão não está apenas se divertindo, mas está aprendendo sobre estilos de roupa, etiqueta, opções de estilo de vida, e assim por diante. Da mesma forma, os consumidores podem ver as propagandas, os vendedores e outros estímulos de marketing como uma fonte de aprendizado para decisões futuras, bem como para a atual.

MOTIVOS AFETIVOS DE PRESERVAÇÃO

Necessidade de reduzir a tensão (ativa, interna) – As pessoas encontram situações na vida diária que criam níveis desconfortáveis de estresse. Para administrar com eficácia a tensão e o estresse, as pessoas são motivadas a buscar maneiras de reduzir a excitação. Produtos e atividades recreativos normalmente são anunciados em termos de alívio da tensão.

Necessidade de expressão (ativa, externa) – Este motivo lida com a necessidade de expressar a identidade de um indivíduo para outrem. As pessoas sentem a necessidade de fazer com que os outros saibam quem e o que elas são por meio de suas ações, que incluem a compra e o uso de bens. A compra de muitos produtos, como roupas e automóveis, permite que os consumidores expressem uma identidade para outrem, pois esses produtos têm significados simbólicos ou expressivos. Por exemplo, relógios da moda, como os da Swatch, satisfazem muito mais do que a necessidade funcional de ver a hora – eles também permitem que os consumidores expressem quem são.

Necessidade de defesa do ego (passiva, interna) – A necessidade de defender a identidade ou o ego de uma pessoa é outro motivo importante. Quando a identidade de alguém é ameaçada, essa pessoa fica motivada a proteger sua autoimagem e utilizar comportamentos e atitudes defensivos. Muitos produtos podem proporcionar a defesa do ego. Um consumidor que se sente inseguro pode confiar em marcas famosas na hora de adquirir produtos socialmente visíveis para evitar qualquer chance de fazer uma compra socialmente incorreta.

Necessidade de reforço (passiva, externa) – As pessoas muitas vezes estão motivadas a agir de certo modo porque foram recompensadas por se comportarem daquela maneira em situações semelhantes no passado. Isso é a base para o aprendizado operante. Produtos feitos para serem utilizados em situações públicas (roupas, móveis e obras de arte) frequentemente são vendidos com base na quantidade e no tipo de reforço que será recebido. A Keepsake Diamonds explora este motivo com uma propaganda que declara: "Entre em uma sala e você será imediatamente rodeado de amigos para dividir sua empolgação."

MOTIVOS AFETIVOS DE CRESCIMENTO

Necessidade de afirmação (ativa, interna) – Muitas pessoas são realizadores competitivos que buscam sucesso, admiração e dominância. Para eles, são importantes o poder, a realização e a estima. A necessidade de afirmação fundamenta inúmeras propagandas.

Necessidade de afiliação (ativa, externa) – A afiliação refere-se à necessidade de desenvolver relacionamentos mutuamente úteis e satisfatórios com outras pessoas. Relaciona-se com o altruísmo e a busca de aceitação e afeição nas relações interpessoais. A associação a um grupo é uma parte crítica da vida da maioria dos consumidores, e muitas decisões de consumo são baseadas na necessidade de manter relacionamentos satisfatórios com outras pessoas. Os profissionais de marketing frequentemente utilizam temas relacionados com a afiliação, como "Seus filhos vão adorar você por isso", em propagandas.

Necessidade de identificação (passiva, interna) – A necessidade de identificação resulta na interpretação de vários papéis por parte do consumidor. Uma pessoa pode representar o papel de aluno de faculdade, membro de fraternidade, funcionário de livraria, noivo e muitos outros. O indivíduo tem prazer em adicionar novos papéis satisfatórios e em aumentar a significância dos papéis já adotados. Os profissionais de marketing encorajam os consumidores a assumir novos papéis (tornar-se um skatista) e posicionam produtos como fundamentais para certos papéis ("Nenhuma mãe trabalhadora devia ficar sem ele").

Necessidade de imitação (passiva, externa) – A necessidade de imitação reflete uma tendência de basear o comportamento no de outrem. A imitação é um meio importante pelo qual as crianças aprendem a se tornar consumidores. A tendência a imitar explica uma parte da conformidade que ocorre em grupos de referência. Os profissionais de marketing utilizam este motivo ao mostrar tipos desejáveis de indivíduos utilizando suas marcas. Por exemplo, a American Express usou Kate Winslet e Beyoncé em sua campanha *"My life. My card"* ("Minha vida. Meu cartão").

TEORIA DA MOTIVAÇÃO E ESTRATÉGIA DE MARKETING

Lindstrom (2009) afirma que os consumidores não compram produtos; em vez disso, compram satisfação de motivos ou solução de problemas. Por exemplo, um estudo com os compradores de Porsche nos Estados Unidos descobriu que alguns eram motivados pelo poder e status (necessidade de afirmação), outros por empolgação e aventura (necessidade de empolgação) e outros por afastamento (necessidade de reduzir a tensão). Tais motivos não ficam restritos aos EUA.

Um estudo com compradores de carro na Índia encontrou motivos razoavelmente parecidos. Por exemplo, identificaram um grupo "Potência" de compradores interessados na potência do veículo (necessidade de afirmação), um grupo "Utilidade" de compradores interessados no transporte básico (necessidade de utilidade), um grupo "Aventura" de compradores interessados em diversão (necessidade de empolgação) e um grupo "Liberação" de compradores interessados em liberdade (necessidade de autonomia). Portanto, as empresas devem descobrir os motivos a que seus produtos e marcas podem satisfazer e desenvolver compostos de marketing em torno desses motivos (SOLOMON, 2016).

Uma pergunta importante que normalmente surge é: "Os profissionais de marketing criam necessidades?" A resposta depende, em parte, do que se quer dizer com a palavra necessidade. Se for utilizada para se referir aos motivos básicos descritos neste capítulo, é claro que os profissionais de marketing raramente – se é que o fazem – criam uma necessidade (UNDERHILL, 2009).

A genética e a experiência humanas basicamente determinam os motivos. Muito antes de o marketing ou a propaganda surgirem, os indivíduos usavam perfumes, roupas e outros itens para conquistar aceitação, demonstrar status e assim por diante. No entanto, os profissionais de marketing criam demanda (BRIDGER, 2018).

Demanda é a vontade de comprar um produto ou serviço específico. É gerada por uma necessidade ou motivo, mas não é o motivo.

Por exemplo, uma propaganda de enxaguante bucal pode utilizar um tema que sugere que, sem enxaguante bucal, as pessoas não gostarão de você por causa do seu mau hálito (TYBOUT e CALKINS, 2018).

Essa mensagem vincula o enxaguante bucal a uma necessidade existente de afiliação, na esperança de gerar demanda para a marca. As seções a seguir examinam como os motivos se relacionam com vários aspectos da estratégia de marketing (MARK e PEARSON, 2017).

DESCOBRINDO OS MOTIVOS DE COMPRA

Suponha que um pesquisador de mercado pergunte a um consumidor por que ele veste roupas da J. Crew (ou possui uma *mountain bike*, ou usa colônia ou tem qualquer outro comportamento).

A probabilidade é que o consumidor normalmente forneça diversas razões, como "Estão na moda", "Meus amigos usam", "Gosto de vesti-las" ou "Ficam bem em mim". No entanto, pode haver outras razões pelas quais o consumidor reluta em admitir ou talvez nem esteja consciente dela: "Elas mostram que eu tenho dinheiro", "Elas me tornam sexualmente desejável" ou "Elas mostram que estou na moda e sou descolado". Todas ou qualquer combinação dos motivos citados poderiam influenciar a compra de roupas ou de muitos outros itens (AAKER, 2015).

O primeiro grupo de motivos mencionado anteriormente era conhecido dos consumidores e admitido ao pesquisador. Motivos conhecidos e livremente admitidos são denominados motivos manifestos.

Qualquer um dos motivos discutidos pode ser manifesto; no entanto, motivos que estão de acordo com o sistema de valores prevalecente em uma sociedade têm mais probabilidade de serem manifestos do que aqueles que estão em conflito com tais valores.

O segundo grupo de motivos descrito anteriormente ou era desconhecido do consumidor ou ele estava relutante em admiti-los. Tais motivos são motivos latentes.

A Figura 18 ilustra de que modo os dois tipos de motivos podem influenciar uma compra conforme Ramsøy (2015).

Figura 18 – Motivos latentes e manifestos em uma situação de compra

Fonte: Ramsøy (2015)

A primeira tarefa do gerente de marketing é determinar a combinação de motivos que influenciam o mercado-alvo. Os motivos manifestos são relativamente fáceis de determinar. Perguntas diretas (Por que você comprou uma roupa da J. Crew?) geralmente produzirão avaliações razoavelmente precisas dos motivos manifestos (RAMSØY, 2015).

Conforme Bridger (2018) determinar os motivos latentes é substancialmente mais complexo. A pesquisa motivacional ou técnicas de projeção são feitas para fornecer informações sobre os motivos latentes.

Um exemplo é a técnica em terceira pessoa, em que os consumidores fornecem razões pelas quais "outras pessoas" devem comprar determinada marca. O Oreo utilizou técnicas de projeção e se surpreendeu que muitos consideravam o Oreo quase "mágico". Como resultado, "Desvendando a Mágica do Oreo" se tornou um tema de campanha.

Além das técnicas de projeção, uma ferramenta popular para identificar motivos é a escalada ou a construção de uma cadeia de benefícios ou dos meios até o objetivo. Um produto ou marca é mostrado a um consumidor, que cita todos os benefícios que a posse ou o uso daquele produto pode proporcionar. Então, para cada benefício mencionado, o respondente deve identificar outros benefícios. Isso se repete até que o consumidor não consiga mais identificar benefícios adicionais.

Por exemplo, um respondente pode mencionar "menos resfriados" como um benefício de tomar uma vitamina diariamente. Quando perguntado sobre os benefícios de ter menos resfriados, um respondente pode identificar "mais eficiência no trabalho" e "mais energia".

Outro pode citar "mais esqui" e "aparência melhor". Ambos usam a vitamina para reduzir os resfriados, mas como um meio para benefícios finais diferentes. De que modo as propagandas da vitamina para cada um desses consumidores deveriam diferir?

MOTIVAÇÃO E ENVOLVIMENTO DO CONSUMIDOR

Como vimos nos capítulos anteriores, o envolvimento é um determinante importante de como os consumidores processam informações e aprendem. Também veremos, em capítulos futuros, que o envolvimento é um determinante importante de como os consumidores formam atitudes e tomam decisões de compra.

Hoyer, Macinnis e Pieters (2016) explanam que o envolvimento é um estado motivacional causado pelas percepções dos consumidores de que um produto, marca ou propaganda é relevante ou interessante. Não deveria surpreender o fato de as necessidades representarem um importante papel para determinar o que é relevante ou interessante para os consumidores. Por exemplo, os relógios podem ser envolventes para os consumidores porque dizem a hora (uma necessidade de utilidade), porque permitem a autoexpressão (necessidade de expressão) ou porque proporcionam um caminho para se adequar a um grupo social (necessidade de afiliação).

Além disso, a situação em si pode influenciar o envolvimento. Por exemplo, alguns consumidores podem estar envolvidos com computadores continuamente (envolvimento duradouro), enquanto outros podem estar envolvidos apenas em situações específicas, como a proximidade de uma compra (envolvimento situacional).

O envolvimento é importante para os profissionais de marketing porque influencia inúmeros comportamentos do consumidor. Por exemplo, o envolvimento dos consumidores aumenta a atenção, o processamento analítico, a pesquisa por informação e o boca a boca (EYAL, 2020).

O envolvimento também é importante para os profissionais de marketing porque influencia a escolha de estratégias de marketing. Por exemplo, consumidores de alto envolvimento tendem a ser especialistas no produto e são mais persuadidos por propagandas que incluem informações detalhadas sobre o produto (GODIN, 2019).

Por outro lado, consumidores de baixo envolvimento não têm conhecimento sobre o produto e são mais persuadidos por imagens, emoções e fonte da mensagem. Como consequência, você normalmente encontrará propagandas com alto nível de informações para automóveis em revistas como Car and Driver, voltadas para consumidores de alto envolvimento. Alternativamente, abordagens emocionais e por imagens em geral, são a regra em revistas de interesse geral, nas quais o envolvimento é entre médio e baixo (CIALDINI, 2021).

ESTRATÉGIAS DE MARKETING BASEADAS NO CONFLITO DE MOTIVAÇÕES

Por existirem muitos motivos que os consumidores têm e muitas situações nas quais esses motivos são ativados, frequentemente ocorrem conflitos entre os motivos. Em muitos casos, o profissional de marketing pode analisar situações que têm probabilidade de resultar em um conflito motivacional, fornecer uma solução para o conflito e atrair a clientela para comprar a sua marca. A seguir, mencionamos três tipos fundamentais de conflito motivacional conforme Cerf e Garcia-Garcia (2017).

CONFLITO MOTIVACIONAL APROXIMAÇÃO–APROXIMAÇÃO

Um consumidor que deve escolher entre duas alternativas atraentes enfrenta um conflito aproximação–aproximação. Quanto mais semelhantes as atrações, maior o conflito.

Um consumidor que recentemente recebeu uma grande soma em dinheiro como presente de formatura (variável situacional) pode ficar dividido entre uma viagem ao Havaí (talvez impulsionado por uma necessidade de empolgação) e uma nova *mountain bike* (talvez impulsionado pela necessidade de afirmação).

Esse conflito poderia ser resolvido por uma propaganda oportuna projetada para encorajar uma ou outra ação. Ou uma alteração de preços, como "compre agora e pague depois", poderia resultar em uma solução em que ambas as alternativas são escolhidas.

CONFLITO MOTIVACIONAL APROXIMAÇÃO-AFASTAMENTO

Um consumidor que tem pela frente uma escolha de compra, tanto com consequências positivas quanto negativas, enfrenta um conflito aproximação-afastamento. Os consumidores que desejam um bronzeado, mas não querem arriscar o dano à pele e assumir os riscos à saúde associados ao excesso de exposição ao sol enfrentam essa situação.

O bronzeador artificial Instant Bronze, da Neutrogena, resolve esse problema permitindo aos consumidores os benefícios sociais e estéticos de se ter um bronzeado (abordagem) sem correr o risco de ter câncer de pele (afastamento).

CONFLITO MOTIVACIONAL AFASTAMENTO-AFASTAMENTO

Uma escolha que envolve apenas resultados indesejados produz um conflito afastamento-afastamento. Quando a máquina velha de lavar de um consumidor falha, esse conflito pode ocorrer. A pessoa pode não querer gastar dinheiro em uma máquina nova ou pagar para consertar a antiga ou ficar sem nenhuma máquina.

A disponibilidade de crédito é um modo de reduzir esse conflito motivacional. Propagandas que enfatizam a importância da manutenção regular de carros, bem como as trocas de óleo, também utilizam esse tipo de conflito motivacional: "Gaste dinheiro agora ou gaste (mais) dinheiro depois."

ESTRATÉGIAS DE MARKETING BASEADAS NO FOCO REGULATÓRIO

Os consumidores, em geral, são estratégicos em termos de comportamentos que escolhem para obter um resultado desejado. Parte disso, como veremos mais adiante, é uma função da personalidade. Outra parte se relaciona com determinado conjunto de motivos salientes ou importantes quando os consumidores estão reagindo aos estímulos ou tomando decisões (KOTLER, KARTAJAYA e SETIAWAN, 2021).

A importância de determinados conjuntos de motivos faz com que os consumidores regulem seus comportamentos de formas diferentes para alcançar os resultados desejados. Dois conjuntos proeminentes de motivos são chamados promoção e prevenção. Os motivos focados na promoção giram em torno de um desejo por crescimento e desenvolvimento e estão relacionados com as esperanças e as aspirações dos consumidores. Os motivos focados na prevenção giram em torno de um desejo por segurança e estabilidade e estão relacionados com o senso de deveres e obrigação dos consumidores (LINDSTROM, 2009).

Segundo Stephens (2016) a teoria do foco regulatório sugere que os consumidores reagirão de formas diferentes dependendo de qual conjunto amplo de motivos seja mais saliente. Quando os motivos focados na promoção são mais evidentes, os consumidores buscam ganhar resultados positivos, pensam em termos mais abstratos, tomam decisões baseadas mais no afeto e na emoção e preferem velocidade versus precisão em suas tomadas de decisão.

Quando os motivos focados na prevenção são mais importantes, os consumidores buscam evitar resultados negativos, pensam mais em termos concretos, tomam decisões baseadas mais em informações sólidas factuais e preferem precisão à velocidade em suas tomadas de decisão.

Em essência, quando os motivos focados na promoção são mais importantes, os consumidores são tomadores de decisão "ávidos" que buscam mais riscos de forma a maximizar a possibilidade de que atingirão os resultados os mais positivos possíveis. Quando os motivos focados na prevenção são mais importantes, os consumidores são tomadores de decisão "vigilantes", mais avessos ao risco, em busca de maneiras para minimizar as chances de que irão ter resultados negativos e tentam evitar cometer erros (HOYER, MACINNIS e PIETERS, 2016).

Graves (2011) afirma que se tem adquirido um *insight* considerável sobre os motivos, características e estilos de tomada de decisão que distinguem o foco de promoção do de prevenção. Se os motivos de promoção e de prevenção são mais importantes, depende tanto do indivíduo quanto da situação.

Os motivos de prevenção e promoção residem simultaneamente em cada pessoa. No entanto, como resultado de experiências da primeira infância, um ou outro tende a dominar em cada pessoa. Esse aspecto é chamado acessibilidade crônica; ou seja, esses aspectos têm sido o foco principal por tanto tempo para esses consumidores que eles tendem a ser trazidos à mente quando os estímulos e as decisões são encontrados.

Um aspecto deste, que tem implicações importantes para os profissionais de marketing e na segmentação do mercado, é o fato de que os indivíduos focados na promoção tendem a ter mais autoconceitos independentes enquanto aqueles focados na prevenção tendem a ter mais autoconceitos interdependentes.

Tais distinções se relacionam com diferenças globais nas culturas ocidentais (individualistas) e orientais (interdependentes). Assim, os profissionais de marketing na Ásia devem esperar que, em média, os consumidores estarão naturalmente mais focados na prevenção do que aqueles nos Estados Unidos e na Europa Ocidental e irão se beneficiar da adaptação das estratégias de forma apropriada.

Por exemplo, parece que as propagandas que "moldam" a mensagem em termos de adquirir resultados positivos funcionam melhor nos Estados Unidos do que na China, enquanto as propagandas que moldam a mensagem em termos de se evitarem as perdas funcionam melhor na China do que nos Estados Unidos.

Fatores situacionais, como as características da decisão, o ambiente e assim por diante, podem temporariamente tornar uma orientação mais proeminente (KARDES, CRONLEY e CLINE, 2014).

CAPÍTULO 12
PERSONALIDADE, TRAÇOS E PERFIS

Morin (2011) afirma que enquanto as motivações são a força energizante e direcionadora que torna o comportamento do consumidor intencional e voltado para objetivos, a personalidade do consumidor guia e direciona o comportamento escolhido para alcançar objetivos em diferentes situações.

A personalidade é composta das tendências de resposta características de um indivíduo em situações semelhantes. Assim, dois consumidores podem ter necessidades iguais de reduzir a tensão, mas diferir no nível de extroversão e, em consequência, envolver-se em comportamentos muito diferentes para satisfazer a essa necessidade.

Embora existam muitas teorias da personalidade, as consideradas mais úteis em um contexto de marketing são as chamadas teorias dos traços. As teorias dos traços examinam a personalidade como uma diferença individual e, assim, permitem que os profissionais de marketing segmentem os consumidores em função de suas diferenças de personalidade.

Seguno Zurawicki (2010) as teorias dos traços supõem que (1) todos os indivíduos têm características ou traços internos relacionados com tendências de ação e (2) existem diferenças consistentes e mensuráveis entre indivíduos com base nessas características.

Para demonstrar isso, imagine como você poderia responder se lhe pedissem para descrever a personalidade de um amigo. Você poderia dizer que um de seus amigos é agressivo, competitivo e extrovertido. O que você descreveu são as tendências comportamentais ou traços que seu amigo exibiu ao longo do tempo em uma variedade de situações.

A maioria das teorias dos traços afirma que os traços são herdados ou formados em uma idade tenra e são relativamente imutáveis ao longo dos anos. As diferenças entre as teorias da personalidade concentram-se em quais traços ou características são mais importantes (ARIELY, 2008).

ABORDAGEM DOS TRAÇOS MÚLTIPLOS

Algumas pesquisas sobre os traços tentam examinar o perfil completo da personalidade de um consumidor em um conjunto de dimensões relativamente exaustivas. Especificamente, a teoria dos traços múltiplos identifica diversos traços que, combinados, captam uma parte substancial da personalidade do indivíduo (SOLOMON, 2016).

Conforme Hoyer, Macinnis e Pieters (2016) a teoria dos traços múltiplos mais comumente utilizada pelos profissionais de marketing é o Modelo dos Cinco Fatores. Essa teoria identifica cinco traços básicos formados por meio da genética ou do aprendizado no início da vida. Esses traços essenciais interagem e se manifestam em comportamentos estimulados por situações. A Tabela 3 lista os cinco traços e algumas de suas manifestações.

Tabela 3 – O modelo dos cinco fatores da personalidade

Traço Essencial	Manifestação
Extroversão	Prefere estar em um grupo grande do que sozinho.
	Falante quando está com outras pessoas
	Ousado
Instabilidade	"De lua"
	Temperamental
	Sensível
Socialização	Simpático
	Gentil com os outros
	Educado com os outros

Abertura para a experiência	Imaginativo
	Apreciador da arte
	Encontra novas soluções
Escrupulosidade	Cuidadoso
	Preciso
	Eficiente

Fonte: Hoyer, Macinnis e Pieters (2016)

O Modelo dos Cinco Fatores tem sido útil em áreas como entender os comportamentos de pechinchar e reclamar e a compra compulsiva. Existem provas de que ele pode ter validade em diferentes culturas. A vantagem de uma abordagem de traços múltiplos como essa é a ampla imagem que ela proporciona dos determinantes do comportamento.

Por exemplo, suponha que a pesquisa se concentrasse na dimensão única da extroversão e descobrisse que aqueles que fizeram uma reclamação sobre uma compra insatisfatória têm a tendência de ser extrovertidos.

Que ideias isso fornece para o treinamento daqueles que lidam com as reclamações dos consumidores? Que ideias de treinamento são acrescentadas se também descobrimos que tais pessoas são conscienciosas? É evidente que, quanto mais sabemos, melhor podemos satisfazer esses consumidores (HOYER, MACINNIS e PIETERS, 2016).

ABORDAGEM DO TRAÇO ÚNICO

Kardes, Cronley e Cline (2014) descrevem que as teorias do traço único enfatizam um traço da personalidade como particularmente relevante para o entendimento de um conjunto específico de comportamentos. Elas não sugerem que os outros traços são inexistentes ou sem importância. Em vez disso, estudam um traço único por sua relevância para um conjunto de comportamentos; em nosso caso, comportamentos relacionados com o consumo.

A seguir, examinaremos três traços adicionais em mais detalhes conforme Stephens (2016). Enfatizamos que, devido ao forte inter-relacionamento entre motivação e personalidade, não é incomum que os traços de personalidade evidenciem aspectos motivacionais. Os traços rotulados como "necessidades" normalmente refletem essas bases motivacionais.

ETNOCENTRISMO DO CONSUMIDOR

O etnocentrismo do consumidor reflete uma diferença individual na propensão do consumidor em relação à tendência de ser contrário à compra de produtos estrangeiros. Os consumidores com baixo etnocentrismo tendem a ser mais abertos a outras culturas, menos conservadores e mais abertos a comprar produtos fabricados em outros países.

Os consumidores com alto etnocentrismo tendem a ser menos abertos a outras culturas, mais conservadores e com mais tendência a rejeitar produtos fabricados em outros países em prol dos produtos nacionais. Como consequência, os móveis da Lexington estão explorando os sentimentos pró-norte-americanos ao promover ativamente o status de "Fabricado nos Estados Unidos" de sua linha Bob Timberlake para varejistas e consumidores. O etnocentrismo do consumidor é um fenômeno global, afetando, portanto, as percepções das marcas dos EUA que fazem negócios em outros países.

NECESSIDADE DE COGNIÇÃO

A necessidade de cognição reflete uma diferença individual na propensão dos consumidores de se envolverem no ato de pensar e ter prazer nisso. Comparados com indivíduos com baixa necessidade de cognição, os que têm alta necessidade de cognição se envolvem em processos mais ativos de comunicações persuasivas, preferem a informação verbal à visual e são menos influenciados pelas opiniões alheias.

A necessidade de cognição tem implicações óbvias para as comunicações de marketing. Além disso, as pesquisas que vinculam a necessidade de cognição a características demográficas, como gênero (p. ex., mulheres geralmente têm um nível mais alto de necessidade de cognição), ajudam a tornar este fator da personalidade mais acionável em termos de alvo da mídia.

NECESSIDADE DE EXCLUSIVIDADE DOS CONSUMIDORES

A necessidade de exclusividade dos consumidores reflete uma diferença individual na propensão dos consumidores de buscar a diferenciação em relação aos outros por meio da aquisição, utilização e descarte de bens de consumo. Afeta o que os consumidores possuem e valorizam, por que o possuem e como o utilizam.

O conceito se encaixa na prática de marketing cada vez mais comum de escassez deliberada – produzir menos quantidade de um item do que a demanda prevista. Tal estratégia ajuda a preservar a exclusividade do produto e aumenta a diferenciação e o status daqueles que o possuem (STEPHENS, 2016).

O USO DA PERSONALIDADE NA PRÁTICA DE MARKETING

Lewis e Bridges (2004) afirmam que às vezes, os consumidores escolhem produtos que se encaixam à sua personalidade. Por exemplo, uma pessoa tímida pode dispensar um carro chamativo porque "não combina comigo". Outras vezes, os consumidores utilizam produtos para favorecer uma área de sua personalidade que eles acham fraca.

Dessa forma, uma pessoa tímida que quer se sentir mais assertiva pode dirigir um carro esportivo poderoso e chamativo. É claro que os produtos e marcas ajudam os consumidores a expressar sua personalidade.

A imagem da marca é o que as pessoas pensam e sentem quando ouvem ou veem o nome de uma marca. Um tipo específico de imagem que algumas marcas adquirem é a personalidade da marca. A personalidade da marca é um conjunto de características humanas que se tornam associadas a uma marca.

Os consumidores percebem as personalidades das marcas em termos de cinco dimensões básicas, cada uma com diversas facetas. Foi desenvolvida uma escala para medir a personalidade da marca nos Estados Unidos e, com adaptações, em países como Rússia e Chile.

Segundo Aaker (2015) os pesquisadores chegaram às seguintes conclusões sobre a personalidade da marca:

- Os consumidores prontamente atribuem características humanas às marcas.
- As personalidades das marcas criam expectativas acerca das principais características da marca.
- As personalidades das marcas normalmente são a base de um relacionamento de longo prazo com a marca.

Não surpreende que os profissionais de marketing prestam cada vez mais atenção à personalidade da marca. Jaguar, Reebok e Sprite são apenas algumas das muitas empresas que estão atualmente tentando melhorar as personalidades de suas marcas para melhor alcançar os principais grupos de consumidores. A Jaguar está tentando ser menos "distante", a Reebok deseja ser "atual e agressiva", e a Sprite quer mais "credibilidade nas ruas".

A capacidade da personalidade da marca de afetar os relacionamentos com o consumidor é fundamental, e um estudo fornece ideias iniciais. Especificamente, descobriu-se que os relacionamentos do consumidor com marcas "sinceras" se aprofundavam com o tempo ao longo de uma "amizade".

Por outro lado, descobriu-se que os relacionamentos do consumidor com marcas "empolgantes" enfraqueciam com o tempo ao longo de uma "paquera rápida". Essa vantagem das marcas sinceras, no entanto, exigia que a marca apresentasse alta qualidade constantemente (TYBOUT e CALKINS, 2018).

As organizações sem fins lucrativos também podem se beneficiar da compreensão e do gerenciamento da personalidade da marca. Um estudo mostra que as organizações sem fins lucrativos (em comparação com as empresas), em geral, são vistas como mais cordiais, mas menos competentes. A cordialidade está relacionada com a dimensão da sinceridade (MADRUGA, 2018).

A competência está relacionada com a confiabilidade e a eficácia, a falta percebida de competência atrapalha a vontade do consumidor de comprar de (ou doar para) uma organização sem fins lucrativos, apesar da percepção acerca das boas intenções da organização. No entanto, pistas que aumentam a credibilidade, como o endosso de uma fonte confiável, podem preencher esse vazio e, portanto, aumentar as intenções de compra/doação para a organização sem fins lucrativos.

Figura 19 – Dimensões da personalidade da marca

Fonte: Adaptado de Aaker (2015)

COMUNICANDO A PERSONALIDADE DA MARCA

Mothersbaugh *et al.*, (2020) argumentam que assim como a personalidade da marca pode servir como uma forma de alcançar os segmentos do mercado, os profissionais de marketing precisam administrar e comunicar a personalidade da marca.

A Borjouis, uma empresa francesa de cosméticos, criou conjuntos únicos de maquiagem que comunicam personalidades distintas. Eles usaram "diversos coquetéis, destinos de férias e estilos de moda que têm diferentes atributos de personalidade" nas embalagens.

Diversos elementos podem ser utilizados para comunicar a personalidade da marca. Três importantes táticas promocionais incluem o endosso de celebridades, as imagens mentais do usuário e os fatores de execução segundo Mothersbaugh *et al.*, (2020.

ENDOSSO DE CELEBRIDADES

O endosso de celebridades muitas vezes é um modo proveitoso de personificar uma marca, visto que as características e opiniões da celebridade podem ser transferidas para a marca. Os exemplos incluem:

- Nike e Serena Williams – marca individualista e ativa.
- Revlon e Halle Berry – marca sensual e ousada.

IMAGENS MENTAIS DO USUÁRIO

As imagens mentais do usuário envolvem mostrar um usuário típico junto com imagens dos tipos de atividades em que ele se envolve quando usa a marca. As imagens mentais do usuário ajudam a definir quem é o usuário típico em termo de seus traços, atividades e emoções. A emoção e o tom das atividades também podem se transferir para a marca. Os exemplos incluem:

- Mountain Dew – apresenta usuários jovens e ativos envolvidos em atividades divertidas e empolgantes.
- Hush Puppies – apresenta "pessoas jovens e avançadas em um cenário de madeira".

FATORES DE EXECUÇÃO

Os fatores de execução vão além da mensagem essencial para incluir "como" ela é comunicada. O "tom" da propaganda (séria versus espirituosa), o apelo utilizado (medo versus humor), as características do logotipo e da fonte (fonte manuscrita pode indicar sofisticação), o ritmo da propaganda e até mesmo a mídia utilizada podem comunicar a personalidade de uma marca. Os exemplos incluem:

- Tom – A Listerine no Canadá desejava um modo de ser despojada e poderosa, então utilizou o tema de um herói de ação de um filme famoso. A Listerine saiu de "antiquada e séria" para "poderosa e maior que a vida".
- Mídia – A Hush Puppies veiculou propagandas em revistas como W e InStyle para estabelecer uma personalidade mais atual e na moda.
- Ritmo – A Molson no Canadá queria uma personalidade "espirituosa, aventureira e ligeiramente sapeca". Então, criou propagandas para a televisão nas quais "um ritmo latino animado é pontuado com cenas rápidas e picantes de festas".
- Logotipo – A Reebok queria revigorar sua marca na direção de uma imagem mais jovem e avançada. Assim, criou o novo logotipo Rbk. De acordo com um executivo: "Criar um código abreviado permitiu que a cultura jovem olhasse para a marca novamente sem a antiga bagagem".

EMOÇÃO

Cerf e Garcia-Garcia (2017) relatam que as emoções são sentimentos fortes e relativamente incontroláveis que afetam o comportamento. As emoções são fortemente vinculadas a necessidades, motivações e personalidades. Necessidades não satisfeitas geram motivação, que é relacionada com o componente de excitação da emoção.

Necessidades não satisfeitas geralmente provocam emoções negativas, enquanto necessidades satisfeitas geralmente provocam emoções positivas. Como resultado, produtos e marcas que geram emoções de consumo positivas aumentam a satisfação e a fidelidade do consumidor.

A personalidade também tem uma função. Por exemplo, algumas pessoas são mais emotivas que outras, um traço do consumidor denominado intensidade do afeto. Os consumidores com alto nível de intensidade do afeto experimentam emoções mais fortes e são mais influenciados por apelos emocionais.

Todas as experiências emocionais tendem a apresentar diversos elementos em comum. Em primeiro lugar, as emoções normalmente são disparadas por eventos ambientais (p. ex., ver uma propaganda, consumir um produto que satisfaz a uma necessidade). No entanto, elas também podem ser iniciadas por processos internos, como as imagens mentais. Como vimos, os anunciantes frequentemente utilizam as imagens mentais para trazer à tona reações emocionais específicas.

Em segundo lugar, as emoções são acompanhadas de alterações fisiológicas, como (1) dilatação da pupila; (2) aumento da transpiração; (3) aumento da respiração; (4) aumento do ritmo cardíaco e da pressão sanguínea; e (5) aumento do nível de açúcar no sangue.

Em terceiro lugar, as emoções em geral, embora não necessariamente, são acompanhadas do pensamento cognitivo. Os tipos de pensamentos e nossa capacidade de pensar racionalmente variam de acordo com o tipo e o grau da emoção.

Uma quarta característica é que as emoções têm comportamentos associados. Enquanto os comportamentos variam de um indivíduo para outro e no próprio indivíduo de acordo com a época e as situações, existem comportamentos singulares caracteristicamente associados a diferentes emoções: o medo aciona reações de fuga (afastamento), a raiva aciona o ataque violento (aproximação), a tristeza aciona o choro, e assim por diante.

Por fim, as emoções envolvem sentimentos subjetivos. Na verdade, quando falamos em emoções, geralmente estamos nos referindo ao componente dos sentimentos. Tristeza, alegria, raiva e medo são sentimentos muito diferentes (CERF e GARCIA-GARCIA, 2017).

Esses sentimentos determinados subjetivamente são a essência da emoção e têm um componente específico que rotulamos como emoção, como triste ou feliz. Além disso, as emoções carregam um componente avaliativo ou de gostar/desgostar (CIALDINI, 2021).

Segundo Lindstrom (2009) utilizamos emoção quando nos referimos ao sentimento específico identificável, e afeto quando nos referimos ao aspecto de gostar/desgostar relacionado com o sentimento específico.

As emoções geralmente são avaliadas (gostadas e desgostadas) de modo constante de um indivíduo para outro e no interior dos indivíduos ao longo do tempo, mas existem variações culturais, individuais e situacionais. Por exemplo, poucos de nós geralmente desejam ficar tristes ou com medo, mas ainda assim ocasionalmente apreciamos um filme ou livro que nos amedronta ou entristece.

A Figura 20 reflete o pensamento atual sobre a natureza das emoções conforme Bridger (2018).

Figura 20 – Natureza das emoções

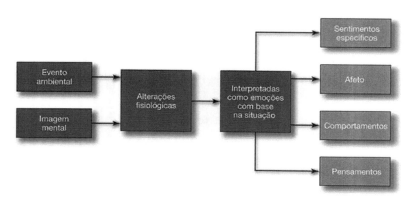

Fonte: Bridger (2018)

Se lhe perguntassem, você certamente poderia enumerar diversas emoções. Portanto, não é de surpreender que os pesquisadores tenham tentado categorizar as emoções em grupos administráveis. Alguns pesquisadores sugeriram que três dimensões principais – prazer, alerta e dominância (PAD) – fundamentam todas as emoções.

Cialdini (2021) ressalta que emoções específicas refletem várias combinações e níveis dessas três dimensões.

AS EMOÇÕES E A ESTRATÉGIA DE MARKETING

As emoções desempenham um papel em uma ampla gama de situações de marketing em relação aos produtos, varejo, estratégias para lidar com o consumidor e propaganda. Examinaremos cada uma delas nas seções a seguir.

ESTÍMULO DAS EMOÇÕES COMO BENEFÍCIO DE UM PRODUTO

As emoções são caracterizadas por avaliações positivas ou negativas. Os consumidores buscam ativamente produtos cujo benefício primário ou secundário seja o estímulo das emoções. Filmes, livros e músicas são os exemplos mais óbvios, assim como destinos de resorts como Las Vegas e programas de viagens de aventura.

Propagandas recentes projetadas para alimentar a emoção e a empolgação do consumidor incluem a do rum Bacardi, "Agite sua noite"; a do Pontiac G6, "Movimente-se como um liquidificador"; e a da Chevrolet, "Uma Revolução Americana". Além de produtos e marcas, os varejistas também retratam eventos e ambientes que despertam emoções como empolgação. Por exemplo, sites com avatares são percebidos como mais sociais, o que aumenta o prazer, a excitação, o valor hedonista e as intenções de compra.

Uma emoção específica que está obtendo cada vez mais atenção em termos de marketing de relacionamento é a gratidão. A gratidão em um contexto do consumidor é a apreciação emocional para os benefícios recebidos. As empresas podem investir em melhorias nas relações de muitas maneiras, incluindo tempo, esforço, investimentos em equipamentos específicos para o consumidor e assim por diante.

As pesquisas mostram que esses esforços de marketing nos relacionamentos por parte das empresas levam aos seguintes resultados:

- Maior gratidão por parte do consumidor.
- Maior confiança do consumidor na empresa.
- Mais compras por parte do consumidor.
- Mais comportamentos de "reciprocidade baseada em gratidão".

Os comportamentos da reciprocidade baseados na gratidão incluem (a) comprar produtos com base na gratidão pela relação dos esforços de marketing, (b) fornecer mais negócios para a empresa devido aos sentimentos de "dever" algo a alguém e (c) comprar um conjunto maior de produtos da empresa como uma "recompensa" pelos esforços anteriores de relacionamentos de marketing e pela comunicação boca a boca.

A gratidão revela-se uma emoção poderosa; faz com que consumidores queiram recompensar as empresas por seus esforços de relação de marketing de maneiras que levam a vendas maiores e à comunicação boca a boca positiva.

Embora os consumidores busquem emoções positivas na maioria das vezes, isso nem sempre é o caso, como ocorre quando gostamos de um filme triste. Além disso, os produtos podem suscitar emoções negativas como a frustração e a raiva que sentimos quando dispositivos de alta tecnologia são difíceis de serem usados.

REDUÇÃO DAS EMOÇÕES COMO BENEFÍCIO DE UM PRODUTO E DE VAREJO

Poucas pessoas gostam de se sentir tristes, fracas, humilhadas ou revoltadas. Em resposta a isso, os profissionais de marketing projetam ou posicionam diversos produtos no sentido de prevenir ou reduzir o estímulo a emoções desagradáveis.

Os mais óbvios desses produtos são os diversos medicamentos de balcão feitos para lidar com a ansiedade ou a depressão. Comida e álcool são consumidos, muitas vezes de modo prejudicial, para reduzir o estresse. As flores são fortemente promovidas como antídoto para a tristeza. Produtos para perder peso e outros produtos de autoaprimoramento com frequência são posicionados principalmente em termos de benefícios de redução da culpa, do desespero, da vergonha ou da aversão.

Os acessórios pessoais normalmente enfatizam a redução da ansiedade como principal benefício. As instituições de caridade frequentemente salientam reduzir ou evitar a culpa como motivo para as contribuições.

ESTRATÉGIAS PARA LIDAR COM OS CONSUMIDORES EM ENCONTROS DE PRODUTOS E SERVIÇOS

Os consumidores devem lidar com as emoções negativas que vivenciam em diferentes situações de marketing. Lidar com algo envolve os pensamentos e os comportamentos do consumidor em reação a uma situação que induz o estresse desenvolvida para reduzir o estresse e alcançar mais emoções positivas desejadas (KOTLER, KARTAJAYA e SETIAWAN, 2021).

Tybout e Calkins (2018) afirmam que o afastamento é um mecanismo comum. Por exemplo, quando uma decisão envolve uma troca que evoca fortes emoções negativas (p. ex., preço versus segurança), os consumidores, em geral, adiam a compra para evitar tomar uma decisão.

No ambiente do varejo, os consumidores de mau humor tentam evitar vendedores que eles percebem que estão felizes. No entanto, se são forçados a lidar com esse tipo de vendedor, isso os faz sentirem-se piores, o que reduz a eficiência do vendedor. Que aspectos de marketing e treinamento relacionados com o pessoal de serviço isso sugere?

Segundo Underhill (2009) uma tipologia para lidar com estratégias categoriza três grandes tipos em resposta a emoções negativas que emanam de eventos estressantes como um serviço ruim ao consumidor ou falha do produto. Os três tipos são:

- Forma ativa de lidar com algo. Pensar em maneiras de resolver um problema, envolvendo-se em um controle para evitar comportamentos precipitados e extraindo o melhor da situação.
- Busca expressiva de apoio. Expressar emoções e buscar assistência de outros focada no problema ou na emoção.
- Afastamento. Evitar o varejista mental ou fisicamente ou se envolver em completa autonegação do evento.

Cada estratégia pode ter consequências de marketing positivas e negativas. A forma ativa de lidar com algo envolve trabalhar junto com a empresa para resolver a situação ou sair dela por completo. Da mesma forma, os consumidores podem se expressar para a empresa (busca expressiva de apoio), que é desejável, ou podem se expressar para os amigos (comunicação boca a boca negativa), o que é prejudicial (EYAL, 2020).

Por fim, a negação (afastamento) pode resultar na retenção do consumidor, mas a fuga física do varejista pode resultar em perdas de vendas. Como é possível ver, o treinamento apropriado dos funcionários de serviço para lidar com as falhas de produto e de serviço e o projeto cuidadoso das instalações do varejo e de serviço para reduzir os estressores são fundamentais (MILLER, 2012).

A capacidade do consumidor de efetivamente lidar com situações estressantes está relacionada com o conceito de inteligência emocional do consumidor, que é definido como a capacidade de alguém de habilidosamente usar a informação emocional para alcançar um resultado desejável para o consumidor (MORIN, 2011).

Os consumidores que têm mais inteligência emocional são melhores em perceber, facilitar, compreender e administrar a informação emocional. Por exemplo, um consumidor com mais inteligência emocional pode compreender melhor como canalizar seus sentimentos de raiva diante de uma falha de serviço de modo a obter uma solução desejável para o consumidor (PAGE, 2015).

Uma falha em canalizar tais sentimentos pode resultar em "episódios de raiva", que parecem estar aumentando nos EUA. Em resposta, as empresas precisam compreender melhor o que desencadeia episódios de raiva e treinar seus funcionários de modo que possam (a) ter comportamentos para minimizar a probabilidade de ocorrência desses episódios e (b) treinar os funcionários para lidar de forma eficaz e segura com tais episódios de raiva quando eles ocorrem (KAHNEMAN, SIBONY e SUNSTEIN, 2021).

A EMOÇÃO NAS PROPAGANDAS

Lindstrom (2009) ilustra que o estímulo das emoções normalmente é utilizado em propaganda independentemente de ser ou não relevante para o desempenho da marca. Considere as seguintes manchetes recentes:

- Under Armour traz à tona a emoção bruta.
- Kleenex para Homens apela para a emoção para obter retorno na televisão.
- Apelo emocional da lavagem de roupa para substituir afirmações acerca do desempenho em propagandas.

As emoções podem desempenhar diversos papéis na propaganda. O conteúdo emocional em propagandas aumenta a capacidade de capturar a atenção, de atrair e de manter. Mensagens promocionais que disparam reações emocionais de alegria, aconchego e suspense são as que têm mais probabilidade de captar a atenção do que as propagandas mais neutras. A atenção é um passo inicial fundamental no processo de percepção (MORIN, 2011).

As emoções são caracterizadas por um estado de elevada excitação fisiológica. Os indivíduos se tornam mais atentos e ativos quando estão excitados. Dado esse elevado nível de excitação, as mensagens emocionais podem ser processadas de modo mais minucioso do que as mensagens neutras. Podem ocorrer mais esforços e mais atividades de elaboração em reação ao estado emocional. Como consequência desse aumento na atenção e no processamento, as propagandas emotivas podem ser mais lembradas do que as propagandas neutras (RAMSØY, 2015).

Propagandas emotivas que provocam uma emoção com avaliação positiva aumentarão o gosto pela propaganda em si. Por exemplo, o aconchego é uma emoção com valor positivo provocada pela experiência direta ou indireta de um relacionamento amoroso, familiar ou de amizade. Propagandas com alto nível de aconchego agradam mais do que propagandas neutras. Gostar de uma propaganda tem um impacto positivo sobre gostar do produto e as intenções de compra. Como você deve suspeitar, propagandas que irritam ou revoltam os consumidores podem gerar reações negativas em relação à marca anunciada (ZURAWICKI, 2010).

A exposição repetida a propagandas que provocam emoções positivas pode aumentar a preferência pela marca por meio do condicionamento clássico. Associações repetidas de emoções positivas (reação não condicionada) com o nome da marca (estímulo condicionado) podem resultar em afeto positivo quando o nome da marca é apresentado (MILLER, 2012).

A preferência pela marca também pode ocorrer de modo direto e de alto envolvimento. Uma pessoa exposta uma vez ou poucas vezes a uma propaganda emotiva pode decidir que gosta do produto. Esse processo é muito mais consciente do que o proporcionado pelo condicionamento clássico. Tal processo parece mais provável para produtos hedonistas, que envolvem altos níveis de valor emocional, do que para produtos utilitários (AAKER, 2015).

As propagandas que utilizam apelos emocionais estão ganhando popularidade. Por exemplo, a Zippo recentemente lançou uma campanha baseada na emoção para seus isqueiros. São oito anúncios impressos, cada um com uma foto de um isqueiro gravado e um slogan simples: "O verdadeiro amor não é descartável." Um porta-voz falou sobre a campanha: "Queríamos fazer um vínculo humano, emotivo" (BRIDGER, 2018).

CAPÍTULO 13

ATITUDES E INFLUÊNCIAS SOBRE AS ATITUDES

Cialdini (2021) descreve que uma atitude é uma organização duradoura de processos motivacionais, emocionais, perceptivos e cognitivos em relação a algum aspecto de nosso ambiente. É uma predisposição adquirida para reagir de modo constantemente favorável ou desfavorável em relação a determinado objeto. Portanto, uma atitude é o modo como alguém pensa, sente e age em relação a algum aspecto do ambiente, como uma loja varejista, um programa de televisão ou um produto.

Conforme Aaker (2015) as atitudes são o resultado de todos os fatores que discutimos nos capítulos anteriores e representam uma influência importante no estilo de vida de cada um. Neste capítulo, examinaremos os componentes da atitude, as estratégias gerais de mudança de atitude e o efeito das comunicações de marketing sobre as atitudes.

Empresas como Nike, Gatorade e American Express gastam bilhões com a recomendação das celebridades a cada ano. Na verdade, estima-se que 25% ou mais das propagandas nos Estados Unidos contêm uma celebridade e que o gasto com a recomendação delas é de aproximadamente $30 bilhões por ano. De muitas maneiras, o uso de celebridades como endossantes faz sentido.

Como discutiremos mais adiante neste capítulo, as celebridades conseguem se sobressair em meio a uma profusão de informações de propagandas e chamar a atenção dos consumidores, bem como melhorar as percepções dos consumidores e as atitudes em relação às marcas que elas recomendam. O lado negativo ocorre quando os endossantes apresentam comportamentos questionáveis na vida pessoal.

Particularmente interessante, no entanto, é que algumas empresas decidem continuar com os seus endossantes durante algum episódio de escândalo, enquanto outras os dispensam conforme Underhill (2009). Vejamos alguns exemplos.

- **Michael Phelps:** Este nadador olímpico, que já quebrou a maioria dos recordes de natação, se não todos, teve problemas em sua vida pessoal. O mais recente foi uma foto que surgiu após os Jogos Olímpicos de Pequim mostrando Phelps fumando maconha. A Kellogg's o dispensou, enquanto a Speedo, não. Eis as declarações de cada empresa:
- **KELLOGG'S:** O comportamento mais recente de Michael não é consistente com a imagem da Kellogg's.
- **SPEEDO:** À luz da declaração de Michael Phelps ontem, a Speedo gostaria de deixar claro que a marca não tolera tal comportamento e que sabemos que Michael se arrepende profundamente de suas ações. Michael Phelps é um membro valioso da equipe da Speedo e um grande campeão. Faremos de tudo para apoiá-lo e à sua família.
- **Tiger Woods**: Talvez o mais talentoso jogador de golfe de sua geração, se não de todos os tempos, Tiger Woods já fez milagres nos campos de golfe. Infelizmente, escândalos na vida pessoal envolvendo infidelidade desmoronaram tudo. A Tag Heuer dispensou Tiger; a Nike, não. Eis as declarações de cada empresa:
- **TAG HEUER:** Reconhecemos Tiger Woods como um grande campeão, mas temos de levar em consideração a sensibilidade dos consumidores com relação aos eventos recentes.
- **NIKE:** Tiger tem feito parte da Nike há mais de uma década. Ele é o melhor jogador de golfe do mundo e um dos maiores atletas de sua geração. Esperamos ansiosamente pelo seu retorno ao golfe. Ele e sua família têm o apoio total da Nike.

Por que reações tão diferentes de cada empresa? Ninguém sabe ao certo, mas, observando esses exemplos, parece ter a ver com o que a empresa ganha ou perde com o endossante e com o escândalo. A Speedo e a Nike possivelmente ganham mais de Phelps e de Woods por causa da credibilidade do desempenho do produto que eles trazem a suas marcas esportivas.

Os escândalos pessoais podem ter pouca influência para prejudicar essa dimensão. Alternativamente, a Kellogg's e a Tag Heuer parecem ter usado Phelps e Woods pela credibilidade geral e pela imagem, que claramente foram atingidas quando surgiu o escândalo.

Como Stephens (2016) ilustra na Figura 21, é interessante considerar que as atitudes têm três componentes: cognitivo (crenças), afetivo (sentimentos) e comportamentais (tendências a reagir de determinado modo). Cada um desses componentes da atitude será discutido em detalhes a seguir.

Figura 21 – Componentes e manifestações da atitude

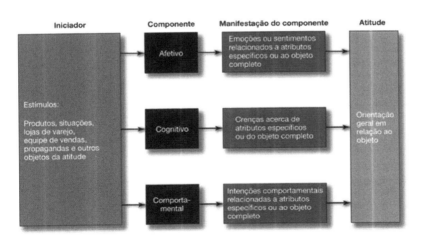

Fonte: Stephens (2016)

Fora do mundo esportivo, a Subway vem lidando com um comportamento indesejável de seu principal endossante, Jared Fogle. Jared perdeu cerca de 111 quilos comendo sanduíches com baixo teor de gordura da Subway, mas recentemente ganhou cerca de 18 quilos.

Em vez de se afastarem de Jared, eles aproveitaram a oportunidade para destacar a condição humana dele na luta contra a balança. A marca o inscreveu e o treinou para a Maratona de Nova York. De acordo com a Subway:

> "Jared é como qualquer um. Ele tem altos e baixos e, embora ele não tivesse muitos altos, este chamou muita atenção".

Os pesquisadores na área esportiva chegaram a conclusões semelhantes. Os fãs de esporte adoram o lado humano dos atletas e gostam de uma história de "superação".

Componente cognitivo

Zurawicki (2010) explica que o componente cognitivo consiste nas crenças de um consumidor a respeito de um objeto. As pessoas têm inúmeras crenças acerca da maioria dos objetos da atitude. Por exemplo, um indivíduo pode acreditar que as bebidas energéticas AMP:

- São populares entre consumidores mais jovens.
- Fornecem bastante energia para os consumidores.
- Contêm diversas vitaminas.
- Têm preço competitivo em relação a outras bebidas energéticas.
- São fabricadas por uma empresa voltada para o esporte.

A configuração completa das crenças acerca dessa marca de bebidas representa o componente cognitivo de uma atitude em relação à AMP. As crenças podem ser relacionadas com os benefícios emocionais de possuir ou utilizar um produto (a pessoa pode acreditar que seria empolgante possuir ou dirigir um conversível) ou às características objetivas.

Muitas crenças relacionadas com atributos são avaliadoras por natureza; por exemplo, bom consumo de combustível, aparência atraente e desempenho confiável geralmente são vistos como crenças positivas. Isso traz à tona a distinção entre uma característica e um benefício, que são crenças. Um produto pode ter cinco miligramas de sódio por porção (uma crença não avaliativa da característica), o que significa que tem baixo teor de sódio e é melhor para a saúde (os dois são crenças avaliativas de benefícios).

Madruga (2018) sugere que os profissionais de marketing devem promover benefícios em vez de características, em especial para os consumidores menos instruídos e para produtos complexos. Caso contrário, os consumidores não saberão como avaliar e reagir às pretensões. Por exemplo, a Quaker Oats ajuda os consumidores a interpretar a informação nutricional contida em suas embalagens com declarações do tipo "a fibra solúvel nos flocos de aveia ajuda a reduzir o colesterol".

Quanto mais crenças positivas associadas a uma marca, mais positiva será cada crença e, quanto mais facilidade o indivíduo tiver para se lembrar das crenças, mais favorável será o componente cognitivo total. E, visto que todos os componentes de uma atitude geralmente são coerentes, mais favorável será a atitude completa (LEWIS e BRIDGES, 2004).

Essa lógica fundamenta o que é conhecido como modelo de atitude de múltiplos atributos conforme Cerf e Garcia-Garcia (2017).

MODELO DE ATITUDE DE MÚLTIPLOS ATRIBUTOS

Os modelos de atitudes de múltiplos atributos retratam as atitudes dos consumidores em relação a um objeto de atitude em função da percepção e avaliação dos consumidores dos principais atributos ou crenças mantidas em relação ao objeto de atitude particular.

Existem muitas variações do modelo de atitude, três a serem consideradas são: modelo de atitude em relação ao objeto, modelo de atitude em relação ao comportamento e o modelo de teoria da ação racional.

O modelo de atitude em relação ao objeto: De acordo com o modelo de atitude em relação ao objeto, a atitude do consumidor em relação a um produto ou marcas específicas de um produto é uma função da presença (ou ausência) e avaliação de certas crenças específicas do produto e/ou atributos.

Os consumidores geralmente têm uma atitude favorável em relação às marcas que acreditam ter um nível adequado de atributos que avaliam como positivos, e têm atitudes desfavoráveis em relação às marcas que sentem que não possuem um nível adequado de atributos desejados ou que possuem muitos atributos negativos ou indesejados (CERF e GARCIA-GARCIA, 2017).

O modelo de atitude em relação ao comportamento: O modelo de atitude em relação ao comportamento conforme Kardes, Cronley e Cline (2014) é projetado para capturar a atitude do indivíduo em relação ao comportamento ou ação em relação a um objeto, em vez da atitude em relação ao objeto em si. O apelo desse modelo é que ele parece corresponder um pouco mais de perto ao comportamento real do que o modelo de atitude em relação ao objeto.

Modelo da Teoria da Ação Racional: A teoria da ação racional conforme Stephens (2016) representa uma integração abrangente dos componentes da atitude em uma estrutura projetada para levar a uma melhor explicação e a melhores previsões do comportamento. Como o modelo básico de atitude tricomponente, o modelo de teoria da ação racional incorpora um componente cognitivo, um componente afetivo e um componente conativo; no entanto, eles são arranjados em um padrão diferente daquele do modelo tricomponente.

Para entender a intenção, também precisamos medir as normas subjetivas que influenciam a intenção de agir de um indivíduo. Uma norma subjetiva pode ser medida diretamente avaliando os sentimentos de um consumidor quanto ao que outras pessoas relevantes (família, amigos, colegas de quarto, colegas de trabalho) pensariam da ação que está sendo contemplada.

Os pesquisadores do consumidor podem ir além da norma subjetiva para os fatores subjacentes que provavelmente a produzem. Eles conseguem isso avaliando as crenças normativas que o indivíduo atribui a outros relevantes, bem como a motivação do indivíduo para cumprir cada um dos outros relevantes.

MODELOS DE ATITUDE EM RELAÇÃO AO ANÚNCIO

Como retrata o modelo de atitude em relação ao anúncio, o consumidor forma vários sentimentos (afetos) e julgamentos (cognições) como resultado da exposição a um anúncio. Esses sentimentos e julgamentos, por sua vez, afetam a atitude do consumidor em relação ao anúncio e as crenças sobre a marca adquiridas com a exposição ao anúncio (GRAVES, 2011).

Finalmente, a atitude do consumidor em relação ao anúncio e as crenças sobre a marca influenciam sua atitude em relação à marca. A socialização do consumidor também se mostrou um importante determinante das atitudes do consumidor em relação à publicidade (LEWIS e BRIDGES, 2004).

COMO AS ATITUDES SÃO APRENDIDAS

Quando falamos da formação de uma atitude, referimo-nos à mudança de não ter nenhuma atitude em relação a um determinado objeto para ter alguma atitude em relação a ele. Os consumidores geralmente compram novos produtos associados a uma marca vista favoravelmente. Sua atitude favorável em relação à marca é frequentemente o resultado da satisfação repetida com outros produtos produzidos pela mesma empresa.

Em termos de condicionamento clássico, uma marca estabelecida é um estímulo incondicionado que, por meio de reforço positivo passado, resultou em uma atitude favorável à marca. Um novo produto, ainda não vinculado à marca estabelecida, seria o estímulo condicionado. Às vezes, as atitudes acompanham a compra e o consumo de um produto (HOYER, MACINNIS e PIETERS, 2016).

ESTRATÉGIAS DE MUDANÇA DE ATITUDE

Mudanças de atitude são aprendidas; eles são influenciados pela experiência pessoal e outras fontes de informação, e a personalidade afeta tanto a receptividade quanto a velocidade com que as atitudes tendem a ser alteradas. A alteração de atitudes é uma estratégia fundamental para os profissionais de marketing, especialmente quando visam os líderes de mercado.

Os profissionais de marketing têm várias estratégias de mudança de atitude para escolher: a) Mudar a função motivacional básica do consumidor b) Associar o produto a um grupo ou evento admirado c) Resolver duas atitudes conflitantes d) Alterar componentes do modelo multiatributo e) Mudar Crenças do consumidor sobre as marcas dos concorrentes (SOLOMON, 2016).

COMPONENTE AFETIVO

Mothersbaugh *et al.*, (2020) elucida que os sentimentos ou reações emocionais a um objeto representam o componente afetivo de uma atitude. Um consumidor que declara "eu gosto de Coca Diet" ou "a Coca Diet é um refrigerante horrível" está expressando os resultados de uma avaliação emocional ou afetiva do produto.

Essa avaliação completa pode ser simplesmente um sentimento vago e genérico desenvolvido sem informações cognitivas ou crenças acerca do produto. Ou pode ser o resultado de diversas avaliações do desempenho do produto em cada um dos muitos atributos. Assim, as declarações "o sabor da Coca Diet é ruim" e "Coca Diet não faz bem à saúde" subentendem uma reação afetiva negativa a aspectos específicos do produto que, em combinação com sentimentos acerca de outros atributos, determinarão a reação geral à marca.

Bridger (2018) sugere que os profissionais de marketing cada vez mais voltam a atenção para o componente afetivo ou de "sentimento" das atitudes para proporcionar um melhor entendimento das atitudes do que aquele baseado apenas no componente cognitivo ou de "pensamento". Como consequência, os profissionais de marketing agora costumam distinguir os benefícios e atitudes utilitários ou funcionais dos benefícios e atitudes hedonistas ou emocionais.

Por exemplo, um estudo descobriu que a aceitação dos consumidores em relação a dispositivos portáteis com acesso à Internet era influenciada tanto pelos benefícios utilitários, como a utilidade, quanto por aspectos hedonistas, como o fato de ser divertido de usar. Outro estudo descobriu que, em alguns casos, os aspectos hedonistas de doar sangue, como medo e alegria, eram determinantes mais fortes da atitude geral em relação à doação de sangue do que as crenças utilitárias.

Além disso, os profissionais de marketing estão começando a considerar a forma e a função nos designs de produtos e concentrar atenção considerável nos aspectos estéticos do design (aparência, experiência sensorial). O iPod e o iPad são exemplos de produtos com alto apelo estético que trazem à tona as reações afetivas dos consumidores ao irem além das associações cognitivas de funcionalidade (GODIN, 2019).

As reações afetivas a um produto ou benefício específico podem variar de acordo com a situação e o indivíduo. Por exemplo, a crença de um consumidor de que a Coca Diet tem cafeína pode resultar em sentimentos positivos se ele precisa ficar acordado para trabalhar até tarde, mas sentimentos negativos se ele quer pegar no sono rapidamente (EYAL, 2020).

COERÊNCIA DOS COMPONENTES

Conforme Hoyer, Macinnis e Pieters (2016) a figura 22 ilustra um aspecto fundamental das atitudes: todos os três componentes da atitude tendem a ser coerentes. Isso significa que uma mudança em um componente da atitude tende a produzir mudanças relacionadas nos outros componentes. Essa tendência é a base de uma parte significativa da estratégia de marketing.

Os gerentes de marketing são essencialmente preocupados em influenciar o comportamento. Mas muitas vezes é difícil influenciar o comportamento diretamente. Os profissionais de marketing, em geral, são incapazes de levar diretamente os consumidores a comprar, utilizar ou recomendar seus produtos. No entanto, os consumidores normalmente dão ouvidos aos vendedores, prestam atenção a propagandas ou examinam embalagens.

Mark e Pearson (2017) sugerem que os profissionais de marketing podem, portanto, influenciar indiretamente o comportamento fornecendo informação, música ou outros estímulos que influenciam uma crença ou sentimento acerca do produto, se os três componentes são mesmo coerentes entre si.

Figura 22 – Coerência entre os componentes da atitude

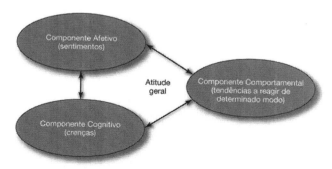

Fonte: Hoyer, Macinnis e Pieters (2016)

Algumas pesquisas descobriram apenas uma relação limitada entre os três componentes. Vamos examinar as fontes dessa incoerência considerando um exemplo. Suponha que um indivíduo declare crenças e sentimentos positivos em relação ao iPod, mas não possua um iPod ou compre outra marca (AAKER, 2015).

Conforme Ramsøy (2015) pelo menos seis fatores podem explicar as incoerências entre as medidas das crenças e sentimentos e as observações do comportamento.

1. **Falta de Necessidade** – Uma atitude favorável requer uma necessidade ou motivo antes que possa ser traduzida em ação. Assim, o consumidor pode não sentir a necessidade de um tocador portátil ou pode já possuir uma marca aceitável, embora menos preferida.

2. **Falta de Habilidade** – Traduzir crenças e sentimentos favoráveis em propriedade requer habilidade. O consumidor pode não ter recursos suficientes para comprar um iPod, embora possa comprar uma marca mais barata.

3. **Atitudes Relativas** – No exemplo anterior, só foram consideradas as atitudes relacionadas com o iPod. No entanto, as compras normalmente envolvem compensações entre diferentes marcas. Assim, um consumidor pode ter uma atitude relativamente alta em relação ao iPod, mas uma atitude ligeiramente maior em relação a uma marca concorrente. Em uma situação de escolha, as atitudes relativas fornecem um prognóstico sólido acerca do comportamento.

4. **Ambivalência das atitudes** – Embora os consumidores, em geral, se esforcem para manter crenças, sentimentos e intenções consistentes com relação a um objeto de atitude específico, este nem sempre é o caso. Às vezes, um consumidor tem uma atitude ambivalente, que envolve crenças e/ou sentimentos misturados sobre um objeto de atitude. Considere os frutos do mar.

Um consumidor com uma atitude ambivalente em relação aos frutos do mar concordaria que "às vezes, acho bom o gosto de frutos do mar, mas em outras vezes, acho ruim". As atitudes ambivalentes são menos estáveis ao longo do tempo e menos previsíveis quanto ao comportamento.

As empresas devem evitar atitudes ambivalentes criando mensagens consistentes e experiências ao longo do tempo. Elas também podem tentar conquistar fatias do mercado criando ambivalência entre os consumidores de marcas concorrentes.

5. **Crenças e Sentimentos Fracos** – Se os componentes cognitivos e afetivos são fracos, e se o consumidor obtém informações adicionais durante a compra, então as atitudes iniciais podem dar espaço a novas. Especificamente, atitudes mais sólidas ou atitudes mais confiáveis tendem a fazer prognósticos mais sólidos acerca do comportamento.

   As atitudes podem ser fracas por causa da ambivalência. No entanto, podem também ser fracas por causa de uma falta geral de experiência com a marca. Portanto, a experiência direta (e consistentemente positiva) tende a produzir atitudes mais sólidas e confiáveis. Como consequência, as empresas normalmente gastam enorme quantidade de dinheiro em cupons e amostras grátis para gerar uma experiência direta com o produto.

   Além da experiência direta, fatores relacionados com a força do aprendizado, como importância, envolvimento com a mensagem, reforço e repetição também são relacionados com a força da atitude, visto que as atitudes normalmente são aprendidas.

6. **Influências Interpessoal e Situacional** – As atitudes de um indivíduo foram medidas anteriormente. No entanto, muitas decisões de compra envolvem outras pessoas direta ou indiretamente. Assim, por exemplo, o comprador

pode adquirir algo diferente de um iPod de modo a atender melhor às necessidades de toda a família. A situação e outras expectativas do consumidor nessas situações também podem desempenhar um papel. Por exemplo, a situação pode ser vista por alguns como mais favorável para comprar e usar um iPod na frente dos amigos (embora eles gostem mais de outra marca) porque eles pensam que o iPod é a marca mais legal.

Em resumo, os componentes da atitude – cognitivo, afetivo e comportamental – tendem a ser coerentes. No entanto, como podemos ver, o grau de coerência aparente pode ser reduzido por uma série de fatores. Os profissionais de marketing têm de incorporar esses fatores ao desenvolver mensagens e estratégias persuasivas.

ESTRATÉGIAS PARA MUDAR ATITUDES

Os profissionais de marketing normalmente tentam influenciar o comportamento do consumidor mudando um ou mais componentes fundamentais da atitude. Essa influência pode ser positiva, no entanto, preocupações sociais, éticas e regulatórias surgem quando as empresas tentam promover comportamentos de consumo potencialmente prejudiciais ou quando as tentativas de persuasão são consideradas enganosas (MADRUGA, 2018).

ALTERAÇÃO NO COMPONENTE COGNITIVO

Uma abordagem comum e eficaz à mudança de atitudes é se concentrar no componente cognitivo. Quatro estratégias de marketing fundamentais – mudar as crenças, alterar a importância, adicionar crenças e mudar o ideal – são utilizadas para alterar a estrutura cognitiva da atitude de um consumidor (TYBOUT e CALKINS, 2018).

MUDAR AS CRENÇAS

Segundo Cialdini (2021) esta estratégia envolve mudar as crenças acerca do desempenho da marca em relação a um ou mais atributos. Um exemplo é Radio Shack, que está se reposicionando como uma varejista mais moderna e contemporânea. A loja foi apelidada de "The Shack" e a marca está tentando mudar as crenças de comercialização como a seguir:

Os consumidores achavam que este era o lugar que tinha marcas próprias ou produtos sem marca, quando, na verdade, tínhamos as marcas nacionais líderes no mercado em cada uma das nossas categorias. Então, desde o início, o objetivo era preencher as lacunas com relação à percepção da marca [crenças] e a realidade dos negócios.

Tentativas de mudar crenças geralmente envolvem fornecer fatos ou declarações acerca do desempenho. É importante perceber que algumas crenças são arraigadas e, portanto, difíceis de mudar.

Como consequência, os profissionais de marketing podem ter mais sucesso ao mudar atitudes gerais em relação à marca concentrando-se em crenças mais fracas acerca da marca, mais vulneráveis a tentativas de persuasão.

ALTERAR A IMPORTÂNCIA

Stephens (2016) retrata que a maioria dos consumidores considera alguns atributos do produto mais importantes que outros. Os profissionais de marketing muitas vezes tentam convencer os consumidores de que aqueles atributos em que suas marcas são relativamente fortes são os mais importantes. Por exemplo, a General Motors utiliza narrativas detalhadas de motoristas em situações angustiantes para enfatizar a importância das comunicações instantâneas e da assistência emergencial que seu sistema proprietário OnStar fornece.

Às vezes, fatores de avaliação que normalmente não seriam importantes para os consumidores podem ser enfatizados por pistas na propaganda. Um estudo criou propagandas com referências à cultura asiática (por exemplo, foto da Grande Muralha da China) para aumentar a "autopercepção étnica". Quando a autopercepção étnica foi aumentada, os consumidores asiáticos reagiram de modo mais positivo a propagandas que continham um narrador asiático.

ADICIONAR CRENÇAS

Solomon (2016) argumenta que outra abordagem para mudar o componente cognitivo de uma atitude é adicionar novas crenças à estrutura de crenças do consumidor. Por exemplo, o California Pomegranate Council quer que os consumidores saibam que as romãs, além de apresentarem proteínas e minerais (algo já conhecido), contêm "antioxidantes poderosos [que] ajudam a retardar o envelhecimento e podem neutralizar quase duas vezes mais radicais livres do que o vinho tinto e sete vezes mais do que o chá verde".

MUDAR O IDEAL

Godin (2019) sugere que a estratégia final para mudar o componente cognitivo é mudar as percepções relacionadas com a marca ou situação ideal. Assim, muitas organizações em prol da conservação se esforçam para influenciar nossas crenças a respeito do produto ideal em termos de embalagem mínima, fabricação sem poluentes, uso extensivo de materiais reciclados e descarte não poluente depois de sua vida útil.

ALTERAÇÃO NO COMPONENTE AFETIVO

As empresas cada vez mais tentam influenciar a preferência dos consumidores em relação a suas marcas sem influenciar diretamente as crenças ou os comportamentos.

Se a empresa é bem-sucedida, o aumento da preferência tenderá a levar ao aumento das crenças positivas, o que poderia levar ao comportamento de compra no caso de surgir a necessidade em relação ao produto. Ou, talvez mais comum, o aumento da preferência levará a uma tendência de comprar a marca se uma necessidade surgir, sendo que a compra e o uso levarão ao aumento das crenças positivas (LEWIS e BRIDGES, 2004).

Segundo Stephens (2016) os profissionais de marketing utilizam três abordagens fundamentais para aumentar diretamente o sentimento: condicionamento clássico, afeto relacionado com a propaganda em si e mera exposição.

CONDICIONAMENTO CLÁSSICO

Um modo de influenciar diretamente o componente afetivo é por meio do condicionamento clássico. Nesta abordagem, um estímulo que agrade o público, como música, é associado de modo coerente ao nome da marca. Ao longo do tempo, alguns dos sentimentos positivos associados à música serão transferidos para a marca. Outros estímulos agradáveis, como imagens, são frequentemente utilizados por esse motivo.

SENTIMENTO EM RELAÇÃO À PROPAGANDA OU AO SITE

Gostar da propaganda (atitude em relação à propaganda) geralmente aumenta a tendência a preferir a marca (atitude em relação à marca). Resultados um tanto semelhantes são associados ao fato de gostar do site em que a propaganda aparece.

Utilizar humor, celebridades ou apelos emocionais aumenta a atitude em relação à propaganda e ao site. Por exemplo, sites animados com rico conteúdo sensorial que apela para diversos sentidos produz uma atitude em relação ao site mais positiva do que sites menos animados.

Propagandas que geram emoções ou afeto negativos, como medo, culpa ou sofrimento também podem ajudar na mudança de atitude. Por exemplo, uma propaganda de uma instituição de caridade que ajuda refugiados poderia exibir imagens que provocassem uma variedade de emoções desagradáveis, como aversão ou raiva e ainda ser eficaz.

MERA EXPOSIÇÃO

Embora haja controvérsias, existem evidências de que o afeto ou a preferência pela marca também possam ser aumentados pela mera exposição. Isto é, simplesmente apresentar uma marca a um indivíduo em muitas ocasiões poderiam tornar mais positiva a atitude do indivíduo em relação à marca.

Uma explicação comum para o efeito da mera exposição é que "a familiaridade leva à preferência". Assim, a repetição de propagandas para produtos de baixo envolvimento pode muito bem aumentar a preferência (por meio do aumento da familiaridade) e a subsequente compra das marcas anunciadas sem alterar a estrutura inicial de crenças. Os efeitos da mera exposição fundamentam o uso das propagandas simples de lembrete, bem como do posicionamento dos produtos.

O condicionamento clássico, a atitude em relação à propaganda e a mera exposição podem alterar o afeto diretamente e, ao fazê-lo, podem alterar o comportamento de compra sem antes alterar as crenças. Isso tem inúmeras implicações importantes:

- Propagandas projetadas para alterar o afeto não precisam conter qualquer informação cognitiva (factual ou de atributos).
- Os princípios do condicionamento clássico devem guiar esse tipo de campanha.
- A atitude em relação à propaganda e o afeto provocado pela propaganda são fundamentais para esse tipo de campanha, a não ser que a mera exposição seja utilizada.
- A repetição é fundamental para campanhas baseadas no afeto.
- Medidas baseadas na cognição podem ser inadequadas para avaliar a eficácia da propaganda.

Como sugerem essas instruções, o condicionamento clássico, a atitude em relação à propaganda e a mera exposição tendem a ocorrer em situações de baixo envolvimento. No entanto, há no mínimo uma exceção importante. Quando as emoções e os sentimentos são importantes dimensões do desempenho do produto, tais emoções e sentimentos são relevantes na avaliação.

Nessas situações, a atitude em relação à propaganda pode influenciar imediatamente a atitude em relação à marca no caso de alto envolvimento. Como discutimos anteriormente neste capítulo, os produtos hedonistas (ao contrário dos utilitários) são aqueles para os quais o afeto e a emoção são critérios de desempenho relevantes.

Não é de surpreender que os produtos hedonistas sejam aqueles para os quais o afeto, as emoções e a atitude em relação à propaganda podem representar um papel em situações mais conscientes e de alto envolvimento.

ALTERAÇÃO NO COMPONENTE COMPORTAMENTAL

Mothersbaugh *et al.*, (2020) fundamentam que o comportamento, especialmente o comportamento de compra ou de uso, pode preceder o desenvolvimento da cognição e do afeto. Ou pode ocorrer em contraste com os componentes cognitivos e afetivos. Por exemplo, um consumidor pode não gostar do sabor de refrigerantes *diet* e acreditar que os adoçantes artificiais são prejudiciais à saúde. No entanto, para não parecer rude, o mesmo consumidor pode aceitar um refrigerante *diet* quando oferecido por um amigo por questões de normas sociais.

Beber o refrigerante pode alterar suas percepções acerca do sabor e levar à preferência; isso, por sua vez, pode levar ao aumento do aprendizado, que altera o componente cognitivo. O comportamento pode levar diretamente ao afeto, à cognição ou a ambos simultaneamente.

Os consumidores frequentemente experimentam novas marcas ou tipos de itens de baixo custo na ausência de conhecimento ou afeto prévios. Tais compras servem para obter informações (Será que vou gostar desta marca?) e para satisfazer a certas necessidades subjacentes, como a fome.

Segundo Page (2015) os profissionais de marketing da internet têm se preocupado em específico com suas capacidades de simular experiências diretas para produtos em um contexto virtual. Um estudo recente mostra que, para produtos experienciais, como os óculos escuros, criar uma experiência direta virtual (neste caso, um vídeo que simulou a visualização de conteúdo com e sem os óculos) levou a crenças, intenções de compra e afeto mais positivos.

A capacidade de simular experiências com produtos em um contexto *online* se relaciona com a questão do "toque", um importante fator de compra discutido anteriormente.

Alterar o comportamento antes de alterar o afeto ou a cognição baseia-se principalmente no condicionamento operante. Portanto, a tarefa fundamental do marketing é induzir as pessoas a comprarem ou consumirem o produto ao mesmo tempo em que garante que a compra ou o consumo realmente compensará.

Os cupons, as amostras grátis, os mostruários nos pontos de venda, as compras casadas e as reduções de preço são técnicas comuns para induzir o comportamento de teste. Depois que o comportamento leva a fortes atitudes positivas em relação à marca consumida, um sólido sistema de distribuição (faltas de estoque limitadas) é importante para evitar que os consumidores experimentem as marcas concorrentes.

CARACTERÍSTICAS INDIVIDUAIS E SITUACIONAIS QUE INFLUENCIAM A MUDANÇA DE ATITUDE

Graves (2011) afirma que a mudança de atitude é determinada por fatores individuais e situacionais, bem como pelas atividades de marketing. Os fatores individuais incluem gênero, necessidade de cognição, conhecimento do consumidor e etnicidade. Os fatores situacionais incluem o contexto da programação, o nível de distração do espectador e a ocasião da compra.

Mark e Pearson (2017) propõem que os profissionais de marketing continuam a dedicar considerável atenção ao envolvimento do consumidor, que possui tanto um componente individual (interesse intrínseco) quanto um componente situacional (necessidade atual de tomar uma decisão de compra).

O envolvimento do consumidor é um importante fator motivacional que influencia o processamento elaborativo, o aprendizado e as atitudes. O modelo de probabilidade de elaboração é uma teoria sobre como as atitudes são formadas e alteradas sob diversas condições de envolvimento. Assim, o modelo de probabilidade de elaboração integra fatores individuais, situacionais e mercadológicos selecionados para entender as atitudes (CIALDINI, 2021).

O modelo de probabilidade de elaboração sugere que o envolvimento é um determinante fundamental de como a informação é processada e as atitudes são alteradas (CERF e GARCIA-GARCIA, 2017).

O alto envolvimento resulta em uma rota central para a mudança de atitude, por meio da qual os consumidores deliberada e conscientemente processam os elementos da mensagem que eles acreditam serem relevantes para uma avaliação significativa e lógica da marca conforme demonstra a figura 23 conforme Hoyer, Macinnis e Pieters (2016).

Esses elementos são elaborados e combinados para gerar uma avaliação completa. O modelo de atitude de múltiplos atributos representa uma visão de alto envolvimento da mudança de atitude. Por outro lado, o baixo envolvimento resulta em uma rota periférica para a mudança de atitude na qual os consumidores formam impressões da marca com base na exposição a pistas imediatamente disponíveis na mensagem, independentemente de sua relevância para a marca ou da decisão (KARDES, CRONLEY e CLINE, 2014).

As atitudes formadas por meio da rota periférica baseiam-se em pouco ou nenhum processamento elaborativo. O condicionamento clássico, a atitude em relação à propaganda e a mera exposição representam visões de baixo envolvimento da mudança de atitude (MOTHERSBAUGH *et al.*, 2020).

Figura 23 – O modelo de probabilidade de elaboração

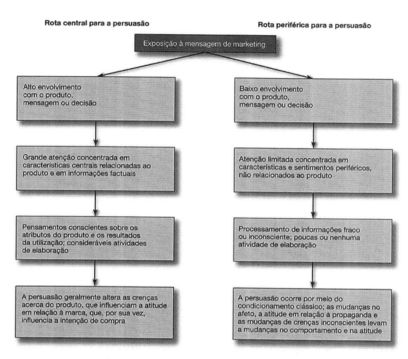

Fonte: Hoyer, Macinnis e Pieters (2016)

O modelo de probabilidade de elaboração sugere que estratégias de comunicação amplamente diferentes são necessárias para se comunicar de modo eficaz com consumidores de alto versus baixo envolvimento.

Em geral, informações factuais detalhadas (pistas centrais) são eficazes em situações de alto envolvimento na rota central. Situações de baixo envolvimento na rota periférica geralmente exigem informações limitadas e, em vez disso, apoiam-se em pistas afetivas e cognitivas simples, como imagens, música e características das pessoas na propaganda (pistas periféricas) (HOYER, MACINNIS e PIETERS, 2016).

RELEVÂNCIA DAS PISTAS E SITUAÇÃO EM RELAÇÃO AOS CONCORRENTES

Em termos gerais, em comparação com atitudes formadas por meio da rota periférica, as atitudes formadas por meio da rota central tendem a ser mais fortes, mais resistentes a tentativas de contra persuasão, mais acessíveis na memória e mais antecipadoras do comportamento (STEPHENS, 2016).

No entanto, é importante perceber que o processamento pela rota central envolve extensivo processamento de informações ou pistas relevantes para a decisão. E o que os consumidores acham relevante varia de acordo com o produto e a situação. Por exemplo, uma imagem atraente pode ser periférica ou central.

Em uma propaganda de refrigerante sabor laranja, uma imagem de filhotes de cachorro fofinhos seria uma pista periférica (e influenciaria as atitudes de baixo envolvimento), enquanto a imagem de fatias de laranja frescas e suculentas seria uma pista central (e influenciaria as atitudes de alto envolvimento). De modo semelhante, as emoções normalmente representam uma pista central para produtos hedonistas e, assim, influenciam as atitudes de alto envolvimento (SOLOMON, 2016).

Além disso, a situação em relação aos concorrentes também pode atuar para melhorar o papel das pistas periféricas mesmo nos casos de alto envolvimento. Por exemplo, se marcas concorrentes são comparáveis em termos das características do produto (pistas centrais), os consumidores altamente envolvidos preferem a marca com dicas periféricas mais fortes na propaganda (HOYER, MACINNIS e PIETERS, 2016).

A ideia básica é que atitudes relativas são fundamentais em cenários de concorrência e as dicas periféricas passam a ser o fator de desempate entre marcas que, do contrário, seriam equivalentes (paridade). Como você pode ver, o papel das pistas periféricas pode se estender para além dos cenários de baixo envolvimento em certas situações de concorrência (KARDES, CRONLEY e CLINE, 2014).

CAPÍTULO 14

RESISTÊNCIA DO CONSUMIDOR À PERSUASÃO

Cialdini (2021) argumenta que os consumidores não são passivos às tentativas de persuasão. Em vez disso, normalmente são céticos (uma característica individual) e resistem à persuasão. Além disso, os consumidores frequentemente inferem a intenção do anunciante e reagem de acordo com essa suposta intenção de venda.

Por exemplo, uma propaganda recente da California Almond afirmou: "É excepcional como aumentamos o prazer e diminuímos o colesterol." Um consumidor poderia responder à propaganda da seguinte forma: "Claro que eles vão me dizer que as amêndoas são favoráveis à minha saúde. Eles querem vender mais amêndoas. Ainda não estou convencido."

Para ajudar a reduzir a probabilidade de tais reações, a propaganda faz uso da American Heart Association [Associação Americana do Coração] e de pesquisas científicas para apoiar as afirmações em relação à saúde. Atitudes sólidas são mais difíceis de mudar do que atitudes fracas. Pense em algo sobre o qual você tem fortes sentimentos – talvez sua faculdade ou seu time de futebol.

O que seria necessário para mudar sua atitude? Obviamente, seria difícil. Os consumidores tendem a evitar mensagens contrárias às suas atitudes (por exemplo, fumantes inveterados tendem a evitar propagandas antitabagistas). E quando encontram tais mensagens, tendem a desconsiderá-las.

Dessa forma, Godin (2019) diz que a maioria dos profissionais de marketing não tenta obter vendas com consumidores comprometidos com marcas concorrentes. Em vez disso, concentram-se naqueles menos comprometidos, visto que esses consumidores são mais atentos e reagem melhor a suas mensagens.

CARACTERÍSTICAS DE COMUNICAÇÃO QUE INFLUENCIAM A FORMAÇÃO E A MUDANÇA DE ATITUDE

Nesta seção, descreveremos técnicas de comunicação que podem ser utilizadas para formar e mudar atitudes. Obviamente, como no caso de todos os demais aspectos do comportamento do consumidor, as características individuais e situacionais interagem com as características da comunicação para determinar a eficácia.

CARACTERÍSTICAS DA FONTE

Aaker (2015) retrata que a fonte da comunicação representa "quem" apresenta a mensagem. As fontes incluem pessoas (celebridades famosas, consumidores típicos), personagens animados (Jolly Green Giant, Mr. Peanut) e organizações (a empresa, um terceiro apoiador). A fonte de uma mensagem é importante porque os consumidores reagem de modo diferente se a mesma mensagem for apresentada por diferentes fontes.

CREDIBILIDADE DA FONTE

Conforeme Cialdini (2021) a persuasão é mais fácil quando o mercado-alvo considera que a mensagem tem alta credibilidade. A credibilidade da fonte consiste em confiança e perícia. Uma fonte que não tem motivo oculto para fornecer qualquer coisa além da informação completa e precisa geralmente seria considerada confiável. No entanto, é necessário ter conhecimento acerca do produto para que uma fonte tenha perícia. Assim, um amigo pode ser confiável, mas não ter perícia. Por outro lado, vendedores e anunciantes podem ter amplo conhecimento, mas serem vistos com ceticismo por parte dos consumidores.

Cerf e Garcia-Garcia (2017) afirmam que indivíduos peritos reconhecidos e que não têm motivo aparente para enganar podem ser fontes convincentes por sua capacidade de reduzir riscos. A loja 1-800-PetMeds® tem propagandas de televisão nas quais um veterinário discute opções de gerenciamento da dor para os animais de estimação. Indivíduos relativamente desconhecidos semelhantes ao mercado-alvo também podem ser porta-vozes eficientes, mas por motivos diferentes.

Em uma propaganda testemunhal, uma pessoa, geralmente um membro típico do mercado-alvo, relata seu uso bem-sucedido do produto, serviço ou ideia. Os testemunhos são importantes na Web também. A Amazon e outros profissionais de marketing *online* oferecem avaliações dos consumidores, que aparecem como determinantes importantes de atitudes e comportamentos de compra. A semelhança da fonte com o mercado-alvo aumenta a credibilidade e a relevância desses testemunhos (EYAL, 2020).

Lewis e Bridges (2004) retratam que as recomendações de terceiros independentes como a American Dental Association (ADA – Associação Dentária Americana) são amplamente vistas como confiáveis e peritas pelos consumidores e são ativamente procuradas por profissionais de marketing. Tais recomendações parecem ser utilizadas pelos consumidores como dicas de qualidade da marca. O notável sucesso da pasta de dentes Crest é bastante atribuído à recomendação da ADA. Outros exemplos incluem:

- The American Heart Association – Quaker Oats e Subway
- J. D. Power and Associates – Edward Jones
- Good Housekeeping Seal of Approval – portões de garagem da LiftMaster

Evidentemente, a empresa em si é a fonte mais óbvia da maioria das mensagens de marketing. Isso significa que desenvolver uma reputação ou imagem corporativa de confiança pode aumentar muito o impacto das mensagens de marketing da empresa (MILLER, 2012).

A credibilidade da fonte pode influenciar a persuasão em diversas situações. Em primeiro lugar, uma fonte confiável pode melhorar as atitudes quando os consumidores não têm capacidade ou motivação para formar julgamentos diretos acerca do desempenho do produto.

Isso é um processo de baixo envolvimento. Em segundo lugar, uma fonte confiável pode melhorar o processamento e a aceitação da mensagem. De fato, fontes especializadas podem melhorar as atitudes em alguns cenários de alto envolvimento devido à relevância percebida para a decisão (TYBOUT e CALKINS, 2018).

Diferenças culturais também podem ter uma função. Por exemplo, os consumidores tailandeses são mais influenciados por fontes especializadas do que os consumidores canadenses. Os consumidores tailandeses são mais avessos ao risco e têm mais probabilidade de se submeter à opinião de autoridades, portanto são mais suscetíveis a fontes externas de influência (UNDERHILL, 2009).

Um fator que pode diminuir a credibilidade de qualquer fonte é se os consumidores acreditarem que a empresa está pagando à fonte pela recomendação. Isso é especialmente relevante no caso de celebridades e atletas que recebem grandes somas de dinheiro para fazer a recomendação (STEPHENS, 2016).

CELEBRIDADES COMO FONTES

Graves (2011) descreve que as celebridades são amplamente utilizadas em propaganda. Os profissionais de marketing cada vez mais utilizam celebridades de diferentes culturas para atingir uma população norte-americana etnicamente diversa. Eva Mendes (Pantene), Kobe Bryant (Nike), Penelope Cruz (Fragrância Trésor da Lancôme) e Michelle Wie (relógios da Omega) são apenas algumas celebridades que têm contrato de recomendação ou suas próprias linhas de produto.

Um uso visível da recomendação de celebridades em anos recentes tem sido a campanha do bigode para promover o leite.

Aaker (2015) explica que o uso de celebridades como fontes é eficaz por uma variedade de motivos.

- **Atenção** – As celebridades podem atrair atenção para a propaganda. Os consumidores tendem a ser curiosos sobre celebridades e são atraídos pelas propagandas em que elas aparecem.

- **Atitude em relação à propaganda** – A simpatia e a popularidade de uma celebridade normalmente se traduzem em melhor atitude em relação à propaganda, o que pode melhorar as atitudes em relação à marca.

- **Confiança** – Apesar de serem pagas por suas recomendações, as celebridades muitas vezes desenvolvem personalidades públicas fortes e verossímeis nas quais os consumidores confiam. E essa confiança se traduz em compras. Um estudo recente descobriu que as ações da vida particular são, para muitos consumidores, tão importantes quanto as conquistas profissionais, o que explica por que escândalos pessoais podem levar uma empresa a dispensar o endossante, como vimos na abertura do capítulo.

- **Perícia** – Algumas celebridades também são peritas. Isso ocorre com frequência em áreas como a música e os esportes. A parceria entre a Sabian e Neil Part é um exemplo na música. A parceria entre a Nike e Tiger Woods nos equipamentos de golfe é um exemplo nos esportes.

- **Aspectos aspiratórios** – Os consumidores podem se identificar ou desejar imitar a celebridade. Como consequência, podem imitar o comportamento e o estilo de uma celebridade ao comprar marcas e estilos semelhantes. Por exemplo, atrizes famosas normalmente são um exemplo em termos de roupas e penteados para mulheres jovens.

- **Transferência de significado** – Os consumidores podem associar as características conhecidas da celebridade aos atributos do produto que coincidem com seus próprios desejos ou necessidades. Por exemplo, jovens urbanos em busca de "credibilidade nas ruas" veem atletas como Alan Iverson como poderosos ícones. Como declarou um executivo: "Ele veio das ruas. Eles o admiram."

Como sugere o último item, a eficácia da recomendação de uma celebridade geralmente pode ser melhorada ao se combinar a imagem da celebridade com a personalidade do produto e a autoimagem real ou desejada do mercado-alvo.

Solomon (2016) alerta que quando os três componentes mostrados na Figura 24 são bem combinados, isso pode resultar na formação ou mudança de atitude eficaz. Por exemplo, "Avril Lavigne, conhecida pela combinação de vestidos de babados e botas de combate, trará seu estilo ao departamento juvenil das lojas de departamento Kohl's".

A linha de roupas "Abbey Dawn" da estrela do pop-rock estilosa recebeu o nome em homenagem ao seu apelido de infância. Nesse caso, deve haver uma combinação forte entre a celebridade, a linha de roupas e as consumidoras pré-adolescentes e adolescentes que querem imitar o estilo e a personalidade da cantora.

Às vezes, as imagens não se combinam e devem ser evitadas. Por exemplo, o Burger King cancelou acordos verbais com Paris Hilton quando percebeu que sua imagem picante poderia ser radical demais para a franquia.

Figura 24 – Combinando quem recomenda com o produto e o mercado-alvo

Fonte: Solomon (2016)

Utilizar uma celebridade como porta-voz de uma empresa gera riscos especiais. Um deles é a superexposição. Se uma celebridade recomenda muitos produtos, as reações dos consumidores podem se tornar menos positivas. Portanto, os profissionais de marketing podem pensar em limitar o número de produtos que "suas" celebridades recomendam (LEWIS e BRIDGES, 2004).

Tybout e Calkins (2018) afirmam que um risco adicional é que o comportamento negativo envolvendo o porta-voz poderá afetar a credibilidade do indivíduo e, por sua vez, danificar a imagem da empresa. A Rawlings e a Nike encerraram seus acordos com Michael Vick após acusação de seu envolvimento com rinha de cães. E para proteger a imagem de sua família, a NASCAR foi rápida em penalizar Dale Earnhardt Jr. por utilizar palavras ofensivas em uma entrevista. E a PLBS, uma empresa de Pittsburgh que produzia o Beef Jerky da Big Ben, encerrou seu contrato com Ben Roethlisberger após diversos escândalos extracampo, citando "cláusulas de conduta".

Em vez de utilizar celebridades, muitas empresas estão criando personagens animados. Tony, o Tigre, e o Gigante Verde talvez sejam os mais famosos, embora o gecko da Geico e o pato da Aflac tenham se tornado rapidamente famosos nos lares americanos. Os personagens animados podem ser animais, pessoas, produtos ou outros objetos (STEPHENS, 2016).

Uma grande vantagem dos personagens animados é o controle total da imagem. Isso elimina muitos dos problemas associados a celebridades de verdade. Tais personagens se tornam símbolos da marca e dão a ela uma identidade que os concorrentes dificilmente conseguem reproduzir (HOYER, MACINNIS e PIETERS, 2016).

CARACTERÍSTICAS DO APELO

Como seria de se esperar, a natureza do apelo ou "como" uma mensagem é transmitida afeta a formação e a mudança de atitude (EYAL, 2020).

APELOS RELACIONADOS COM O MEDO

Mark e Pearson (2017) dizem que a imagem no topo de uma propaganda é uma fotografia de um jovem casal sentado na varanda dos fundos da casa. O slogan diz: "Eu acordei no hospital. Patti nunca acordou." O texto descreve como o envenenamento por monóxido de carbono causou a tragédia. A propaganda, parte de uma série de propagandas semelhantes, é do detector de monóxido de carbono First Alert.

Os apelos relacionados com o medo utilizam a ameaça de consequências negativas (desagradáveis) se atitudes ou comportamentos não forem alterados. Os apelos relacionados com o medo têm sido estudados principalmente em termos do medo físico (danos físicos relacionados com o fumo, a direção perigosa e os alimentos geneticamente modificados), mas os medos sociais (desaprovação dos colegas por usar roupas inadequadas, mau hálito ou fumo) também são utilizados em propagandas.

Aaker (2015) argumenta que existem evidências de que os indivíduos evitam ou distorcem mensagens extremamente ameaçadoras. Ao mesmo tempo, os apelos relacionados com o medo tendem a ser mais eficazes, à medida que níveis mais altos de medo são provocados. Assim, aqueles que utilizam apelos relacionados com o medo querem maximizar o nível de medo provocado ao mesmo tempo em que não apresentam uma ameaça intensa demais, a ponto de levar o consumidor a distorcer, rejeitar ou evitar a mensagem.
Essa tarefa é difícil porque os indivíduos reagem de modo diferente às ameaças. Dessa forma, a mesma propaganda "ameaçadora" pode não provocar nenhum medo em um indivíduo ou grupo e alto nível de medo em outro. Para complicar ainda mais essa questão, gerar o medo pode não ser suficiente (MORIN, 2011).

Pesquisas recentes sugerem que fazer com que as pessoas se sintam responsáveis pela ação usando a culpa ou os sentimentos de arrependimento (p. ex., a propaganda de remédio de prevenção contra o ataque cardíaco mostrando o que a família passa quando não se age e um membro acaba morrendo de ataque cardíaco) também pode ser necessário para induzir os comportamentos desejados (STEPHENS, 2016).

Os apelos relacionados com o medo frequentemente são criticados por não serem éticos. Os alvos frequentes dessas críticas são os apelos relacionados com o medo baseados em ansiedades sociais por conta de mau hálito, odor do corpo, caspa ou roupas sujas (MOTHERSBAUGH *et al.*, 2020).

A alegação dessas críticas é que esses apelos aumentam as ansiedades desnecessariamente; isto é, o dano ou prejuízo que eles sugerem dificilmente ocorrerá ou não é tão prejudicial. Os apelos relacionados com o medo utilizados para gerar comportamentos socialmente desejáveis, como evitar o uso de drogas ou evitar riscos conhecidos, como a intoxicação por monóxido de carbono, são sujeitos a bem menos críticas (HOYER, MACINNIS e PIETERS, 2016).

APELOS HUMORÍSTICOS

Cerf e Garcia-Garcia (2017) explicam que quase no extremo oposto do espectro em relação aos apelos relacionados com o medo estão os apelos humorísticos. Propagandas geradas em torno do humor parecem aumentar a atenção e a simpatia pela propaganda, principalmente nos indivíduos com grande necessidade de humor.

Também aumentam a atitude em relação à marca. A eficácia total do humor geralmente é aumentada quando ele se relaciona com o produto ou marca de modo significativo e é visto pelo público-alvo como adequado ao produto.

Eis outra forma de uso eficaz de humor:

> A propaganda "Você não é você quando está com fome" foi estrelada por Betty White nos EUA, que reclamava durante um jogo de futebol antes de comer uma barra de Snickers

> oferecida por um amigo e depois voltava ao normal. Essa propaganda passou durante o intervalo do Super Bowl e ganhou o prêmio de propaganda do USA Today. O humor consiste no fato de que a fome deixa a pessoa irritada e que Snickers satisfaz essa fome.

Bridger (2018) alerta que embora geralmente se recomende que o humor seja relevante, as empresas têm utilizado de modo bem-sucedido um humor apenas ligeiramente relacionado com o produto (por exemplo, as propagandas da Geico com a lagartixa (gecko, em inglês), fazendo com que a semelhança entre as duas palavras crie o humor, embora um gecko não tenha nada a ver com o seguro de automóveis).

Nesses casos, o humor atrai a atenção, e a reação emocional positiva pode ser transferida para a marca por meio do condicionamento clássico ou da atitude em relação à propaganda. As propagandas humorísticas também envolvem riscos. O que é considerado engraçado varia em diferentes indivíduos, culturas e situações. O humor visto como humilhante ou insultante pode ter um custo para a empresa em termos de imagem e de vendas.

PROPAGANDAS COMPARATIVAS

Cialdini (2021) descreve que as propagandas comparativas comparam diretamente as características ou os benefícios de duas ou mais marcas. As propagandas comparativas normalmente são mais eficazes que as propagandas não comparativas no sentido de gerar atenção, percepção da mensagem e da marca, melhor processamento da mensagem, atitudes favoráveis em relação à marca patrocinadora e aumento nas intenções e comportamentos de compra.

No entanto, as propagandas comparativas também podem ter consequências negativas para a marca patrocinadora, como baixa credibilidade, atitude pior em relação à propaganda e à marca patrocinadora e atitudes mais positivas em relação à(s) marca(s) concorrente(s).

Evidências disponíveis sugerem que as propagandas comparativas devem estar de acordo com as seguintes instruções conforme Solomon (2016):

- A propaganda comparativa pode ser especialmente eficaz para promover marcas novas ou pouco conhecidas com fortes atributos de produto para criar um posicionamento ou melhorar a imagem por associação. Quando marcas estabelecidas utilizam propagandas comparativas, podem parecer "na defensiva". Isso pode ser particularmente verdadeiro se as comparações forem vistas como excessivamente depreciativas.

- A propaganda comparativa tem maior probabilidade de ser mais eficaz se as afirmações forem confirmadas por fontes confiáveis. Além disso, uma pesquisa deve ser feita para determinar o número ótimo de afirmações.

- As características do público, especialmente a fidelidade à marca associada à marca patrocinadora, são importantes. Usuários das marcas concorrentes citadas parecem resistir às afirmações comparativas.

- Visto que as propagandas comparativas são mais interessantes que as não comparativas (e mais ofensivas), elas podem ser eficazes em categorias estagnadas, em que as propagandas não comparativas deixaram de ser eficazes.

- A mídia impressa parece ser veículo melhor para as propagandas comparativas, porque a impressão é melhor para fazer comparações mais minuciosas.

- Deve-se ter cuidado com propagandas parcialmente comparativas devido a seu potencial de induzir ao erro. Uma propaganda parcialmente comparativa contém informações comparativas e não comparativas, e pode levar os consumidores a acreditarem que a marca patrocinadora é superior em todos os atributos, não apenas nos atributos comparados.

APELOS EMOCIONAIS

Propagandas emocionais ou sentimentais são utilizadas com cada vez mais frequência. As propagandas emocionais são elaboradas principalmente para provocar uma reação afetiva positiva em vez de fornecer informações ou argumentos (LINDSTROM, 2009).

Para Ramsøy (2015) propagandas emocionais como aquelas que provocam sentimentos de aconchego produzem reações fisiológicas. As propagandas emocionais podem aumentar a persuasão ao aumentar:

- A atenção e o processamento da propaganda e, portanto, a memorização da propaganda.
- A simpatia pela propaganda.
- A preferência pelo produto por meio do condicionamento clássico.
- A preferência pelo produto por meio de processos de alto envolvimento.

Como discutimos anteriormente, o fato de as propagandas emocionais funcionarem por meio do condicionamento clássico e da atitude em relação à propaganda (baixo envolvimento) ou por meio de processos mais analíticos de alto envolvimento depende da relevância da emoção na avaliação dos aspectos principais do produto (LEWIS e BRIDGES, 2004).

Além disso, as propagandas emocionais parecem funcionar melhor que as propagandas racionais ou informativas no caso dos consumidores frequentes (versus menos frequentes) de uma marca e no caso de marcas estabelecidas (versus novas) no mercado (KARDES, CRONLEY e CLINE, 2014).

Esse efeito pode acontecer devido ao fato de que os usuários frequentes e as marcas estabelecidas já têm uma base de conhecimento estabelecida para as informações acerca dos atributos, o que torna as emoções uma característica diferenciadora mais convincente (HOYER, MACINNIS e PIETERS, 2016).

APELOS QUE EXPRESSAM VALORES VERSUS UTILITÁRIOS

Aaker (2015) fundamenta que os apelos que expressam valores tentam construir uma personalidade para o produto ou criar uma imagem do usuário do produto. Os apelos utilitários envolvem informar o consumidor sobre um ou mais benefícios funcionais importantes para o mercado-alvo. Qual deles é melhor e sob quais condições?

Tanto as evidências teóricas quanto as empíricas indicam que os apelos utilitários são mais eficazes para produtos funcionais e os apelos que expressam valores são mais eficazes para produtos feitos para melhorar a autoimagem ou proporcionar outros benefícios intangíveis (LEWIS e BRIDGES, 2004).

Escolher que produto usar pode ser difícil quando, como no caso dos automóveis, muitos consideram o produto primariamente utilitário, enquanto vários outros o consideram antes de tudo como aquele que expressa valores. Alguns profissionais de marketing apostam tudo em tais situações apelando aos dois aspectos simultaneamente (GRAVES, 2011).

Para produtos utilitários, as propagandas em banners servem principalmente para levar os consumidores até propagandas ou sites mais detalhados. Para produtos que expressam valores, as propagandas em banners devem influenciar as atitudes com base na exposição ao banner em si, e não por meio do clique para chegar à propaganda mais detalhada (TYBOUT e CALKINS, 2018).

CARACTERÍSTICAS ESTRUTURAIS DA MENSAGEM

Mensagens unilaterais versus bilaterais

Mark e Pearson (2017) explicam que em propagandas e apresentações de vendas, os profissionais de marketing geralmente apresentam apenas os benefícios do produto sem mencionar quaisquer características negativas que ele possa apresentar ou quaisquer vantagens que um concorrente possa ter. Essas são as mensagens unilaterais, visto que apenas um ponto de vista é apresentado.

A ideia da mensagem bilateral, apresentando tanto os pontos positivos quanto os negativos, é contraintuitiva, e a maioria dos profissionais de marketing reluta em tentar essa abordagem. No entanto, as mensagens bilaterais geralmente são mais eficazes que as unilaterais quando se trata de mudar uma atitude forte (MORIN, 2011).

Miller (2012) afirma que uma razão é que elas são inesperadas e aumentam a confiança do consumidor no anunciante. Elas são particularmente eficazes com consumidores com alta formação acadêmica. As mensagens unilaterais são mais eficazes para reforçar atitudes existentes. No entanto, o tipo do produto, as variáveis situacionais e o formato da propaganda influenciam a eficácia relativa das duas abordagens.

Construção positiva versus negativa

Cerf e Garcia-Garcia (2017) descrevem que a construção da mensagem refere-se a apresentar um dos dois resultados de valores equivalentes em termos positivos ou de ganho (construção positiva) ou em termos negativos ou de perda (construção negativa). Existem diversos tipos de estruturas de mensagem, e o tipo de estrutura influencia a melhor opção entre a construção positiva ou negativa.

A forma mais simples parece ser a construção voltada para o atributo, em que apenas um atributo é o foco da estrutura. Um exemplo clássico é descrever a carne moída como um produto 80% livre de gorduras (construção positiva) ou com 20% de gordura (construção negativa). Em situações de construção voltada para o atributo, a estrutura positiva proporciona avaliações mais positivas porque enfatiza os aspectos desejáveis do atributo específico (UNDERHILL, 2009).

A construção voltada para o objetivo ocorre quando "a mensagem realça as consequências positivas de realizar um ato ou as consequências negativas de não o realizar". O ato pode ser comprar uma marca específica, fazer uma mamografia anualmente e assim por diante (AAKER, 2015).

Em ambos os casos, o ato é benéfico. No entanto, na estrutura positiva, os benefícios do ato são enfatizados (por exemplo, aumentar as chances de encontrar um tumor) enquanto, na estrutura negativa, os riscos de não realizar o ato são enfatizados (por exemplo, diminuir as chances de encontrar um tumor) (MILLER, 2012).

Em situações de construção voltada para o objetivo, a estrutura negativa geralmente é mais eficaz. Isso provavelmente se deve à natureza avessa ao risco dos consumidores conjugada com a natureza da estrutura negativa de enfatizar o risco (MORIN, 2011).

Os efeitos da construção podem variar no caso de diferentes produtos, consumidores e situações. Dessa forma, as decisões quanto a usar a construção positiva ou negativa devem ser, em última instância, baseadas em pesquisa para o produto e o mercado específicos (MOTHERSBAUGH *et al.*, 2020).

Componentes não verbais

Discutimos anteriormente como as ilustrações melhoram as imagens mentais e facilitam o aprendizado. Imagens, música, surrealismo e outras pistas não verbais também são eficazes na mudança de atitude. As propagandas emocionais, descritas anteriormente, muitas vezes se apoiam principal ou exclusivamente em conteúdo não verbal para provocar uma reação emocional (KARDES, CRONLEY e CLINE, 2014).

O conteúdo das propagandas não verbais também pode afetar a cognição a respeito de um produto. Por exemplo, uma propaganda que mostra uma pessoa tomando uma nova bebida depois dos exercícios físicos fornece informações sobre as situações de uso adequadas sem declarar que "é boa para beber depois dos exercícios físicos". Assim, os componentes não verbais podem influenciar as atitudes por meio do afeto, da cognição ou de ambos (PAGE, 2015).

CAPÍTULO 15

AUTOIMAGEM E ESTILO DE VIDA

Neste capítulo, discutiremos o significado do estilo de vida e o papel que ele desempenha no desenvolvimento de estratégias de marketing. O estilo de vida é, de muitas maneiras, uma expressão externa da autoimagem de uma pessoa.

Isto é, o modo como o indivíduo decide viver, dadas as restrições de renda e capacidade, é altamente influenciado pela autoimagem atual e desejada dessa mesma pessoa. Portanto, começamos o capítulo com uma análise da autoimagem. Depois, descrevemos os estilos de vida, os modos de se medirem os estilos de vida e exemplos de como o estilo de vida é utilizado para desenvolver programas de marketing (HOYER, MACINNIS e PIETERS, 2016).

AUTOIMAGEM

Segundo Graves (2011) a autoimagem é definida como a totalidade dos pensamentos e sentimentos do indivíduo em relação a si mesmo como objeto. Constitui a percepção e os sentimentos de um indivíduo em relação a si mesmo. Em outras palavras, sua autoimagem é composta das atitudes que você tem em relação a si mesmo.

A autoimagem pode ser dividida em quatro partes fundamentais, como mostra a Tabela 4 – real versus ideal; e particular versus social. A distinção real/ideal refere-se à percepção do indivíduo acerca de quem eu sou agora (autoimagem real) e quem eu gostaria de ser (autoimagem ideal).

O eu particular refere-se a quem sou ou gostaria de ser para mim mesmo (autoimagem particular) e o eu social é como sou visto pelos outros ou como gostaria de ser visto pelos outros (autoimagem social).

Tabela 4 – Dimensões da autoimagem de um consumidor

Dimensões da autoimagem	Autoimagem real	Autoimagem ideal
Eu particular	Como eu realmente me vejo	Como os outros realmente me veem
Eu social	Como os outros realmente me veem	Como os outros realmente me veem

Fonte: Graves (2011)

AUTOIMAGENS INTERDEPENDENTES/INDEPENDENTES

A autoimagem é importante em todas as culturas. No entanto, os aspectos da personalidade mais valorizados e que mais influenciam o consumo e outros comportamentos variam de uma cultura para outra. Pesquisadores descobriram que é útil categorizar as autoimagens em dois tipos – independentes e interdependentes, também denominadas separatividade e conectividade do indivíduo (UNDERHILL, 2009).

Uma constituição independente do eu baseia-se na crença predominante na cultura ocidental de que os indivíduos são inerentemente separados. A autoimagem independente enfatiza as metas, características, realizações e desejos pessoais. Indivíduos com uma autoimagem independente tendem a ser individualistas, egocentrados, autônomos, autoconfiantes e autossuficientes. Definem a si mesmos em termos do que eles realizaram, do que possuem e de suas próprias características pessoais (STEPHENS, 2016).

Uma constituição interdependente do eu baseia-se mais na crença comum na cultura asiática de que os seres humanos são fundamentalmente conectados. A autoimagem interdependente enfatiza as relações familiares, culturais, profissionais e sociais. Indivíduos com uma autoimagem interdependente tendem a ser obedientes, socio centrados, holísticos, conectados e voltados para os relacionamentos. Definem a si mesmos em termos dos papéis sociais, dos relacionamentos familiares e dos fatores em comum com outros membros de seus grupos (SOLOMON, 2016).

As autoimagens independentes e interdependentes não são categorias separadas; em vez disso, são constituições utilizadas para descrever os lados opostos de um *continuum* ao longo do qual a maioria das culturas se encaixa. No entanto, a maioria das culturas é heterogênea. Portanto, dentro de determinada cultura, as subculturas e outros grupos variarão de acordo com essa dimensão, assim como os indivíduos. Por exemplo, as mulheres em todas as culturas tendem a ter uma autoimagem mais interdependente do que os homens (KARDES, CRONLEY e CLINE, 2014).

A variação no grau em que um indivíduo ou cultura é caracterizado por uma autoimagem independente versus interdependente influencia as preferências por determinadas mensagens, o consumo de bens de luxo e os tipos de produtos preferidos. Por exemplo, propagandas que enfatizam uma ação solitária e a autonomia tendem a ser eficazes com consumidores que têm uma autoimagem independente, enquanto propagandas que enfatizam a associação a grupos funcionam melhor com consumidores com autoimagem interdependente (MOTHERSBAUGH *et al.*, 2020).

No entanto, também é importante notar que as propagandas em si podem insinuar algumas autoimagens e torná-las mais evidentes pelo menos para alguns consumidores. Em um estudo com os consumidores chineses da geração X, as propagandas individualistas tornaram a autoimagem independente mais notável, enquanto a propaganda coletiva tornou a autoimagem interdependente mais evidente (TYBOUT e CALKINS, 2018).

Isso faz sentido se considerarmos esses consumidores como mais jovens e biculturais no sentido de que transitam entre os conjuntos de valores tradicional e emergente. As propagandas, portanto, podem influenciar o peso sobre determinado conjunto de valores (LINDSTROM, 2009).

AS POSSES E O EU ESTENDIDO

Alguns produtos adquirem significado substancial para um indivíduo ou são utilizados para sinalizar aspectos particularmente importantes da personalidade daquela pessoa para os outros. Morin (2011) desenvolveu uma teoria denominada o eu estendido para explicar isso.

O eu estendido consiste no eu somado às posses; isto é, as pessoas tendem a definir a si mesmas em parte por meio de suas posses. Assim, algumas posses não são apenas uma manifestação da autoimagem de uma pessoa; são parte integral de sua autoidentidade. As pessoas são, até certo ponto, o que elas possuem. Se alguém perde suas principais posses, torna-se um indivíduo um tanto diferente.

Embora essas principais posses possam ser itens grandes, como a casa ou o automóvel, também podem ser itens menores com significados exclusivos, como um suvenir, uma fotografia, um animal de estimação ou a panela favorita. Tais objetos têm um significado para o indivíduo além do valor de mercado. Alguns produtos se tornam carregados de significados, memórias e valor à medida que são usados ao longo do tempo, como acontece com uma velha luva de beisebol. Outras vezes, uma única experiência culminante com um produto como uma *mountain bike* pode impulsionar o produto para ser incluído no eu estendido.

Uma experiência culminante é uma experiência que ultrapassa o nível normal de intensidade, significado e riqueza, e produz sentimentos de felicidade e autorrealização. Por fim, produtos adquiridos ou utilizados para ajudar os consumidores em importantes transições na vida (por exemplo, sair de casa, primeiro emprego, casamento) também têm a tendência de ser ou se tornar parte do eu estendido.

O eu estendido também pode se referir a entidades não relacionadas com um produto como atividades (golfe), outras pessoas (meu melhor amigo), programas de TV (Star Trek) e equipes esportivas (Green Bay Packers).

Foi desenvolvida uma escala para medir até que ponto um item foi incorporado ao eu estendido. Chama-se escala de Likert e nela os consumidores expressam níveis de concordância (desde concordo plenamente até discordo plenamente, em uma escala de sete pontos) em relação às afirmações a seguir.

- Meu(minha) _____ me ajuda a alcançar a identidade que desejo ter.
- Meu(minha) _____ me ajuda a diminuir a lacuna entre o que sou e o que tento ser.
- Meu(minha) _____ é fundamental para minha identidade.
- Meu(minha) _____ é parte de quem eu sou.
- Se meu(minha) _____ for roubado(a), me sentirei como se perdesse minha identidade.

Para Lewis e Bridges (2004) possuir um produto afeta a pessoa mesmo que esse produto não se torne uma parte importante do eu estendido. O simples efeito da posse, ou efeito apropriação, é a tendência de um proprietário avaliar um objeto de modo mais favorável que um não proprietário.

Isso ocorre quase imediatamente após adquirir um objeto e aumenta com o tempo de posse. Assim, as pessoas tendem a valorizar mais um objeto depois de adquiri-lo do que antes. As pessoas também tendem a valorizar mais os objetos que possuem do que objetos de valor semelhante possuídos por outrem (AAKER, 2015).

Até que ponto uma marca se torna parte do eu estendido parece ser afetado por diferenças individuais no compromisso com uma marca. O compromisso com uma marca se refere a até que ponto um indivíduo inclui marcas importantes como parte de sua autoimagem.

Itens de amostra usados para medir o compromisso com a marca incluem "Tenho uma ligação especial com a marca de que gosto", "Geralmente, sinto uma ligação pessoal entre mim e as minhas marcas" e "Parte de mim é definida por importantes marcas na minha vida" (TYBOUT e CALKINS, 2018).

Pesquisas mostram que o indicador mais forte do compromisso com a marca é o materialismo. Também mostram que o consumidor com um compromisso maior com a marca gosta mais de produtos quando o logo da marca é exibido de forma proeminente (HOYER, MACINNIS e PIETERS, 2016). O conceito do eu estendido e do efeito apropriação tem inúmeras implicações para a estratégia de marketing. Uma é que as comunicações que levam os consumidores potenciais a visualizar a posse do produto podem resultar em melhores avaliações do produto. A distribuição de amostras do produto ou outros programas de teste pode apresentar resultados semelhantes (STEPHENS, 2016).

UTILIZANDO A AUTOIMAGEM PARA POSICIONAR PRODUTOS

As tentativas das pessoas para alcançar sua autoimagem ideal ou manter sua autoimagem atual normalmente envolvem a compra e o consumo de produtos, serviços e mídia. Esse processo é descrito na Figura 25 conforme Mothersbaugh *et al.*, (2020).

Embora essa figura apresente um processo um tanto consciente e deliberado, muitas vezes isso não acontece. Por exemplo, uma pessoa pode beber refrigerantes dietéticos porque sua autoimagem inclui um corpo esguio, mas dificilmente pensará a respeito da compra nesses termos. No entanto, como ilustra a declaração a seguir, às vezes as pessoas pensam nesses termos.

Figura 25 – A relação entre autoimagem e influência da imagem da marca

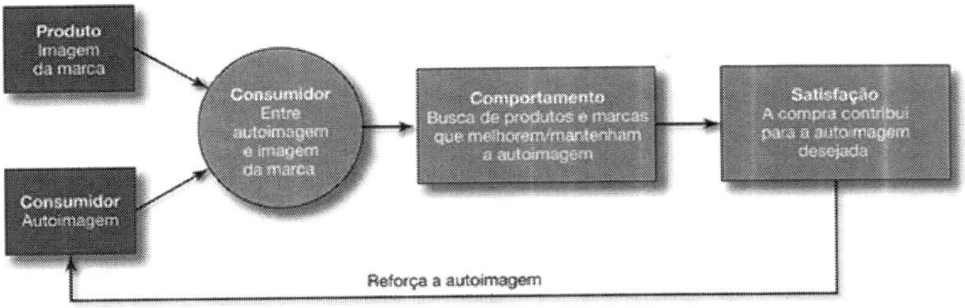

Fonte: Mothersbaugh *et al.*, (2020)

Tudo isso sugere que os profissionais de marketing devem se esforçar para desenvolver imagens de produtos que sejam coerentes com as autoimagens de seus mercados-alvo (GODIN, 2019).

Embora a autoimagem de cada pessoa seja exclusiva, também há uma significativa sobreposição entre indivíduos e grupos, uma das bases para a segmentação do mercado. Por exemplo, muitos consumidores veem a si mesmos como ambientalistas. Empresas e produtos que criem uma imagem de preocupação ou de serem bons para o meio ambiente provavelmente serão apoiados por esses consumidores (EYAL, 2020).

Os consumidores mantêm e aprimoram suas autoimagens não apenas pelo que consomem, mas pelo que evitam. Alguns consumidores afirmam suas crenças ao evitar certas categorias de produtos, como carne vermelha, ou marcas como a Nike em parte para manter "quem eles são" (MILLER, 2012).

Em geral, os consumidores preferem marcas que se encaixam em suas autoimagens. No entanto, é importante perceber que o grau em que tal "harmonia da autoimagem" influencia a preferência e a escolha de uma marca depende de inúmeros fatores relacionados com o produto, a situação e o indivíduo (MORIN, 2011).

Em primeiro lugar, a harmonia da autoimagem provavelmente é mais importante para produtos como perfumes, em que o simbolismo que expressa valores é fundamental, do que para produtos mais utilitários, como um controle remoto de porta de garagem. Em segundo lugar, a harmonia da autoimagem (especialmente no caso do eu social ideal) provavelmente é mais importante quando a situação envolve o consumo visível ou público (por exemplo, beber uma cerveja com amigos em um bar) do que quando o consumo é particular (por exemplo, beber uma cerveja em casa) (KARDES, CRONLEY e CLINE, 2014).

Por fim, a harmonia da autoimagem provavelmente é mais importante para consumidores que dão muito valor à opinião e aos sentimentos dos outros (chamados muito autocríticos) do que para consumidores que não o fazem (chamados pouco autocríticos), especialmente em situações públicas, em que os hábitos de consumo podem ser observados por outrem (SOLOMON, 2016).

ÉTICA NO MARKETING E A AUTOIMAGEM

Kardes, Cronley e Cline (2014) argumentam que a autoimagem tem muitas dimensões. Os profissionais de marketing têm sido criticados por concentrarem atenção demais na importância da beleza, sendo que a definição de beleza é ser jovem e esguio com uma gama relativamente estreita de características faciais.

Praticamente todas as sociedades parecem definir e desejar a beleza, mas a intensa exposição a produtos e propagandas concentradas na beleza hoje, no Brasil, é singular. Os críticos argumentam que essa preocupação leva os indivíduos a desenvolverem autoimagens altamente dependentes da aparência física, em vez de outros atributos igualmente ou mais importantes (TYBOUT e CALKINS, 2018).

A questão ética é complexa. Nenhuma propaganda ou empresa em si tem esse tipo de impacto. É o efeito cumulativo de muitas propagandas de muitas empresas, reforçadas pelo conteúdo da mídia de massa, que presumivelmente leva algumas pessoas a se concentrarem demais na beleza física. E, como declarado anteriormente, a preocupação com a beleza existia bem antes da propaganda (SOLOMON, 2016).

A NATUREZA DO ESTILO DE VIDA

Como indica a Figura 26, o estilo de vida é basicamente como uma pessoa vive. É como o indivíduo representa a autoimagem, e é determinado pelas experiências passadas, características inatas e situação atual (STEPHENS, 2016).

Conforme Stephens (2016) o estilo de vida de uma pessoa influencia todos os aspectos dos hábitos de consumo dessa mesma pessoa e é uma função de características individuais inerentes que foram moldadas e formadas por meio da interação social, à medida que a pessoa evolui ao longo do ciclo de vida.

Figura 26 – Estilo de vida e o processo de consumo

Fonte: Stephens (2016)

A relação entre estilo de vida e autoimagem foi demonstrada em um estudo recente que comparou diversas atividades, interesses e comportamentos relacionados com o estilo de vida em pessoas com autoimagens independentes versus interdependentes. Os independentes tinham mais probabilidade de buscar aventura e empolgação em viagens, esportes e diversão; de ser líderes de opinião; e de preferir revistas em vez de televisão (HOYER, MACINNIS e PIETERS, 2016).

Os interdependentes tinham mais probabilidade de se envolver em atividades e entretenimentos domésticos e relacionados com a casa, incluindo cozinhar em casa e partindo do zero. Os interdependentes também tinham mais probabilidade de se envolver em atividades sociais que giram em torno da família e da comunidade (KARDES, CRONLEY e CLINE, 2014).

Tanto os indivíduos quanto os lares têm estilos de vida. Embora os estilos de vida dos lares sejam, em parte, determinados pelos estilos de vida individuais dos moradores do lar, o inverso também é verdadeiro (GRAVES, 2011).

Os estilos de vida desejados dos indivíduos influenciam suas necessidades e desejos e, assim, seus comportamentos de compra e utilização. O estilo de vida desejado determina grande parte das decisões de consumo de uma pessoa, o que, por sua vez, reforça ou altera o estilo de vida dessa pessoa (LEWIS e BRIDGES, 2004).

Os profissionais de marketing podem utilizar o estilo de vida para segmentar e enfocar mercados específicos. Como ilustra o exemplo de abertura do capítulo, marcas de luxo precisam ajustar a sua abordagem aos segmentos de estilo de vida da moda. De modo semelhante, aqueles que vivem o estilo de vida do esporte radical têm padrões específicos de atitude, comportamentos e de compras dos quais os profissionais de marketing devem estar conscientes e aos quais eles têm de se adaptar (MOTHERSBAUGH *et al.*, 2020).

Os consumidores raramente têm consciência explícita do papel que o estilo de vida representa nas decisões de compra. Por exemplo, poucos consumidores pensariam: "Vou beber um café Starbucks em uma lanchonete Starbucks para manter meu estilo de vida." No entanto, indivíduos que buscam um estilo de vida social ativo podem comprar na Starbucks em parte pela conveniência, pelo status de estar na moda e pela presença de outras pessoas nas lanchonetes Starbucks. Assim, o estilo de vida frequentemente proporciona a motivação e as instruções fundamentais para as compras, embora geralmente o faça de modo indireto, sutil (HOYER, MACINNIS e PIETERS, 2016).

MEDIÇÃO DO ESTILO DE VIDA

Solomon (2016) explica que as tentativas de desenvolver medidas quantitativas do estilo de vida inicialmente foram chamadas fatores psicográficos. De fato, os termos fatores psicográficos e estilo de vida frequentemente são utilizados como sinônimos. Os estudos sobre os fatores psicográficos e o estilo de vida normalmente incluem:

- **Atitudes** – declarações avaliativas sobre outras pessoas, lugares, ideias, produtos e assim por diante.
- **Valores** – crenças amplamente arraigadas sobre o que é aceitável ou desejável.
- **Atividades e interesses** – comportamentos não ocupacionais aos quais os consumidores dedicam tempo e esforço, como hobbies, esportes, serviço público e igreja.
- **Fatores demográficos** – idade, formação acadêmica, renda, ocupação, estrutura familiar, herança étnica, gênero e localização geográfica.
- **Padrão de mídia** – as mídias específicas que os consumidores utilizam.
- **Quantidade de uso** – medição do consumo de uma categoria de produtos específica; muitas vezes os consumidores são categorizados em frequentes, normais, pouco frequentes ou não usuários.

Um grande número de indivíduos, normalmente 500 ou mais, fornece as informações citadas. Técnicas estatísticas são utilizadas para inseri-los em grupos cujos membros têm padrões de resposta semelhantes.

A maioria dos estudos utiliza as duas ou três primeiras dimensões descritas para agrupar os indivíduos. As outras dimensões são utilizadas para fornecer descrições mais completas de cada grupo. Outros estudos incluem fatores demográficos como parte do processo de agrupamento (STEPHENS, 2016).

ESQUEMAS DE ESTILO DE VIDA GERAL VERSUS ESPECÍFICO

Hoyer, Macinnis e Pieters (2016) descrevem que as medições do estilo de vida podem ser construídas com variados graus de especificidade. Em um extremo, os profissionais de marketing podem estudar os padrões gerais de estilo de vida de uma população.

Essas abordagens que utilizam o estilo de vida geral não são específicas para um único produto ou atividade, portanto têm ampla aplicabilidade no desenvolvimento de estratégias de marketing para uma ampla gama de produtos e marcas. As abordagens gerais incluem VALS™ e PRIZM®, que serão discutidos em seções posteriores deste capítulo.

No outro extremo, as empresas podem conduzir estudos muito específicos do estilo de vida, concentrando-se naqueles aspectos dos estilos de vida individuais ou dos lares que são mais relevantes para seu produto ou serviço. Para esses estudos, a medição do estilo de vida é específica para um produto ou atividade. Vamos ver com mais detalhes dois esquemas de estilo de vida específico.

CARROS ESPORTIVOS DE LUXO

Analisemos este exemplo de Graves (2011). A Porsche examinou os estilos de vida de seus compradores. O que descobriram os surpreendeu um pouco, pois, embora os principais fatores demográficos (por exemplo, alta formação acadêmica e renda) fossem semelhantes em todos os compradores, seus estilos de vida e suas motivações eram bem diferentes. Os segmentos e suas descrições estão listados a seguir.

- Poderosos (27%). Ambicioso e objetivo, este grupo valoriza o poder e o controle e espera ser percebido.
- Elitistas (24%). Estas pessoas de "sangue azul" que vivem do dinheiro da família não veem o carro como extensão de sua personalidade. Carros são carros, não importa qual o preço.
- Clientes Vaidosos (23%). Este grupo compra um carro para satisfazer a si mesmo, não para impressionar os outros. O carro é uma recompensa pelo trabalho árduo.
- Bon Vivants (17%). Estes buscadores de emoção e jet-setters veem os carros como algo para estimular suas vidas já empolgantes.
- Fantasiosos (9%). Este grupo utiliza o carro como fuga, não para impressionar os outros. De fato, eles sentem uma pontada de culpa por possuírem um Porsche.

De que modo a abordagem de marketing da Porsche precisaria ser alterada para alcançar todos esses diferentes segmentos baseados no estilo de vida?

TECNOLOGIA

O modo como a tecnologia é utilizada pelos consumidores é de fundamental importância para os profissionais de marketing. Existem inúmeros perfis baseados no estilo de vida relacionados com a tecnologia e a Internet, como o esquema de segmentação Technographics da Forrester Research (STEPHENS, 2016).

O Experian Information Systems fornece outra tipologia, com base na extensa análise de atitudes, estilo de vida e padrões de uso e de adoção relacionados com a tecnologia. Os segmentos e suas descrições estão listados a seguir conforme Stephens (2016):

- **Magos (31%).** Caracterizados pelo lema "Tecnologia é vida". Usuários entusiastas e aventureiros de novas tecnologias. Movidos pelo desejo de novas tecnologias como meio de melhorar todos os aspectos da vida. Fatores demográficos: adultos jovens e alunos (grupo mais jovem com idade média de 42 anos); renda anual do lar: $79.000, é ligeiramente menor do que a média; 31% de não brancos; tendência a serem solteiros e homens. Estilo de vida tecnológico: primeiros a comprar novos equipamentos eletrônicos; propensos a comprar produtos anunciados no celular; alto uso de jogos e aspectos sociais. As tecnologias mais recentes incluem iPhone, Blu-ray e TV com Internet.

- **Batalhadores (13%).** Caracterizados pelo lema "A tecnologia é uma parte importante da minha vida". Usuários entusiastas e aventureiros de novas tecnologias. Apesar de estar um nível abaixo dos magos com relação ao entusiasmo, este grupo tem conhecimento e confiança no uso que faz de novas tecnologias. Fatores demográficos: adultos jovens e estabelecidos (idade média de 43 anos); renda anual do lar: $104.000; está acima da média; 27% de não brancos; tendência a serem casados e com filhos. Estilo de vida tecnológico: fazem compras *online*, o e-mail é uma influência-chave nas compras, a tecnologia é uma grande influenciadora de como trabalham e passam o tempo de lazer. As tecnologias mais recentes incluem Blackberry e DVR.

- **Aprendizes (31%).** Caracterizados pelo lema "A tecnologia está mudando a minha vida". Aproveitam as novas tecnologias, mas há espaço para mais, e eles estão querendo crescer e aprender. A questão financeira é a barreira principal, não a atitude. Fatores demográficos: adultos estabelecidos e de meia-idade (idade média de 48 anos); renda anual do lar: $95.000, está ligeiramente acima da média; 17% de não brancos; tendência de serem casados e de serem mulheres. Estilo de vida tecnológico: A tecnologia é usada para buscas e mudou como eles coletam informações. A tecnologia é uma grande fonte de informações e compras. As tecnologias mais recentes incluem o drive de DVD no computador, TV LCD e rádio por satélite.

- **Novatos (25%).** Caracterizados pelo lema "A tecnologia tem impacto limitado na minha vida". Este grupo está desconectado da tecnologia emergente e é resistente a mudanças. Eles querem dispositivos simples e fáceis de usar. Não têm uma atitude engajada. Fatores demográficos: adultos maduros e aposentados (idade média de 55 anos); renda anual do lar: $61.000, está abaixo da média; 18% de não brancos; tendência de serem avós. Estilo de vida tecnológico: Ficam confusos com a tecnologia, usam telefone celular apenas para fazer ligações. O e-mail é uma das poucas atividades *online*. As tecnologias mais recentes incluem o tocador de DVD portátil e o DVR numa caixa de satélite.

Embora os estudos de estilo de vida específico sejam úteis, a maioria das empresas tem considerado que os estudos de estilo de vida geral também têm grande valor. Dois sistemas gerais populares serão descritos a seguir.

O SISTEMA VALS™

De longe, a mais popular aplicação da pesquisa psicográfica por gerentes de marketing é o programa VALS™ da Strategic Business Insight (SBI). O VALS fornece uma classificação sistemática de adultos norte-americanos em oito segmentos de consumo distintos.

O VALS baseia-se em características psicológicas duradouras que se correlacionam com padrões de compra. Os respondentes são classificados de acordo com sua motivação principal, que funciona como uma das duas dimensões do VALS.

Os motivos são determinantes fundamentais do comportamento. Os motivos têm fortes vínculos com a personalidade e a autoimagem. Na verdade, uma premissa essencial por trás do VALS é que "as pessoas compram produtos e serviços e buscam experiências que preencham motivos característicos e que alimentem e satisfaçam suas vidas, dando forma a elas". As três motivações principais do VALS são:

- Motivação pelos ideais. Estes consumidores têm suas escolhas guiadas por suas crenças e princípios em vez de pelos seus sentimentos ou desejo de aprovação social. Eles compram funcionalidade e confiabilidade.
- Motivação pelas realizações. Estes consumidores lutam por uma clara posição social e são fortemente influenciados pelas ações, aprovações e opiniões de outrem. Eles compram símbolos de status.
- Motivação pela expressão de si mesmos. Estes consumidores voltados para a ação lutam para expressar a própria individualidade por meio de suas escolhas. Eles compram experiências.

Essas três orientações determinam o tipo de objetivos e comportamentos que os indivíduos buscam.

A segunda dimensão, denominada recursos, reflete a capacidade dos indivíduos de perseguirem sua auto orientação dominante. Refere-se a toda a gama de meios psicológicos, físicos, demográficos e materiais de que os consumidores dispõem.

Os recursos geralmente aumentam entre a adolescência e a meia-idade, e depois permanecem relativamente estáveis até que começam a diminuir com a idade. Os recursos são uma parte importante do VALS, visto que podem ajudar ou inibir a capacidade de um consumidor de agir de acordo com sua motivação principal.

Com base nesses dois conceitos, a SBI identificou oito segmentos psicográficos gerais, como mostra a Figura 27.

Figura 27 – Estrutura VALS™

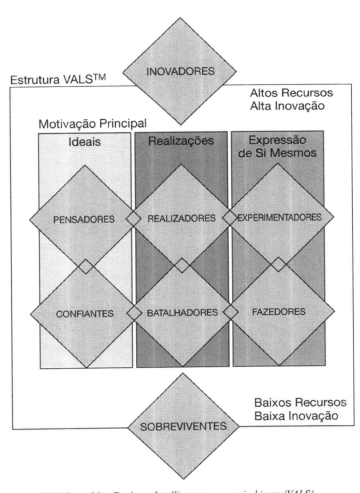

Fonte: SRI Consulting Business Intelligence, www.sric-bi.com/VALS/.

Fonte: Solomon (2021)

OS SEGMENTOS VALS™

O VALS segmenta diferentes grupos de acordo com o comportamento psicométrico dos consumidores em oito tipos distintos, ou mentalidades, usando um conjunto específico de características psicológicas e dados demográficos importantes que impulsionam o comportamento do consumidor. Cada um desses segmentos será brevemente descrito a seguir:

Os inovadores são pessoas bem-sucedidas, sofisticadas, que assumem o controle e que têm alta autoestima. Os inovadores são líderes motivados por mudanças e são mais receptivos a novas ideias e tecnologias. A compra deles reflete os gostos cultivados para produtos de nicho e serviços luxuosos.

Os pensadores são pessoas maduras, satisfeitas, confortáveis e reflexivas. Tendem a ser bem-educados e buscam ativamente por informações no processo de decisão. Favorecem a durabilidade, a funcionalidade e o valor nos produtos que compram.

Os confiantes são pessoas bem tradicionais e respeitam regras e autoridade. Como são fundamentalmente conservadores, são lentos em relação a mudanças e são avessos à tecnologia. Escolhem produtos conhecidos e marcas estabelecidas.

Os realizadores têm estilos de vida orientados para um objetivo que se concentra na família e na carreira. Evitam situações que provocam um alto grau de estímulo ou mudança. Preferem produtos de prestígio que demonstrem sucesso para seus colegas. Produtos de conveniência e que economizam tempo também são de interesse dos realizadores devido a seu estilo de vida agitado.

Os batalhadores são estilosos e adoram uma diversão. Têm pouco dinheiro sobrando e uma tendência a ter interesses reduzidos. Favorecem produtos estilosos que imitam as compras de pessoas com maior riqueza material. Muitos batalhadores acreditam que a vida é injusta com eles.

Os experimentadores apreciam o não convencional. São ativos e impulsivos e buscam empolgação através do novo, original e arriscado. Gastam grande parte da renda em moda, vida social e entretenimento.

Os fazedores valorizam a autossuficiência e a praticidade. Escolhem atividades que envolvem o trabalho manual e passam o tempo de lazer com a família e os amigos mais próximos. Como preferem valor ao luxo, compram produtos básicos.

Os sobreviventes vivem de forma bem focada. Como têm menos recursos, não demonstram uma motivação primária e, em geral, se sentem sem poder. A principal preocupação deles é a segurança e a proteção, então tendem a ser fiéis a uma marca e a comprar mercadorias com desconto. Satisfazer às necessidades desses consumidores é um desafio tanto para os profissionais de marketing quanto para os criadores de políticas públicas.

CAPÍTULO 16
PROCESSO DE DECISÃO DE CONSUMO

INFLUÊNCIAS SITUACIONAIS

Até agora, nos concentramos em diversos fatores sociológicos e psicológicos que contribuem para os diferentes padrões de comportamento do consumidor. Embora essas diversas influências representem um papel significativo para o comportamento, todo comportamento acontece dentro do contexto de uma situação. Este capítulo fornece uma discussão acerca do impacto que as variáveis situacionais exercem sobre o comportamento do consumidor.

De importância específica para os profissionais de marketing é o modo como as situações e as fontes internas e externas de influência afetam o processo de decisão de compra. O processo estendido de decisão de consumo mostrado nesta página é composto de uma sequência de atividades: reconhecimento do problema, busca de informações, avaliação e seleção da marca, escolha da loja e compra, e processos de pós-compra.

No entanto, a tomada de decisão estendida só ocorre nas situações relativamente raras em que o consumidor está altamente envolvido no processo de compra. Níveis mais baixos de envolvimento com a compra geram tomadas de decisão limitadas ou nominais (HOYER, MACINNIS e PIETERS, 2016).

A NATUREZA DA INFLUÊNCIA SITUACIONAL

Hoyer, Macinnis e Pieters (2016) afirma que os consumidores não reagem a estímulos como propagandas e produtos apresentados por profissionais de marketing de modo isolado; em vez disso, reagem às influências de marketing e à situação simultaneamente. Para entender o comportamento de um consumidor, temos de conhecer o consumidor, o objeto principal de estímulo como o produto ou propaganda ao qual o consumidor está reagindo, e a situação em que a reação está acontecendo.

Define-se influência situacional como todos os fatores específicos a um momento e a um local que não decorrem de um conhecimento acerca dos atributos estáveis do consumidor e do estímulo e que têm um efeito sobre o comportamento atual. Dessa forma, com uma exceção, a situação destaca-se do consumidor e do estímulo (GRAVES, 2011).

A exceção ocorre no caso de características temporárias (ao contrário de estáveis) de um consumidor ou estímulo específicas à situação e às vezes até causadas por ela. Por exemplo, um consumidor pode geralmente ser animado (traço estável), mas, um pouco antes de ver a propaganda de uma empresa, assiste a um noticiário perturbador que o deixa de mau humor. Esse mau humor é um estado transiente (fator situacional) causado pelo contexto do ambiente da mídia em que a propaganda aparece (STEPHENS, 2016).

Outras condições temporárias semelhantes incluem doenças e prazos. O envolvimento do consumidor também inclui um componente relacionado especificamente com a situação. Isto é, alguns consumidores só se envolvem quando têm de realizar uma compra (UNDERHILL, 2009).

Uma descoberta fundamental para o marketing é que os consumidores muitas vezes reagem e se comportam de modo muito diferente de acordo com a situação. Discutimos alguns desses efeitos nos capítulos iniciais.

Por exemplo, uma propaganda ou mostruário no interior das lojas que poderia, em outros momentos, atrair a atenção do consumidor pode não o fazer em um ambiente congestionado. Ou uma propaganda que poderia ser persuasiva em uma situação que não esteja relacionada com a compra pode ser menos persuasiva em uma situação de compra em que os consumidores estão no mercado para comprar. A inter-relação entre situação, marketing e indivíduo é mostrada na Figura 28 conforme Graves (2011).

Figura 28 – A situação interage com a atividade de marketing e o indivíduo para determinar o comportamento

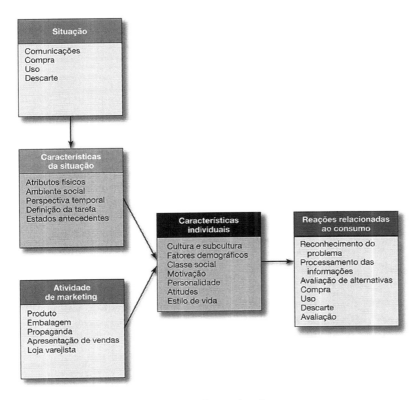

Fonte: Graves (2011)

A situação interage com a atividade de marketing e o indivíduo para determinar o comportamento.

A SITUAÇÃO DE COMUNICAÇÃO

A situação em que os consumidores recebem informações tem um impacto sobre seu comportamento. O fato de a pessoa estar sozinha ou em um grupo, de bom ou mau humor, atrasado ou não, influencia o grau em que essa pessoa vê e ouve uma comunicação de marketing. É melhor anunciar em um programa de televisão alegre ou triste? Um programa calmo ou empolgante? Essas são algumas das perguntas a que os gerentes devem responder em relação à situação de comunicação (AAKER, 2015).

Godin (2019) ilustra que os profissionais de marketing muitas vezes tentam colocar as propagandas em contextos adequados de mídia para aumentar sua eficácia. Alguns até chegam ao ponto de exigir que suas propagandas sejam "recuadas" quando há previsão de aparecer um conteúdo de programação negativo para a empresa ou o setor. Exemplos recentes incluem o Morgan Stanley e a BP. Quais são as implicações éticas de tais políticas?

Madruga (2018) afirma que um profissional de marketing é capaz de transmitir uma mensagem eficaz a consumidores que estejam interessados no produto e em uma situação de comunicação receptiva. No entanto, encontrar compradores potenciais altamente interessados em situações de comunicação receptivas é um desafio extremo. Por exemplo, considere a dificuldade que um profissional de marketing teria para comunicar-se com você nas seguintes situações:

- Seu time favorito acabou de perder o jogo mais importante do ano.
- As provas finais começam amanhã.
- Seus colegas de quarto só assistem a programas de comédia.
- Você está gripado.

- Você está dirigindo para casa em uma noite fria, e o aquecimento do carro não funciona.

A SITUAÇÃO DE COMPRA

Underhill (2009) explica que a situação em que uma compra é feita pode influenciar o comportamento do consumidor. Mães comprando com crianças estão mais aptas a serem influenciadas pelas preferências dos filhos por determinados produtos do que quando estão comprando sem eles.

A falta de tempo, tal como tentar realizar uma compra no intervalo entre duas aulas, pode afetar a decisão de escolha da loja, o número de marcas consideradas e o preço que o comprador está disposto a pagar. Em um nível ainda mais básico, o fato de um consumidor estar ou não em um "clima de compra" influencia uma ampla gama de comportamentos desde a reação a propagandas até as compras (LEWIS e BRIDGES, 2004).

Considere, por exemplo, como seria diferente o seu comportamento na Best Buy se você estivesse ali apenas para olhar ou se você estivesse ali para substituir um aparelho de Blu-ray quebrado.

Godin (2019) sugere que os profissionais de marketing têm de entender de que modo as situações de compra influenciam os consumidores para desenvolver estratégias de marketing que aumentem a compra de seus produtos. Por exemplo, como você alteraria sua decisão de comprar uma bebida nas seguintes situações de compra?

- Você está de muito mau humor.
- Um bom amigo diz: "Isso é muito ruim para você!"
- A loja em que você entra não vende sua marca favorita.
- Há uma longa fila no caixa quando você entra na loja.
- Você está acompanhado de alguém a quem deseja impressionar.

A SITUAÇÃO DE USO

Que bebida você preferiria consumir em cada uma das seguintes situações de uso?

- Sexta-feira à tarde, depois da sua última prova final.
- Com os seus pais, em um almoço.
- Depois do jantar, em uma noite fria e tempestuosa.
- Em um jantar com um amigo que você não vê há muitos anos.
- Quando você está se sentindo triste ou com saudade de casa.

Para Bridger (2018) os profissionais de marketing precisam entender as situações de uso para as quais seus produtos são – ou podem se tornar – adequados. Utilizando esse conhecimento, os profissionais de marketing podem comunicar como seus produtos podem gerar a satisfação no consumidor em cada situação relevante de uso.

A SITUAÇÃO DE DESCARTE

Os consumidores frequentemente têm de descartar produtos ou embalagens de produtos depois ou antes de utilizá-lo. As decisões feitas pelos consumidores no que diz respeito à situação de descarte podem criar problemas sociais significativos, bem como oportunidades para os profissionais de marketing (KOTLER, KARTAJAYA e SETIAWAN, 2021).

Alguns consumidores consideram a facilidade de descarte um importante atributo do produto. Essas pessoas podem comprar apenas itens que sejam facilmente reciclados. Normalmente, o descarte de um produto existente deve ocorrer antes de ou simultaneamente à aquisição do novo produto. Por exemplo, a maioria dos consumidores precisa retirar a cama atual para poder usar uma nova (KARDES, CRONLEY e CLINE, 2014).

Segundo Graves (2011) os profissionais de marketing precisam entender como as influências situacionais afetam as decisões de descarte de modo a desenvolver produtos e programas de marketing mais eficazes e éticos. Organizações governamentais e ambientais precisam do mesmo conhecimento para estimular decisões de descarte socialmente responsável.

Qual seria a diferença em sua decisão de descarte nas seguintes situações?

- Você acabou de beber um refrigerante em lata em um shopping center. Há uma lata de lixo por perto, mas nenhum sinal de um recipiente para reciclagem.
- Você acabou de ler o jornal depois da aula e percebe que está atrasado para um jogo de basquete.
- Você e dois amigos terminaram de beber refrigerante. Seus dois amigos jogam as latas recicláveis em uma lata de lixo próxima.

CAPÍTULO 17

PROCESSO DE DECISÃO DO CONSUMIDOR

TIPOS DE DECISÃO DO CONSUMIDOR

Solomon (2016) explica que o termo decisão do consumidor produz uma imagem de um indivíduo avaliando cuidadosamente os atributos de um conjunto de produtos, marcas ou serviços e escolhendo racionalmente aquele que atende a uma necessidade claramente reconhecida pelo menor preço. Tem uma conotação racional, funcional.

Os consumidores realmente tomam muitas decisões dessa forma; no entanto, muitas outras decisões envolvem pouco esforço consciente. Além disso, muitas decisões do consumidor concentram-se não nos atributos da marca, mas, em vez disso, nos sentimentos e nas emoções associadas à aquisição ou à utilização da marca ou à situação em que o produto é comprado ou utilizado.

Dessa forma, uma marca pode ser escolhida não por causa de um atributo (preço, estilo, características funcionais), mas porque "faz com que eu me sinta bem" ou porque "meus amigos vão gostar".

Stephens (2016) argumenta que embora as compras e o comportamento de consumo relacionado impulsionados por necessidades emocionais ou situacionais tenham características distintas das do modelo tradicional baseado nos atributos, o modelo do processo de decisão fornece *insights* úteis acerca de todos os tipos de decisão do consumidor.

À medida que descrevermos o processo da tomada de decisão do consumidor neste e nos próximos quatro capítulos, indicaremos como ele nos ajuda a entender decisões baseadas nas emoções, nas situações e nos atributos (MADRUGA, 2018).

As decisões do consumidor frequentemente são resultado de um único problema, por exemplo, ficar sem gasolina. Em outros momentos, elas resultam da convergência de diversos problemas, como um automóvel antigo e um crescente sentimento de inadequação ou baixa autoestima. Além disso, depois que o processo de decisão começa, ele pode evoluir e se tornar mais complexo, com objetivos múltiplos (SOLOMON, 2016).

Um consumidor que percebe uma simples necessidade de gasolina pode tentar minimizar o preço pago, evitar uma ou mais marcas por causa de seus problemas ambientais e decidir encontrar um posto de gasolina que também sirva alimentos. Esse consumidor pode acabar escolhendo entre um posto com preço mais baixo e lanchonete própria ou outro com um preço mais alto, mas com um restaurante melhor, como o Taco Bell, ou talvez gastar um pouco mais de tempo e comprar o combustível em um lugar e o alimento em outro (STEPHENS, 2016).

Como indica a Figura 29 conforme Hoyer, Macinnis e Pieters (2016), existem diversos tipos de processos de decisão do consumidor. À medida que o consumidor passa de um nível muito baixo de envolvimento com a compra para um alto nível de envolvimento, a tomada de decisão se torna cada vez mais complexa.

Embora o envolvimento com a compra seja um *continuum*, é importante considerar as tomadas de decisão nominais, limitadas e estendidas como descrições gerais dos tipos de processo que ocorrem ao longo de diversos pontos do *continuum*. Tenha em mente que os tipos de processo de decisão não são distintos, mas, em vez disso, misturam-se uns aos outros (LEWIS e BRIDGES, 2004).

Antes de descrever cada tipo de processo de decisão, o conceito de envolvimento com a compra deve ser esclarecido. Definimos envolvimento com a compra como o nível de preocupação ou interesse relacionado com o processo de compra iniciado pela necessidade de considerar uma compra específica. Assim, o envolvimento com a compra é um estado temporário de um indivíduo ou lar. É influenciado pela interação de características individuais, do produto e situacionais (KARDES, CRONLEY e CLINE, 2014).

Observe que o envolvimento com a compra não é igual ao envolvimento com o produto ou ao envolvimento duradouro. Um consumidor pode estar muito envolvido com uma marca (Starbucks ou Dodge) ou uma categoria de produtos (café ou carros) e ainda assim apresentar um nível muito baixo de envolvimento com uma compra específica daquele produto devido à fidelidade à marca, às pressões do tempo ou a outros motivos (GRAVES, 2011).

Por exemplo, pense em sua marca favorita de refrigerante ou outra bebida. Você pode ser muito fiel a essa marca, considerá-la superior a outras marcas e ter sentimentos fortes e favoráveis em relação a ela. No entanto, quando quer um refrigerante, você provavelmente apenas compra sua marca preferida sem pensar muito (UNDERHILL, 2009).

Ou um consumidor pode ter um nível muito baixo de envolvimento com um produto (suprimentos escolares ou pneus de automóvel), mas apresentar um alto nível de envolvimento com a compra porque deseja dar o exemplo para um filho, impressionar um amigo que está fazendo compras com ele ou economizar dinheiro (STEPHENS, 2016).

Figura 29 – Envolvimento e tipos de tomada de decisão

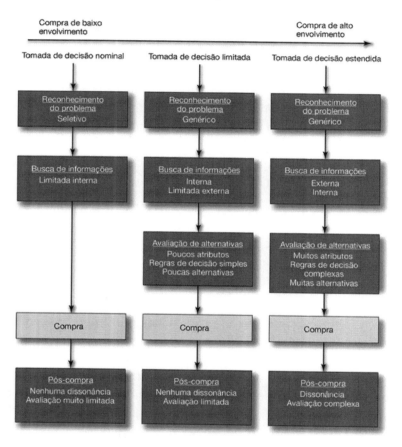

Fonte: Hoyer, Macinnis e Pieters (2016)

As seções a seguir fornecem uma breve descrição de como o processo de compra muda à medida que o envolvimento com a compra aumenta.

TOMADA DE DECISÃO NOMINAL

Cerf e Garcia-Garcia (2017) afirmam que a tomada de decisão nominal, muitas vezes denominada tomada de decisão habitual, na verdade, não envolve nenhuma decisão em si. Como indica a Figura 29, um problema é reconhecido, a busca interna (memória de longo prazo) fornece uma única solução preferida (marca), essa marca é comprada e uma avaliação ocorre apenas se a marca não tiver o desempenho esperado. As decisões nominais ocorrem quando há um envolvimento muito baixo com a compra.

Uma decisão completamente nominal sequer inclui a consideração da alternativa "não comprar". Por exemplo, você pode perceber que sua pasta de dentes Aim está quase acabando e decidir comprar um tubo na próxima vez em que for à loja (BRIDGER, 2018).

Você sequer pensa em não repor a pasta de dentes ou em comprar outra marca. Na loja, você dá uma olhada na prateleira para encontrar a Aim e pega o tubo sem pensar em marcas alternativas, no preço ou em outros fatores potencialmente relevantes. As decisões nominais podem ser divididas em duas categorias distintas: decisões baseadas na fidelidade à marca e decisões baseadas na recompra (AAKER, 2015).

TOMADA DE DECISÃO LIMITADA

Hoyer, Macinnis e Pieters (2016) dizem que a tomada de decisão limitada envolve uma busca de informações externa limitada e interna, poucas alternativas, regras de decisão simples sobre poucos atributos e pouca avaliação pós-compra. Ela cobre o terreno entre a tomada de decisão nominal e a tomada de decisão estendida.

Em sua forma mais simples (nível mais baixo de envolvimento com a compra), a tomada de decisão limitada é semelhante à tomada de decisão nominal. Por exemplo, enquanto você está em uma loja, pode notar um mostruário de Jell-O no ponto de venda e pegar duas caixas sem buscar informações além de sua lembrança de que "Jell-O é gostoso" ou "Nossa, não como Jell-O há muito tempo".

Além disso, você pode não ter considerado nenhuma outra alternativa, exceto, possivelmente, um exame muito limitado da opção "não comprar". Ou você pode ter uma regra de decisão de comprar a marca mais barata de café instantâneo disponível. Quando você fica sem café (reconhecimento do problema), simplesmente examina os preços do café na próxima vez em que vai à loja e escolhe a marca mais barata.

Stephens (2016) argumenta que a tomada de decisão limitada também ocorre em reação a algumas necessidades emocionais ou situacionais. Por exemplo, você pode decidir comprar uma nova marca ou produto porque está entediado com a marca atual, normalmente satisfatória.

Essa decisão pode envolver avaliar apenas o atributo relacionado com a novidade das alternativas disponíveis. Ou você pode avaliar uma compra em termos do comportamento real ou previsto de outrem. Por exemplo, você pode pedir ou deixar de pedir vinho para acompanhar uma refeição dependendo dos pedidos observados ou esperados de seus companheiros de jantar.

Em geral, a tomada de decisão limitada envolve reconhecer um problema para o qual existem diversas soluções possíveis. Envolve a busca de informações externa limitada e interna. Poucas alternativas são avaliadas em poucas dimensões usando regras de escolha simples. A compra e o uso do produto recebem pouca avaliação subsequente, a menos que haja um problema com o serviço ou uma falha no produto (SOLOMON, 2016).

TOMADA DE DECISÃO ESTENDIDA

Como indica a Figura 29, a tomada de decisão estendida envolve extensa busca de informações externa e interna, seguida de uma avaliação complexa de múltiplas alternativas e significativa avaliação pós-compra. É a resposta a um alto nível de envolvimento com a compra (HOYER, MACINNIS e PIETERS, 2016).

Depois da compra, é possível que haja dúvida sobre sua adequação, e uma avaliação minuciosa da compra começa a ocorrer. Relativamente, poucas decisões de consumo alcançam esse nível de complexidade. No entanto, produtos como casas, computadores pessoais e itens recreativos complexos, como sistemas de *home theater*, são frequentemente comprados por meio de uma tomada de decisão estendida (STEPHENS, 2016).

Mesmo as decisões altamente emocionais podem envolver esforços cognitivos substanciais. Por exemplo, um consumidor pode ficar angustiado com uma decisão de fazer uma viagem para esquiar ou visitar os pais mesmo que as necessidades a serem satisfeitas e os critérios a serem avaliados sejam, em grande parte, emoções ou sentimentos em vez dos atributos em si e, portanto, sejam em menor quantidade, com menos informações externas disponíveis (SOLOMON, 2016).

O PROCESSO DE RECONHECIMENTO DO PROBLEMA

Lewis e Bridges (2004) afirmam que raramente se passa um dia em que uma pessoa não enfrenta múltiplos problemas solucionados pelo consumo de produtos e serviços. Problemas rotineiros de esgotamento de recursos, como a necessidade de obter gasolina à medida que o ponteiro se aproxima do "vazio" ou a necessidade de repor um item alimentar utilizado com frequência, são prontamente reconhecidos, definidos e resolvidos.

A pane inesperada de um grande equipamento, como uma geladeira, cria um problema não planejado que também é facilmente reconhecido, mas, em geral, é mais difícil de resolver. O reconhecimento de outros problemas, como a necessidade de uma máquina fotográfica ou um sistema de GPS no carro, pode levar mais tempo, visto que podem ser mais sutis ou evoluir lentamente ao longo do tempo.

Ramsøy (2015) enfatiza que sentimentos como o tédio, a ansiedade ou a depressão podem surgir de modo rápido ou lento ao longo do tempo. Tais sentimentos muitas vezes são reconhecidos como problemas sujeitos a uma solução por meio de um comportamento de compra (estou triste; acho que vou fazer compras/vou ao cinema/vou a um restaurante).

Em outros momentos, tais sentimentos podem iniciar comportamentos de consumo sem uma tomada de decisão deliberada. Uma pessoa que está inquieta pode comer petiscos sem realmente pensar no assunto. Nesse caso, o problema permanece não reconhecido (em nível consciente) e as soluções experimentadas normalmente são inadequadas (comer pode não reduzir a inquietação).

Godin (2019) salienta que os profissionais de marketing podem desenvolver produtos para ajudar os consumidores a resolverem problemas. Por sua vez também podem ajudar os consumidores a reconhecerem problemas, às vezes bem antes de eles ocorrerem.

A NATUREZA DO RECONHECIMENTO DO PROBLEMA

Stephens (2016) defende que o reconhecimento do problema é a primeira etapa no processo de decisão do consumidor. O reconhecimento do problema é o resultado de uma discrepância entre um estado desejado e um estado real suficiente para despertar e ativar o processo de decisão.

O estado real é o modo como um indivíduo percebe seus sentimentos e sua situação no momento atual. O estado desejado é o modo como um indivíduo deseja se sentir ou estar no momento atual. Por exemplo, você provavelmente não quer estar entediado na sexta-feira à noite.

Se você ficar sozinho e perceber que está ficando entediado, você considerará isso um problema, porque seu estado real (entediado) e seu estado desejado (estar agradavelmente ocupado) são diferentes. Você poderá, então, escolher entre consumir um programa de televisão, alugar um filme, ligar para um amigo, sair ou agir de diversas outras maneiras.

Solomon (2016) esclarece que o tipo de ação que os consumidores realizam em reação a um problema reconhecido relaciona-se diretamente com a importância do problema para o consumidor, à situação e à insatisfação ou inconveniência gerada pelo problema. Sem o reconhecimento de um problema, não há necessidade de uma decisão.

Conforme Mothersbaugh *et al.*, (2020) essa condição é mostrada na Figura 29, quando não há discrepância entre o estado desejado do consumidor (o que o consumidor gostaria) e o estado real (o que o consumidor percebe que já existe). Assim, se a noite de sexta-feira chega e você está absorvido com um livro, seu desejo de estar agradavelmente ocupado (estado desejado) e sua condição de apreciar um livro seriam coerentes, e você não teria motivo para buscar outras atividades.

Por outro lado, quando há discrepância entre um desejo do consumidor e o estado real percebido, ocorre o reconhecimento de um problema. A Figura 30 indica que, sempre que o estado desejado é percebido como algo melhor ou pior que o estado real, existe um problema. Por exemplo, estar agradavelmente ocupado (estado desejado) geralmente seria melhor que estar entediado (estado real) e resultaria em reconhecimento do problema.

No entanto, se seu colega de quarto de repente surgisse com uma festa de arromba, você poderia perceber que está mais estimulado (estado real) do que o nível médio de estímulo que você realmente deseja. Isso também resultaria no reconhecimento do problema.

Na Figura 30, os desejos do consumidor são apresentados como o resultado do estilo de vida desejado pelo consumidor e da situação atual (pressões do tempo, ambiente físico, e assim por diante). Dessa forma, um consumidor cuja autoimagem e estilo de vida desejado concentram-se em atividades ao ar livre, frequentemente desejará participar de tais atividades. As percepções do estado real também são determinadas pelo estilo de vida e pela situação atual de um consumidor.

Figura 30 – O processo de reconhecimento do problema

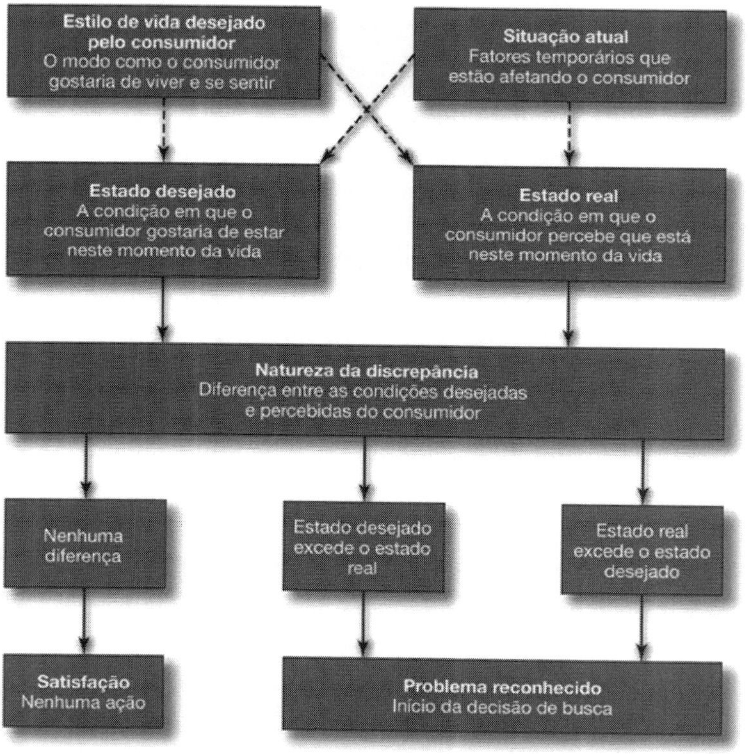

Fonte: Mothersbaugh *et al.*, (2020)

Os estilos de vida dos consumidores são um importante determinante de seu estado real porque representam o modo como eles decidem viver, dadas as restrições impostas pelos recursos que possuem (SOLOMON, 2016).

Assim, um consumidor que decidiu formar uma família, ter posses materiais significativas e perseguir uma carreira cheia de exigências, provavelmente tem pouco tempo livre para atividades ao ar livre (estado real).

A situação atual – um feriado no trabalho, o fim de um grande projeto ou um filho doente – também tem um grande impacto sobre como os consumidores percebem a situação real.

É importante observar que é a percepção do consumidor acerca do estado real que impulsiona o reconhecimento do problema, e não uma realidade objetiva. Consumidores que fumam charutos podem acreditar que essa atividade não faz mal à saúde porque eles não tragam. Esses consumidores não reconhecem um problema relacionado com esse comportamento, apesar da realidade de que ele é prejudicial (KARDES, CRONLEY e CLINE, 2014).

DETERMINANTES NÃO CONTROLÁVEIS DO RECONHECIMENTO DO PROBLEMA

Uma discrepância entre o que é desejado por um consumidor e o que o consumidor possui é a condição necessária para o reconhecimento do problema. Uma discrepância pode ser o resultado de uma variedade de fatores que influenciam os desejos do consumidor, as percepções do estado existente ou ambos (CERF e GARCIA-GARCIA, 2017).

Esses fatores normalmente estão além da influência direta do gerente de marketing, como uma mudança na composição familiar. Segundo Solomon (2016) a figura 31 resume os principais fatores não relacionados com o marketing que influenciam o reconhecimento do problema.

A maioria dos fatores não relacionados com o marketing que afetam o reconhecimento do problema é razoavelmente óbvia e lógica. Os gerentes de marketing têm quatro preocupações relacionadas com o reconhecimento do problema.

Em primeiro lugar, eles precisam saber os problemas que os consumidores estão enfrentando. Em segundo lugar, têm de saber como desenvolver o composto de marketing para resolver os problemas do consumidor. Em terceiro lugar, os gerentes ocasionalmente querem levar os consumidores a reconhecer os problemas. Por fim, algumas vezes eles desejam suprimir o reconhecimento do problema entre os consumidores.

Figura 31 – Fatores não relacionados com o marketing que afetam o reconhecimento do problema

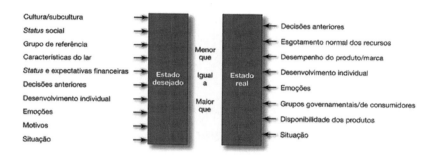

Fonte: Solomon (2016)

A intuição simples talvez seja a abordagem mais comum para descobrir problemas dos consumidores. Entre os seus benefícios estão o fato de que ela é relativamente barata, rápida e fácil (STEPHENS, 2016).

Hoyer, Macinnis e Pieters (2016) argumentam que entre os pontos negativos estão o fato de que a intuição, como tende a ser gerada por um indivíduo, pode estar errada ou não se aplicar a uma ampla gama de consumidores, aumentando, portanto, a probabilidade de falha para novas apresentações de produtos.

Sendo assim, a pesquisa em marketing, em geral, é conduzida como substituta da intuição (ou complementar a ela) como forma de aumentar a taxa de sucesso de novos produtos.

IDENTIFICANDO OS PROBLEMAS DOS CONSUMIDORES USANDO MÍDIAS SOCIAIS E ONLINE

Para Lindstrom (2009) os métodos tradicionais para se descobrir os problemas dos consumidores tendem em direção ao questionamento dos consumidores. O ambiente *online* atual, no entanto, pode ser visto como uma potencial mina de ouro para a identificação dos problemas dos consumidores tanto no nível da categoria como naquele da marca ao monitorar as "conversas" que acontecem *online*.

Às vezes, essas conversas acontecem nos ambientes *online* e das mídias sociais da própria marca, como ocorre quando os consumidores enviam um *tweet* para uma empresa sobre uma recente falha do produto. Outras vezes, essas conversas ocorrem em um ambiente mais amplo das mídias sociais, como quando bloggers discutem as falhas de um produto ou as necessidades gerais em uma área específica destinada ao produto (PAGE, 2015).

As vias *online* e das mídias sociais (tanto a da empresa e a geral) são extensas. Imagine tentar monitorar todas as conversas que acontecem no espaço cibernético a qualquer hora e filtrar isso até chegar a uma informação útil. Um estudo realizado pela Forrester Research observa diversos locais incluindo fóruns de consumidores, blogs, Facebook e Twitter (GODIN, 2019).

E isso antes de considerar o site e o e-mail da empresa. Essas opções são uma fonte crescente do potencial *feedback* e input dos consumidores. O desafio é como acompanhar, consolidar, interpretar e reagir a todas as conversas *online*. A parte da interpretação pode ser difícil particularmente para problemas não específicos da marca (EYAL, 2020).

É fácil saber quando um consumidor está reclamando que o seu software tem uma falha específica; é muito mais difícil reconhecer aquelas necessidades mais amplas dos consumidores que levam a inovações de fato revolucionárias. Embora acompanhar tipos específicos de palavras-chave possa ajudar, o processo de interpretação ainda é difícil e não bem compreendido (TYBOUT e CALKINS, 2018).

Como já vimos, os concorrentes, as organizações de consumidores e as agências governamentais ocasionalmente introduzem informações no mercado que disparam o reconhecimento do problema que profissionais de marketing específicos prefeririam evitar (KOTLER, KARTAJAYA e SETIAWAN, 2021).

A NATUREZA DA BUSCA DE INFORMAÇÕES

Depois que um problema é reconhecido, as informações relevantes armazenadas na memória de longo prazo são utilizadas para determinar (1) se conhece uma solução satisfatória; (2) quais são as características das soluções em potencial; e (3) quais são os modos adequados de comparar as soluções. Isso é uma busca interna (STEPHENS, 2016).

Se não se chega a uma solução por meio da busca interna, então o processo de busca concentra-se em informações externas relevantes à solução do problema. Isso é uma busca externa, que pode envolver fontes independentes, fontes pessoais, informações do fabricante e experiências com o produto (SOLOMON, 2016).

Lewis e Bridges (2004) alertam que é importante observar que, mesmo no caso da tomada de decisão estendida com extensa busca externa, a busca interna inicial geralmente produz um conjunto de restrições relacionadas com as instruções ou as decisões que limitam e direcionam a busca externa.

A busca tem benefícios como encontrar um preço mais barato ou obter uma qualidade maior. No entanto, ela tem um custo que tende a limitar a quantidade de pesquisa mesmo para decisões muito importantes; isto é, a busca de informações envolve atividades mentais bem como físicas que os consumidores devem realizar e que demandam tempo, energia e dinheiro.

Mothersbaugh *et al.*, (2020) ressaltam que a busca após o reconhecimento do problema também pode ser limitada pela busca e aprendizado anteriores; ou seja, a busca externa deliberada também ocorre na ausência do reconhecimento do problema. A busca contínua é feita tanto para adquirir informações para possível uso posterior e porque o processo em si é agradável.

Por exemplo, indivíduos altamente envolvidos com uma atividade, como tênis, são capacitados a buscar informações sobre produtos relacionados com o tênis de modo contínuo sem ter um problema reconhecido com seu atual equipamento de tênis (lembre-se de que o envolvimento duradouro é característico de líderes de opinião).

Além disso, os consumidores adquirem continuamente uma quantidade significativa de informações relevantes sem pesquisa deliberada – por meio do aprendizado de baixo envolvimento.

TIPOS DE INFORMAÇÕES BUSCADAS

Conforme Hoyer, Macinnis e Pieters (2016) uma decisão de consumo requer informações sobre:

1. Os critérios de avaliação adequados à solução de um problema.
2. A existência de diversas soluções alternativas.
3. O nível de desempenho ou característica de cada solução alternativa em cada critério de avaliação.

A busca de informações, então, procura obter cada um desses três tipos de informações, como mostra a figura 31.

Figura 32 – Busca de informações nas decisões dos consumidores

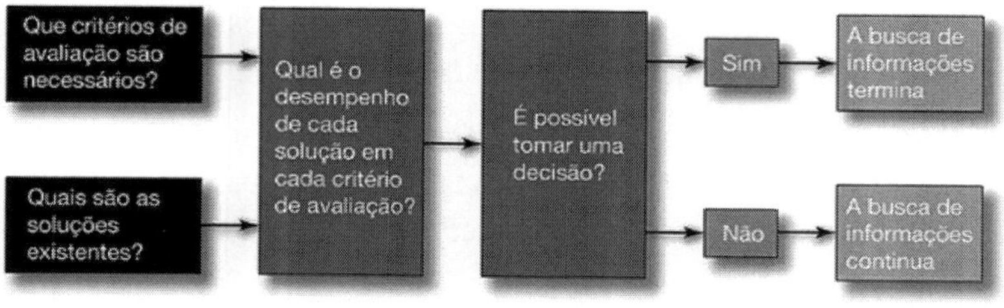

Fonte: Hoyer, Macinnis e Pieters (2016)

Para escolher entre as marcas do conjunto evocado, o consumidor as compara de acordo com os critérios de avaliação relevantes. Esse processo exige que o consumidor colete informações sobre cada marca para cada critério de avaliação pertinente.

TIPOS DE PROCESSOS DE ESCOLHA DOS CONSUMIDORES

Comecemos examinando três tipos gerais de processo de decisão em que os consumidores podem se envolver. Você irá reparar que alguns não são sequer baseados em uma comparação de marcas e de recursos, o que, em geral, é uma suposição importante (e muitas vezes incorreta) feita por gerentes de marketing.

Segundo Kardes, Cronley e Cline (2014) os três processos de escolha são a escolha afetiva, a escolha baseada em atitudes e a escolha baseada em atributos. Embora os descrevamos em separado para simplificar, é importante ter em mente que eles não são mutuamente exclusivos e que combinações podem ser usadas em uma única decisão. Em primeiro lugar, analisemos os três cenários de decisão envolvendo uma câmera digital:

Cenário 1 (Escolha Afetiva). Enquanto uma consumidora faz compras em uma loja local, uma câmera chama sua atenção: ela a examina, olhando para os detalhes e para o visual geral. Ela acha que a câmera tem um visual elegante, moderno e descolado. Ela examina a outra câmera, mas acha que parece muita séria ou entediante. Após mais alguns minutos de reflexão sobre a excelente impressão que passaria usando a primeira câmera para tirar fotos em festas e casamentos, ela decide comprá-la.

Cenário 2 (Escolha baseada em Atitudes). A consumidora se lembra de que a Olympus Stylus de sua amiga funcionava bem e era "bonita"; seus pais tinham uma Kodak Easyshare que também funcionava bem, mas era grande e volumosa; e sua antiga Fujifilm FinePix não tinha um desempenho tão bom quanto o esperado. Na loja local de eletrônicos, ela vê que os modelos da Olympus e da Kodak têm o mesmo preço e decide comprar a Olympus Stylus.

Cenário 3 (Escolha Baseada no Atributo). Após consultar a Internet para determinar em quais recursos ela está mais interessada, a consumidora então vai para a loja local de eletrônicos e compara os recursos de diversas marcas que lhe são mais importantes – tamanho da câmera, zoom, recursos automáticos e capacidade de armazenamento. Ela classifica mentalmente cada modelo com base nesses atributos e sua impressão geral da qualidade de cada um deles. Com base nessas avaliações, ela escolhe a Olympus Stylus.

Esses três cenários se relacionam com diferentes processos de escolha. O primeiro deles representa a escolha afetiva. A escolha afetiva tende a ter uma natureza mais holística. A marca não se decompõe em componentes distintos; cada um é avaliado separadamente do todo (KARDES, CRONLEY e CLINE, 2014).

A avaliação de tais produtos, em geral, se concentra na forma como eles farão o usuário se sentir à medida que são usados. A avaliação em si muitas vezes é baseada exclusiva ou primariamente na resposta emocional imediata ao produto ou serviço (SOLOMON, 2016).

Decisões baseadas no afeto utilizam a regra de decisão ou heurística "como me sinto em relação a isso". Os consumidores imaginam ou projetam a imagem de si mesmos usando o produto ou o serviço e avaliam o sentimento que isso produzirá (STEPHENS, 2016).

Os profissionais de marketing continuam a descobrir mais sobre as decisões baseadas no afeto. É claro que tais decisões exigem estratégias diferentes em relação às decisões mais cognitivas geralmente consideradas no marketing. No caso das decisões que têm probabilidade de serem afetivas por natureza (em grande parte desencadeadas por motivos consumatórios), os profissionais de marketing devem projetar produtos e serviços que provoquem as reações emocionais adequadas (GODIN, 2019).

Eles também têm de ajudar os consumidores a visualizar como se sentirão durante e depois da experiência de consumo. Isso é particularmente importante no caso de novas marcas ou produtos e serviços. Consumidores que têm experiência com um produto ou marca têm uma base para imaginar a reação afetiva que produzirá. Aqueles que não têm podem prever de modo incorreto os sentimentos que a experiência produzirá. Por exemplo, indivíduos que imaginam um *rafting* podem concluir que o passeio produzirá sentimentos de horror, em vez de diversão (MILLER, 2012).

O segundo cenário representa a escolha baseada em atitude. A escolha baseada em atitudes envolve a utilização de atitudes gerais, impressões breves, intuições ou métodos heurísticos; nenhuma comparação de cada atributo é feita no momento da escolha. É importante notar que muitas decisões, até para produtos importantes, parecem ser baseadas em atitude. A maioria coleta muito poucas informações sobre o produto de fontes externas imediatamente antes de uma compra. É mais provável que estejam tomando decisões baseadas em atitude (MARK e PEARSON, 2017).

Motivação, disponibilidade de informações e fatores situacionais interagem para determinar qual processo de escolha será utilizado.

Como se pode suspeitar, quanto maior a motivação para tomar uma decisão ótima, maior a probabilidade de se utilizar uma escolha baseada em atitudes. Isso está relacionado com o envolvimento da compra e a tomada de decisão limitada e nominal, que provavelmente têm uma tendência forte em direção à escolha baseada em atitude (KARDES, CRONLEY e CLINE, 2014).

Quando a informação é difícil de se encontrar ou acessar, ou quando os consumidores enfrentam pressão de tempo, escolhas baseadas em atitude são mais prováveis. Repare como a pressão do tempo aumenta o custo percebido de pesquisa e torna as escolhas baseadas em atitude feitas a partir da memória parecerem ser muito mais atraentes (HOYER, MACINNIS e PIETERS, 2016).

O terceiro cenário representa a escolha baseada em atributos. A escolha baseada em atributos requer o conhecimento de atributos específicos no momento em que a escolha é feita e envolve comparações de cada atributo de diversas marcas (STEPHENS, 2016).

Esse é um processo que exige muito mais esforço e consome muito mais tempo do que as comparações globais feitas quando se trata de uma escolha baseada em atitudes. Também tende a gerar uma decisão mais próxima da ótima (AAKER, 2015).

Novamente, a motivação, a disponibilidade de informação e os fatores situacionais interagem para determinar a probabilidade de se fazer escolhas baseadas em atitude. Conforme Tybout e Calkins (2018) a figura 32 fornece uma visão geral das etapas do processo de escolha baseado em atributo.

Figura 33 – Avaliação de alternativas e processo de seleção

Fonte: Tybout e Calkins (2018)

Dada a natureza, a complexidade e a importância da escolha baseada em atributo tanto para os consumidores quanto para os profissionais de marketing, o foco do restante do capítulo será nas questões relacionadas com a escolha baseada no atributo (TYBOUT e CALKINS, 2018).

CRITÉRIOS DE AVALIAÇÃO

Cerf e Garcia-Garcia (2017) afirma que as escolhas baseadas em atributos apoiam-se bastante em uma comparação de marcas com relação a um ou mais atributos. Esses atributos são chamados critérios avaliativos porque são dimensões em que as marcas são avaliadas.

Os critérios de avaliação são as diversas dimensões, recursos ou benefícios que um consumidor busca em resposta a um problema específico. Embora os atributos funcionais sejam comuns, os critérios de avaliação também podem ser as emoções (o prazer associado a comer um bolo de chocolate) e as reações dos importantes membros do grupo de referência (para os produtos consumidos socialmente) (PAGE, 2015).

Antes de comprar um computador, você pode se preocupar com custo, velocidade, memória, sistema operacional, monitor e garantia.

Esses seriam os seus critérios de avaliação. Outra pessoa poderia abordar a mesma compra com um conjunto totalmente diferente de critérios de avaliação (EYAL, 2020).

Stephens (2016) ilustra que antes de um gerente de marketing ou tomador de decisão de políticas públicas poder desenvolver uma sólida estratégia para afetar as decisões do consumidor, ele deve determinar:

- Que critérios de avaliação são utilizados pelo consumidor.
- Como o consumidor percebe as diversas alternativas relacionadas com cada critério.
- A importância relativa de cada critério.

Portanto, muitas vezes é difícil determinar quais critérios os consumidores estão utilizando em uma decisão específica de escolha de marca, particularmente se houver emoções ou sentimentos envolvidos. Isso é um problema ainda maior quando se tenta determinar a importância relativa que eles atribuem a cada critério de avaliação (SOLOMON, 2016).

CRITÉRIOS DE AVALIAÇÃO, JULGAMENTOS INDIVIDUAIS E ESTRATÉGIA DE MARKETING

Evidentemente, os profissionais de marketing têm de entender os critérios de avaliação que os consumidores utilizam em relação a seus produtos e desenvolver produtos que sejam excelentes nessas características. Todos os aspectos do composto de comunicações de marketing têm, então, de transmitir essa excelência (MOTHERSBAUGH *et al.*, 2020).

Os profissionais de marketing também têm de reconhecer e reagir à capacidade dos indivíduos de julgar os critérios de avaliação, bem como suas tendências a utilizar indicadores substitutos. Por exemplo, a maioria dos novos produtos de consumo é inicialmente testada em relação aos concorrentes por meio de testes cegos (KARDES, CRONLEY e CLINE, 2014).

Segundo Graves (2011) um teste cego é aquele em que o consumidor não é informado sobre o nome da marca do produto. Tais testes permitem que o profissional de marketing avalie as características funcionais do produto e determine se uma vantagem sobre um concorrente específico foi obtida sem os efeitos contaminadores, ou de halo, do nome da marca ou da reputação da empresa.

Godin (2019) argumenta que os profissionais de marketing também têm de entender os diversos fatores que podem influenciar a percepção dos consumidores com relação à importância dos critérios de avaliação. Entender que os atributos podem ser importantes, mas exercer relativamente pouca influência sobre as decisões dos consumidores devido à semelhança com os concorrentes é um *insight* fundamental.

Apela à necessidade de os gerentes de marketing examinarem os pontos críticos de diferenciação sobre os quais a marca pode ser posicionada. Temas promocionais que enfatizam ocasiões de uso específicas para as quais a marca é especialmente adequada podem ser eficazes, assim como estratégias como as imagens mentais que atraem a atenção do consumidor para um atributo em que a marca da empresa é particularmente forte (SOLOMON, 2016).

PROCESSOS PÓS-COMPRA, SATISFAÇÃO DO CLIENTE E COMPROMISSO DO CONSUMIDOR

Para Lewis e Bridges (2004) a compra é seguida por diversos processos, incluindo uso, avaliação e, em alguns casos, satisfação. Além disso, as respostas dos consumidores relacionadas com a satisfação incluem a recompra, o boca a boca positivo e a fidelidade.

A avaliação também pode levar à insatisfação, que às vezes está associada à reclamação, bem como à quebra da fidelidade, à troca de marca e ao boca a boca negativo. As respostas apropriadas ao produto e à falha de serviço são fundamentais, incluindo a inserção de processos para acompanhar potenciais problemas como as opções de centrais de atendimento e mídias sociais (UNDERHILL, 2009).

Uma vez reconhecido o problema, tomar as providências adequadas é uma forma importante de tentar reverter ou eliminar os resultados negativos de insatisfação. Os programas de Gestão de Relacionamento com o Cliente e o serviço de alta qualidade, conforme discutido na abertura, são aspectos fundamentais da estratégia de marketing desenvolvida tanto para proporcionar alta satisfação quanto para lidar com a insatisfação quando ela ocorre (MADRUGA, 2018).

Conforme Madruga (2018) a Figura 33 ilustra os relacionamentos entre os diversos processos, que são o foco deste capítulo. Ela também indica que imediatamente após a compra, e, em geral, antes do uso, os consumidores podem ter dúvidas ou se sentir ansiosos, um fenômeno denominado dissonância pós-compra.

Figura 34 – Comportamento do consumidor após a compra

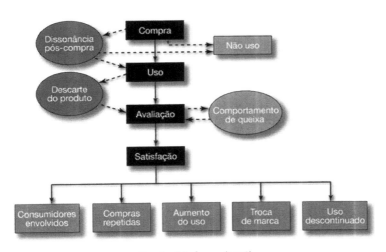

Fonte: Madruga (2018)

DISSONÂNCIA PÓS-COMPRA

Tybout e Calkins (2018) explicam que a dissonância, em geral, não ocorre para a tomada de decisão limitada ou nominal de baixo envolvimento. Essas decisões são relativamente fáceis e não são importantes. A dissonância é mais comum em tomadas de decisão estendidas e de alto envolvimento, em que as trocas entre os atributos desejáveis geram conflitos (como no conflito entre preço-qualidade que surgiu na decisão sobre a sala de jantar, mostrada anteriormente).

Tais conflitos geram emoções negativas e postergam a decisão.6 Dessa forma, quando tais conflitos existem, os vendedores e as propagandas podem tentar reforçar a atenção do consumidor em aspectos positivos da decisão ou fornecer incentivos para que ele compre mesmo passando por um conflito difícil. Conforme Stephens (2016) depois que a compra é realizada, o consumidor pode usar uma ou mais das seguintes abordagens para reduzir a dissonância:

- Aumentar a desejabilidade da marca comprada.
- Diminuir a desejabilidade das alternativas rejeitadas.
- Diminuir a importância da decisão de compra.
- Reverter a decisão de compra (devolver o produto antes do uso).

As propagandas e os esforços de venda posteriores podem ter um efeito enorme sobre a dissonância pós-compra porque os consumidores, em seu processo de reavaliação, muitas vezes buscam por informações e são receptivos a elas, o que confirma a sensatez da compra. A mala direta, as ligações posteriores e os e-mails podem ser eficazes (SOLOMON, 2016).

AVALIAÇÃO DA COMPRA E SATISFAÇÃO DO CLIENTE

Como vimos na Figura 33, a avaliação de um consumidor em relação a uma compra pode ser influenciada pelo processo de compra em si, pela dissonância pós-compra, pelo uso do produto e pelo descarte do produto/embalagem. Além disso, a loja ou o produto ou ambos podem estar envolvidos na avaliação.

Os consumidores podem avaliar cada aspecto da compra, abrangendo desde a disponibilidade de informações até o preço ou o serviço do varejo ou o desempenho do produto. Além disso, a satisfação com um componente, como o produto em si, pode ser influenciada pelo nível de satisfação com outros componentes, como o vendedor (KARDES, CRONLEY e CLINE, 2014).

No caso de muitos produtos, esse processo é dinâmico, sendo que os fatores que geram a satisfação evoluem com o tempo. No entanto, tenha em mente que as decisões nominais e muitas decisões limitadas são ativamente avaliadas apenas se algum fator, como uma evidente falha no funcionamento do produto, direciona a atenção para a compra (HOYER, MACINNIS e PIETERS, 2016).

DETERMINANTES DA SATISFAÇÃO E DA INSATISFAÇÃO

Visto que as expectativas de desempenho e o desempenho real são fatores importantes no processo de avaliação, precisamos entender as dimensões do desempenho do produto e do serviço. Um importante estudo sobre os motivos que levam os clientes a mudar de prestadores de serviços descobriu que as ações dos concorrentes eram uma causa relativamente pequena (AAKER, 2015).

A maioria dos clientes não mudava de um fornecedor satisfatório para um melhor. Em vez disso, eles mudavam por causa de problemas percebidos no atual prestador de serviços. A natureza desses problemas e o percentual de cada um como motivo de mudar de fornecedor são os seguintes (os percentuais somam mais de 100% porque muitos clientes listaram diversas razões que os levaram a mudar) conforme Graves (2011):

- Falha essencial no serviço (44%) – erros (reservar um assento no corredor em vez do assento solicitado na janela), enganos nas faturas e catástrofes no serviço que prejudicaram o cliente (a lavanderia a seco destruiu meu vestido de casamento).
- Falhas no contato com o prestador de serviços (34%) – funcionários não eram cuidadosos, educados, compreensivos ou instruídos.
- Preço (30%) – preços altos, aumentos de preços, práticas injustas de preços e preço enganoso.
- Inconveniência (21%) – localização, horário de funcionamento, tempo de espera para a prestação do serviço ou consultas eram inconvenientes.
- Respostas a falhas no serviço (17%) – respostas relutantes, nenhuma resposta ou respostas negativas (é culpa sua).
- Atração por parte dos concorrentes (10%) – melhor apresentação, mais confiável, melhor qualidade e mais valor.
- Problemas éticos (7%) – comportamento desonesto, comportamento intimidador, práticas inseguras ou insalubres ou conflitos de interesse.
- Mudança involuntária (6%) – prestador de serviço ou cliente se muda ou um terceiro que paga pelo serviço, como uma empresa de seguros, exige a mudança.

Outros estudos descobriram que o tempo de espera tem um importante impacto nas avaliações de serviços. Os consumidores apresentam reações particularmente negativas a atrasos sobre os quais acreditam que o prestador de serviço tem controle e durante os quais eles têm poucas formas de ocupar o tempo (LINDSTROM, 2009). Quais são as implicações desses resultados para a estratégia de marketing?

Bridger (2018) observa que a falha em determinada característica do produto ou do serviço, em geral, tem um efeito mais forte sobre os consumidores do que o sucesso com relação a essa mesma característica – algo chamado viés de negatividade. Portanto, dependendo dos atributos e da regra de decisão envolvida, isso pode significar, em primeiro lugar, atender às expectativas entre todas as características relevantes antes de maximizar o desempenho de algumas.

Page (2015) ressalta que as empresas estão usando tecnologia como uma forma de fornecer serviços mais convenientes tanto *online* quanto na loja. Os escâneres de verificação de preço nas lojas e os aplicativos móveis de preços locais podem tornar a experiência nas lojas mais satisfatória.

E a funcionalidade do site como o uso de avatares e de chat via texto ou vídeo com os representantes dos consumidores pode ser fundamental para a satisfação do cliente *online*. Quando a tecnologia falha ou é complicada de usar, os consumidores tipicamente ficam insatisfeitos. No caso da finalização da compra *online*, tais fatores podem resultar em perda de vendas à medida que os consumidores abandonam seus carrinhos de compra (KOTLER, KARTAJAYA e SETIAWAN, 2021).

No caso de muitos produtos, existem duas dimensões relacionadas com o desempenho: instrumental e expressiva ou simbólica. O desempenho instrumental relaciona-se com o funcionamento físico do produto. O desempenho simbólico relaciona-se com o desempenho estético ou de melhoria da imagem. Por exemplo, a durabilidade de um blazer é um aspecto do desempenho instrumental, enquanto o corte representa o desempenho simbólico (AAKER, 2015).

A satisfação total requer um desempenho adequado em ambas as dimensões. No entanto, pelo menos no caso de algumas categorias de produtos, como as roupas, "a insatisfação é causada por uma falha no desempenho instrumental, enquanto a satisfação total também requer que as funções simbólicas tenham um desempenho igual ou acima dos níveis esperados" (TYBOUT e CALKINS, 2018).

Além do desempenho simbólico e instrumental, os produtos também apresentam um desempenho afetivo. O desempenho afetivo é a reação emocional proporcionada pelo fato de possuir ou usar o produto ou a loja (GODIN, 2019).

Pode surgir a partir do desempenho instrumental ou simbólico ou do produto em si; por exemplo, um terno que gera olhares de admiração ou elogios pode gerar uma reação emocional positiva. Ou o desempenho afetivo pode ser o principal benefício do produto, como um filme ou romance emotivo (MILLER, 2012).

Segundo Solomon (2016) uma pesquisa sobre os satisfeitos e insatisfeitos *online* descobriu que as quatro dimensões a seguir são importantes:

- Design de sites e interação: inclui fatores como qualidade de informação, navegação, preço, disponibilidade de mercadoria, processo de compra e acompanhamento do pedido.
- Segurança e privacidade: inclui fatores relacionados com a segurança como fraude e falsidade ideológica e privacidade relacionada com esforços indesejados de marketing.
- Realização e confiabilidade: inclui fatores como entrega dentro do prazo, precisão do pedido e da fatura e qualidade da mercadoria.
- Serviço ao consumidor: inclui fatores relacionados com o nível de serviço como apoio ao consumidor, habilidade e facilidade de comunicação, bem como fatores relacionados com devoluções como políticas de devolução claras e justas.

COMPRADORES FREQUENTES, CLIENTES COMPROMETIDOS E ESTRATÉGIA DE MARKETING

Para Graves (2011) uma etapa importante no desenvolvimento de uma estratégia de marketing para um segmento específico é detalhar os objetivos buscados. Existem diversas possibilidades distintas:

1. Atrair novos usuários para a categoria de produtos.
2. Captar os atuais clientes dos concorrentes.
3. Estimular os atuais clientes a usar mais.

4. Estimular os atuais clientes a se tornarem compradores frequentes.

5. Estimular os atuais clientes a se tornarem clientes comprometidos.

Cada um dos objetivos listados exigirá estratégias e compostos de marketing diferentes. Os primeiros dois objetivos exigem que o profissional de marketing convença os clientes potenciais de que a marca fornecerá um valor superior a não usar o produto ou a usar outra marca.

Underhill (2009) enfatiza que as propagandas que prometem benefícios superiores, cupons, amostras grátis e estratégias semelhantes são abordagens comuns. Embora algumas empresas se contentem em considerar a venda a última etapa, empresas inteligentes agora percebem a importância fundamental de manter os clientes depois da venda inicial.

Isso é verdadeiro mesmo no caso de itens que não são comprados com frequência – em vez de vendas repetidas, o profissional de marketing deseja uma comunicação boca a boca positiva ou, pelo menos, neutra.

Os três últimos objetivos listados anteriormente concentram-se no marketing para os atuais clientes da empresa. Todos exigem a satisfação do cliente como pré-condição necessária (RAMSØY, 2015).

Como indica a Figura 34 conforme Stephens (2016), isso requer que a empresa entregue o valor esperado pelo cliente. As técnicas para criar clientes satisfeitos foram descritas anteriormente. Os esforços de marketing concentrados nos atuais clientes de uma empresa geralmente são denominados marketing de relacionamento.

Figura 35 – Resultados da satisfação do cliente

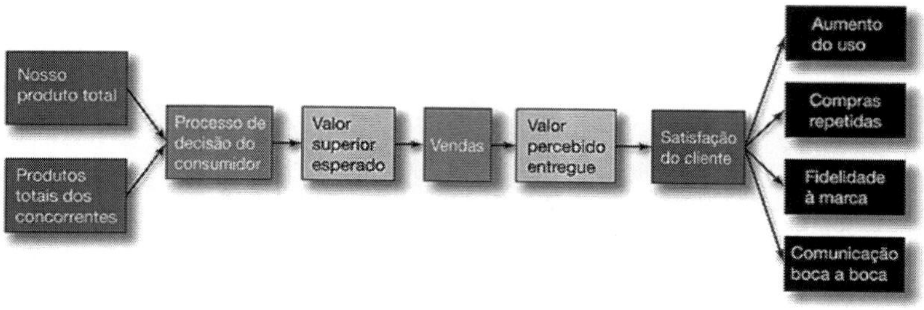

Fonte: Stephens (2016)

MARKETING DE RELACIONAMENTO

Uma tentativa de desenvolver um relacionamento contínuo para expandir os negócios com os clientes de uma empresa é denominada marketing de relacionamento. De diversas maneiras, ele busca imitar os relacionamentos que existiam entre as lojas de bairro e seus clientes muitos anos atrás (MADRUGA, 2018).

Nesses relacionamentos, o proprietário da loja conhecia os clientes não apenas como clientes, mas também como amigos e vizinhos. O proprietário era capaz de antecipar as necessidades dos clientes e fornecer ajuda e conselhos quando necessário (TYBOUT e CALKINS, 2018).

O marketing de relacionamento tenta alcançar os mesmos resultados, mas, devido ao tamanho da maioria das operações, a empresa tem de utilizar bancos de dados, comunicações de massa customizadas e treinamento e motivação avançados dos funcionários (GODIN, 2019).

CONFORME MADRUGA (2018) O MARKETING DE RELACIONAMENTO TEM CINCO ELEMENTOS PRINCIPAIS:

1. Desenvolver um serviço ou produto essencial em torno do qual será construído o relacionamento com o cliente.

2. Personalizar o relacionamento com o cliente individual.

3. Aumentar o serviço ou produto essencial com benefícios adicionais.

4. Exercitar preços que estimulem a fidelidade.

5. Vender a ideia para os funcionários para que eles apresentem um bom desempenho em relação aos clientes.

Essa lista de elementos deixa claro que o marketing de relacionamento é concentrado em entender as necessidades dos consumidores em nível individual. Nem todos os clientes são igualmente receptivos para os esforços de marketing de relacionamentos (AAKER, 2015).

As percepções de que tais relacionamentos com a empresa serão inconvenientes e não gerarão benefícios adequados e preocupações com relação à privacidade são alguns fatores que reduzem a propensão de o consumidor se engajar em esforços de marketing de relacionamento (SOLOMON, 2016).

COMPORTAMENTO DO CONSUMIDOR ALIADO A NEUROCIÊNCIA

"Não somos máquinas pensantes. Somos máquinas sentimentais que pensam." António Damásio (Cientista, Professor de Neurociência, Psicologia e Filosofia)

A neurociência do consumidor é a aplicação de métodos neurocientíficos para a compreensão do comportamento do consumidor. No começo dos anos 2000 a neurociência informou a ciência do marketing de maneira significativa e a interação entre essas duas ciências ajudou a gerar *insights* mais profundos sobre o comportamento do consumidor. Isso levou ao surgimento de um novo campo de estudo, denominado neuromarketing ou neurociência do consumidor (RAMSØY, 2015).

Durante a maior parte do século 20, modelos racionais de economia e consumismo dominaram o mundo dos negócios e do marketing. No entanto, as últimas décadas desafiaram esses padrões de pensamento e ação. Técnicas de imagem cerebral, estudos de movimentos oculares e o peso dos dados experimentais tornaram o neuromarketing popular (MORIN, 2011).

Esse desenvolvimento se reflete no impressionante número de vendas de livros de neuromarketing e no reconhecimento acadêmico de autores como Thomas Ramsoy, Jesper Clement, Daphne Bavelier, Daniel Kahneman, entre outros de igual importância.

No entanto, há uma desvantagem no fato de que toda essa experiência está disponível, é que ela não é suficiente por si só. Embora muitos dos fenômenos destacados nos livros universais, a melhor maneira de usá-los é muito específica. Se você deseja melhorar a maneira como você se comunica ou tornar sua marca mais eficiente, criar a melhor biblioteca de neuromarketing do mundo é apenas o primeiro passo.

Neste capítulo apresentamos aos leitores este campo emergente na literatura e na prática de marketing agregado ao comportamento do consumidor fornecendo uma visão geral das aplicações da neurociência em ambos os campos, pois são indissolúveis na prática.

O neuromarketing é um campo emergente que une o estudo do comportamento do consumidor com a neurociência. Controverso quando surgiu pela primeira vez em 2002, o campo ganhou rapidamente credibilidade e adoção entre os profissionais de publicidade e marketing (CERF e GARCIA-GARCIA, 2017).

A cada ano, bilhões de dólares são investidos em campanhas publicitárias. No entanto, os métodos convencionais para testar e prever a eficácia desses investimentos geralmente falharam porque dependem da disposição e competência dos consumidores para descrever como se sentem quando são expostos a um anúncio (ZURAWICKI, 2010).

O neuromarketing oferece métodos de ponta para sondar diretamente as mentes sem exigir participação cognitiva ou consciente. A combinação de neuro e marketing implica a fusão de dois campos de estudo (neurociência e marketing).

O termo neuromarketing não pode ser atribuído a um indivíduo em particular, pois começou a aparecer organicamente por volta de 2002. Na época, algumas empresas norte-americanas como a SalesBrain e a Brighthouse se tornaram as primeiras a oferecer pesquisa em neuromarketing e serviços de consultoria defendendo o uso de tecnologia e conhecimento provenientes de campo da neurociência cognitiva.

Basicamente, o neuromarketing está para o marketing o que a neuropsicologia está para a psicologia. Enquanto a neuropsicologia estuda a relação entre o cérebro e as funções cognitivas e psicológicas humanas, o neuromarketing promove o valor de olhar para o comportamento do consumidor a partir de uma perspectiva cerebral (BRIDGER, 2018).

PANORAMA HISTÓRICO

No final do século 20, várias empresas comerciais apoiaram financeiramente numerosos trabalhos usando encefalografia e outras ferramentas de neurofisiologia, para desenvolver o marketing graças a uma melhor compreensão das respostas comportamentais inconscientes à publicidade ou programação de televisão.

Em 1998, Gerald Zaltman e Stephen Kosslyn, dois professores da Universidade de Harvard, registraram uma patente para "neuroimagem como ferramenta de marketing"; mas Zaltman rapidamente se concentrou em uma técnica chamada "Elicitação da metáfora de Zaltman", baseada em uma entrevista estruturada e não em imagens do cérebro.

Kosslyn, por sua vez, parece ter esperado até 2008 para retornar ao assunto, ingressando no conselho consultivo de uma empresa chamada NeuroFocus. No mesmo ano de 1998, Dehaene *et al.* promoveu um efeito facilitador (tempo de decisão reduzido se dois estímulos sucessivos induzem a mesma decisão no final do segundo estímulo), tanto pela ressonância magnética femoral quanto pela eletroencefalografia.

Em um contexto de tomada de decisão econômica, estímulos bem escolhidos poderiam, portanto, talvez, ter uma influência não negligenciável. Essas perspectivas são a base do interesse dos círculos de marketing para estudos neurais no início dos anos 2000.

A palavra "neuromarketing" apareceu pela primeira vez no título de uma publicação científica em meados de 2007, quando Lee, Broderick e Chamberlain (2007) e Fugate (2007) publicaram quase simultaneamente dois artigos sobre o assunto, respectivamente no International. Journal of Psychophysiology e no Journal of Consumer Marketing. Antes disso, assuntos próximos foram estudados por acadêmicos, inclusive em neuroeconomia.

O termo "neuromarketing" apareceu no início dos anos 2000. Essa abordagem nasceu da pesquisa do doutor Read Montague, pesquisador da Universidade de Baylor (Texas). Outros pesquisadores, tanto em economia quanto em gestão e marketing, já tentaram integrar dados neurocientíficos em seus paradigmas teóricos.

A experimentação neurológica é frequentemente complexa, onerosa e de fato reservada com prioridade para estudos patológicos: as técnicas mais leves (eletroencefalografia) são, portanto, as mais utilizadas. Os vieses introduzidos pelas metodologias experimentais impostas pelos atuais dispositivos de medição limitam a relevância dos resultados obtidos, limitados no momento à identificação de mecanismos gerais de tomada de decisão e à medição de preferências espontâneas (CERF e GARCIA-GARCIA, 2017).

O uso público da palavra neuromarketing parece datado de 2002, por um lado por Smidts em um discurso inaugural no Erasmus Management Institute, e, por outro lado, através do Atlântico em um comunicado de imprensa do BrightHouse Institute para a Thought Sciences, com sede em Atlanta, que, depois de testar na ressonância magnética, as respostas cerebrais de voluntários confrontados com alimentos, anúncios, modelos de carros e "outras categorias de sujeitos" anunciaram a criação de uma empresa chamada BrightHouse Neurostrategies usando FMRI ao serviço da Pesquisa de Marketing.

"Imagine ser capaz de observar e quantificar a verdadeira resposta de um consumidor a algo sem a influência do pensamento de grupo ou outros vieses que enfraquecem as abordagens atuais de pesquisa", disse Brian Hankin (Presidente de Ciências do Pensamento). Segundo a empresa, o neuromarketing permitiria que o Marketing fosse mais eficiente, mas também entendesse melhor por que campanhas úteis (contra tabaco, álcool ou outras drogas, por exemplo) eram tão ineficazes.

Vários atores e, em particular, a organização americana Commercial Alert, imediatamente criticaram essa empresa por colocar meios antiéticos a serviço da publicidade, em particular para empresas de *junk food*, e com um conflito de interesses com a empresa. A Universidade Emory, que esteve na origem desta nova unidade de negócios, com pelo menos um professor de psiquiatria, e mobilização de equipamentos Universidade e rapidamente pediram ao Escritório Federal para a Proteção da Pesquisa Humana e ao Senado dos Estados Unidos para investigar as pesquisas da BrightHouse. O site da BrightHouse Neurostrategies foi rapidamente fechado.

Em 2004, McClure *et al.* realizou um estudo com resultados amplamente divulgados na mídia sobre as preferências implícitas e explícitas de consumo entre duas marcas de refrigerantes (Pepsi e Coca-Cola). Em dois testes, o primeiro consistindo em uma degustação de duas amostras diferentes sem o conhecimento das duas marcas, o segundo consistindo em uma degustação de duas amostras com o conhecimento de apenas uma das duas marcas (este segundo teste é repetido duas vezes, para ambas as marcas), os pesquisadores destacam a influência da marca na apreciação explícita do produto pelo consumidor.

Sem o conhecimento das marcas ou o conhecimento da marca Pepsi, eles não mostraram preferência estatisticamente significativa para nenhuma das duas amostras. Quando eles souberam que estavam bebendo Coca-Cola, uma clara preferência por esse refrigerante foi expressa.

No primeiro caso, foi essencialmente o putâmen que estava ativo (valores do paladar, prazer). No segundo caso, além de duas partes do córtex pré-frontal nomeadas de acordo com sua localização anatômica (o córtex pré-frontal ventromedial e o córtex pré-frontal dorsolateral), o hipocampo e o tronco central estavam ativos, enquanto o putâmen estava claramente atrás.

Os dois tipos de resposta que constituem comportamentos objetivos no sentido de reflexos neurológicos, destacaram a influência da memorização e da marca Coca-Cola.

PRINCÍPIOS E OPERAÇÃO

Para Ramsøy (2015) o neuromarketing apresenta dois tipos de aplicações: Aplicação do conhecimento sobre o funcionamento do cérebro para tornar a comunicação mais eficiente, seja qual for o formato (papel, audiovisual etc.) e sua finalidade (publicidade, informação etc.). Isso visa melhorar as características da ferramenta ou sua disseminação (*neuroplanning*).

Uso de ferramentas para medir a atividade cerebral (como eletroencefalografia (EEG), ressonância magnética funcional, ressonância magnética por difusão, imagem espectroscópica no infravermelho próximo) ou atividade fisiológica (condutância da pele, eletromiografia, oculometria, rastreamento ocular (*eye tracking*), medidas psicofísicas como dilatação pupilar etc.) para fins de marketing. Essas ferramentas permitiriam, por exemplo, medir os níveis de atenção e emoção gerados por um espaço publicitário, evitando certos limites dos chamados métodos declarativos baseados no interrogatório do consumidor (ZURAWICKI, 2010).

A vantagem do EEG reside em sua portabilidade e precisão temporal, o que possibilita acompanhar a ativação cerebral em todo o anúncio. Sua baixa precisão espacial e sua incapacidade de registrar regiões profundas do cérebro são os limites de seu uso. A fMRI permite observar todas as áreas do cérebro que provavelmente serão ativadas com grande precisão anatômica (da ordem de um milímetro). Seus limites estão na precisão do tempo e na impossibilidade de realizar medições em um ambiente real, por exemplo, no momento da compra (CERF e GARCIA-GARCIA, 2017).

As diferentes técnicas de imagiologia médica utilizadas por essa nova disciplina possibilitam registrar a resposta cerebral de um agente econômico em determinadas situações, como ver um anúncio, testar produtos concorrentes, o ato de comprar, com ou sem música, em uma situação real etc. A ressonância magnética funcional (ILISI) e eletroencefalografia (FST) são particularmente utilizados para identificar os mecanismos neurológicos relacionados à preferência, atenção, memorização e emoções que podem induzir a atual decisão de vendas (BRIDGER, 2018).

O neuromarketing explora os aspectos neurológicos dos traços de personalidade correspondentes à confiança concedida e a uma impulsividade de compra mais ou menos alta. Certos compradores são naturalmente mais cautelosos ou cautelosos e, em contraste com eles, compradores com altos graus de impulsividade são chamados compradores hedônicos. As regiões cerebrais mais associadas à compra de confiança e impulsividade são o estriado dorsal, o cingulado anterior, o córtex pré-frontal dorsolateral e o córtex ínsula (CERF e GARCIA-GARCIA, 2017).

Além disso, embora poucos estudos sejam publicados e revisados por pares, ainda é difícil provar as alegações dessas empresas sobre a capacidade da neurociência de prever o comportamento do consumidor para guiá-lo ou manipulá-lo (CIALDINI, 2021).

Segundo Morin (2011), muitas áreas do cérebro são muito frequente e altamente estressadas, o que significa que estão envolvidas em muitos processos, portanto, não se pode inferir que sua ativação seja uma prova certa do comprometimento da pessoa com um processo de escolha ou compra.

Para Cialdini (2021) o neuromarketing é um "golpe de marketing" com utilidade duvidosa que não possui utilidade prática como ferramenta para ajudar na tomada de decisões e melhorar a eficiência das práticas de comunicação. Mas mantém sua utilidade simbólica nas representações sociais da organização onde a marca desempenha um papel importante.

O neuromarketing parece pronto para se desenvolver. Até o momento, vários estudos destacaram o importante papel da memorização inconsciente no ato da compra, mas a ligação entre preferências espontâneas e memória ainda não foi descoberta (PENROD, 2023).

O neuromarketing poderia dar indicações sobre como melhorar a memorização e, portanto, as preferências, o que supõe quantificar efetivamente a memorização de atos publicitários ou comerciais. (Vários meios são usados para recuperar uma mensagem comercial, incluindo som, cheiro ou imagem animada). No entanto, "lembrar" não é "comprar" e, para os anunciantes, o desafio permanece 'associar a uma preferência condicionada, uma intenção de compra "eficaz" (RAMSØY, 2015).

Outro desenvolvimento do neuromarketing é baseado na comparação entre os efeitos de duas marcas, dois produtos ou dois pontos de publicidade. Assim, podemos ver, por um lado, os sentimentos específicos do objeto e, por outro, o que o distingue da competição, de acordo com o livro Buyology – Truth and Lies About Why We Buy do consultor Martin Lindstrom, da dos resultados do maior estudo de neuromarketing realizado de 2004 a 2007 em 2.081 pessoas.

O neuromarketing procura entender a lógica por trás de como os consumidores tomam decisões de compra e suas respostas aos estímulos de marketing para aplicar esses aprendizados no campo do marketing (LINDSTROM, 2009).

Os benefícios potenciais para os profissionais de marketing incluem campanhas e estratégias de marketing mais eficientes e eficazes, menos falhas de produtos e campanhas e, finalmente, a manipulação das reais necessidades e desejos das pessoas para atender às necessidades e desejos dos interesses de marketing. Certas empresas, particularmente aquelas com ambições de larga escala para prever o comportamento do consumidor, investiram em seus próprios laboratórios, pessoal científico ou parcerias com a academia (MORIN, 2011).

A coleta de informações sobre como o mercado-alvo responderia a um produto é o primeiro passo para as organizações que anunciam um produto. Os métodos tradicionais de pesquisa de marketing incluem grupos focais ou pesquisas consideráveis usadas para avaliar as características do produto proposto (CERF e GARCIA-GARCIA, 2017).

Algumas das técnicas de pesquisa convencionais usadas neste tipo de estudo são a medida da atividade elétrica cardíaca (ECG) e a atividade elétrica da derme (DEA) de indivíduos. No entanto, resulta em uma incompatibilidade entre as descobertas de pesquisas de mercado e o comportamento real exibido pelo mercado-alvo no momento da compra. (ZURAWICKI, 2010)

A tomada de decisão humana é um processo consciente e não consciente no cérebro, e, embora esse método de pesquisa tenha conseguido reunir emoções explícitas (ou conscientes), não conseguiu obter as emoções implícitas (ou inconscientes) do consumidor. A informação não consciente tem uma grande influência no processo de tomada de decisão (DOS SANTOS, 2017).

Uma maior compreensão da cognição e do comportamento humanos levou à integração das ciências biológicas e sociais: Neuromarketing, um método recente utilizado para entender os consumidores. O conceito de neuromarketing combina marketing, psicologia e neurociência (CERF e GARCIA-GARCIA, 2017).

A pesquisa é conduzida em torno das motivações implícitas para entender as decisões dos consumidores por métodos não-invasivos da psicanálise para medir a atividade cerebral. Isso inclui eletroencefalografia (EEG), magnetoencefalografia (MEG) e ressonância magnética funcional (fMRI), rastreamento ocular, medidas de resposta eletrodérmica e outras neurotecnologias (BRAEUTIGAM e KENNING, 2022).

Os pesquisadores investigam e aprendem como os consumidores respondem e se sentem quando apresentados a produtos e/ou estímulos relacionados. As observações podem então ser correlacionadas com as emoções supostas dos participantes e as interações sociais. Pesquisadores de mercado usam essas informações para determinar se produtos ou anúncios estimulam respostas no cérebro ligadas a emoções positivas (MILLER, 2012).

O conceito de neuromarketing foi, portanto, introduzido para estudar emoções humanas relevantes e padrões de comportamento associados a produtos, anúncios e tomada de decisão. O neuromarketing fornece modelos de comportamento do consumidor e também pode ser usado para reinterpretar a pesquisa existente. Ele fornece a teorização dos aspectos emocionais do comportamento do consumidor (ZURAWICKI, 2010).

O comportamento do consumidor investiga as escolhas conscientes do indivíduo e os níveis subjacentes de atividade cerebral. Por exemplo, os processos neurais observados fornecem uma previsão mais precisa dos dados no nível da população em comparação aos dados autorrelatados (STEPHENS, 2016).

O neuromarketing pode medir os impactos das estratégias de marca e de mercado antes de aplicá-las aos consumidores-alvo. Os profissionais de marketing podem anunciar o produto para que ele se comunique e atenda às necessidades de potenciais consumidores com diferentes previsões de escolha (CERF e GARCIA-GARCIA, 2017).

O neuromarketing também é usado com o Big Data ou a Ciência de Dados para entender os canais de publicidade modernos, como redes sociais, comportamento de pesquisa e padrões de engajamento de sites. Agências e Consultorias como a Kantar Millward Brown – MMA Global, Nielsen, Gartner, entre outras ajudam as organizações a usar esse tipo de neurociência em seu marketing para se comunicar melhor com os consumidores no nível subconsciente (PENROD, 2023).

SEGMENTAÇÃO, POSICIONAMENTO E PSEUDOCIÊNCIA

Com base no conceito de neuromarketing proposto para o processamento de decisões, as decisões de compra do consumidor dependem do processamento do Sistema 1 ou do Sistema 2 ou dos dois cavalos e de uma carruagem de Platão. O pensamento do sistema 1 era intuitivo, inconsciente, sem esforço, rápido e emocional. Por outro lado, as decisões conduzidas pelo Sistema 2 eram deliberadas, fundamentadas, lentas e com esforço (KAHNEMAN, SIBONY e SUNSTEIN, 2021).

Zurawicki (2010) retrata que as decisões de compra são motivadas pelo humor e pelas emoções; concluindo que as compras compulsivas e ou espontâneas foram impulsionadas pelo sistema 1.

Os profissionais de marketing usam segmentação e posicionamento para dividir o mercado e escolher os segmentos que eles usarão para se posicionar para segmentar estrategicamente seu anúncio. Usar as diferenças neurológicas entre os sexos pode alterar o mercado-alvo e o segmento. A pesquisa mostrou que as diferenças estruturais entre o cérebro masculino e feminino têm forte influência em suas respectivas decisões como consumidores (LINDSTROM, 2009).

Os jovens representam uma alta parcela de compradores em muitos setores, incluindo o mercado de eletrônicos e a moda. Devido ao desenvolvimento da maturação cerebral, os adolescentes estão sujeitos a fortes reações emocionais, embora possam ter dificuldade em identificar a expressão emocional de outras pessoas (MORIN, 2011).

Os profissionais de marketing podem usar essas informações neurais para direcionar adolescentes com mensagens mais curtas e atraentes (usando várias mídias, como som ou imagens em movimento) e aquelas que podem influenciar claramente suas expressões emocionais (PAGE, 2015).

Os adolescentes confiam mais em "pressentimentos" e não pensam completamente nas consequências, assim como principalmente os consumidores de produtos baseados em excitação e impulso. Devido a essa qualidade comportamental, segmentar o mercado para atingir os adolescentes pode ser benéfico para os profissionais de marketing que anunciam com uma abordagem emocional e de resposta rápida (BRAEUTIGAM e KENNING, 2022).

Muitas das reivindicações de empresas que vendem serviços de neuromarketing não se baseiam na neurociência real e foram desmascaradas como hype, e foram descritas como parte de uma moda passageira do «neurocientismo" pseudocientífico na cultura popular (PENROD, 2023).

Joseph Turow, professor de comunicações da Universidade da Pensilvânia, descarta o neuromarketing como outra reencarnação de tentativas enigmáticas para os anunciantes encontrarem abordagens não tradicionais para obter opiniões dos consumidores. Ele é citado ao dizer: "Sempre houve um santo graal na publicidade para tentar alcançar as pessoas de maneira hipodérmica".

INVASÃO DE PRIVACIDADE

Algumas organizações de defesa do consumidor, como o Center for Digital Democracy, criticaram a tecnologia potencialmente invasiva do neuromarketing. O neuromarketing é um campo polêmico que utiliza tecnologias médicas para criar campanhas de marketing bem-sucedidas, de acordo com Gary Ruskin, diretor executivo da Commercial Alert.

A questão da privacidade vem dos consumidores que desconhecem o objetivo da pesquisa, como os resultados serão usados ou que nem mesmo deram consentimento. Alguns até temem que os *neuromarketers* tenham a capacidade de ler a mente do consumidor e colocá-lo em "risco de discriminação, estigmatização e coerção" (CERF e GARCIA-GARCIA, 2017).

No entanto, muitas associações do setor em todo o mundo adotaram medidas para resolver o problema da privacidade (PENROD, 2023). Por exemplo, a Neuromarketing Science & Business Association estabeleceu princípios gerais e diretrizes éticas em torno das melhores práticas para os pesquisadores aderirem, como:

1. Não traga nenhum tipo de preconceito na metodologia da pesquisa, resultados e participantes
2. Não tire proveito da falta de conscientização dos participantes no campo
3. Comunicar o que os participantes devem esperar durante a pesquisa (metodologias)
4. Seja honesto com os resultados
5. Os dados dos participantes devem permanecer confidenciais
6. Revelar técnicas de coleta de dados aos participantes
7. Não coagir os participantes a participar de uma pesquisa e permitir que eles saiam quando quiserem

O exposto acima não é uma lista completa do que os pesquisadores devem respeitar, mas atenua o risco de os pesquisadores violarem a privacidade de um participante, se eles desejam que sua pesquisa seja reconhecida academicamente (PENROD, 2023).

MANIPULAÇÃO

Jeff Chester, diretor executivo do Center for Digital Democracy, afirma que o neuromarketing está "afetando pessoas sobre as quais as pessoas não são informadas". Além disso, ele afirma que, embora não tenha havido, historicamente, regulamentação sobre a publicidade de adultos devido a adultos terem mecanismos de defesa para discernir o que é verdadeiro e falso, os regulamentos devem agora ser colocados: "se a publicidade agora for propositadamente projetada para contornar essas defesas racionais... a proteção do discurso publicitário no mercado deve ser questionada".

Os advogados, no entanto, argumentam que a sociedade se beneficia das inovações do neuromarketing. O neurobiólogo alemão Kai-Markus Mueller promove uma variante de neuromarketing, "neuropricing", que usa dados de exames cerebrais para ajudar as empresas a identificar os preços mais altos que os consumidores pagarão. Müller diz que "todo mundo ganha com esse método", porque os preços testados no cérebro permitem que as empresas aumentem os lucros, aumentando assim as perspectivas de sobrevivência durante a recessão econômica (BRAEUTIGAM e KENNING, 2022).

LIMITAÇÕES

O neuromarketing não substitui os métodos tradicionais de marketing, mas um campo a ser usado junto com os métodos tradicionais para obter uma imagem mais clara do perfil de um consumidor. O neuromarketing fornece *insights* sobre as decisões implícitas de um consumidor, mas ainda é importante conhecer as decisões e atrações explícitas dos consumidores (GONÇALVES, 2016).

Para executar uma pesquisa de marketing completa, é necessário o uso de neuromarketing e de experiências de marketing tradicionais (CERF e GARCIA-GARCIA, 2017). Como sabemos que os clientes dizem o que pensam que devem dizer, não o que sentem, uma pesquisa precisa ocorrerá em duas etapas conforme Bayle-Touttoulou e Badoc (2020): 1. entender o que direciona a atenção, emoções e memórias dos clientes para a marca ou o produto, usando metodologias de neuromarketing. 2. realizar pesquisas de marketing convencionais, como grupo focal, para estabelecer o mix de marketing.

O neuromarketing também é limitado pelos altos custos de realização de pesquisas. A pesquisa requer uma variedade de tecnologias como fMRI, EEG, biometria, codificação facial e rastreamento ocular para aprender como os consumidores respondem e sentem os estímulos. No entanto, o custo para alugar ou possuir essas tecnologias e mesmo assim um laboratório pode ser necessário para operar as tecnologias mencionadas acima (BRAEUTIGAM e KENNING, 2022).

NEUROMARKETING E SUA RELAÇÃO COM A PUBLICIDADE

Compreender o que acontece no cérebro humano é um dos interesses da ciência moderna e um dos mistérios que nos levam a tentar entender como o cérebro do planejador de contas funciona na publicidade (DOS SANTOS, 2017). A primeira tarefa é reconhecer alguns fundamentos conceituais que ajudam a entender como os processos mentais são organizados na mente do planejador de contas, levando em consideração que é um profissional de publicidade que atua como "um viajante do tempo, capaz de entender o passado de um produto, entenda seu presente e é capaz de projetar as melhores alternativas para o futuro da marca". (Bayle-Touttoulou e Badoc, 2020, p. 94).

É que a capacidade de projeção que o planejador de contas de publicidade aplica às marcas é uma condição biológica, como Damasio (2022) explica: "A aparência de estruturas cerebrais capazes de detectar se o que deve ser recebido é uma "ameaça" ou uma "boa" para o organismo também foi importante. Além de sentir em si mesmos o que era bom ou uma ameaça, os cérebros começaram a usar pistas para prever isso". (Damasio, 2022, p. 95).

No entanto, a primeira coisa é lembrar que as operações mentais são realizadas no cérebro, um órgão que pesa aproximadamente 350 gramas quando o bebê nasce e que pode pesar 1.400 gramas na idade adulta entre 25 e 30 anos. Esse órgão "considerado o objeto mais complexo do sistema solar" (Kahneman, Sibony e Sunstein, 2021, p. 39) contém células microscópicas chamadas neurônios. Através do cérebro, interagimos com o mundo ao nosso redor.

Alguns autores concordaram em pensar que as células nervosas ou neurônios eram os componentes básicos e elementares que constituíam o cérebro e que eles viviam em permanente mudança.

Cada um desses neurônios atua como unidades mínimas de funcionamento e contém dezenas de mitocôndrias responsáveis por "extrair a energia contida nos alimentos que ingerimos e no ar que respiramos". (Pinker, 2008, p. 88). Nosso cérebro contém aproximadamente cem bilhões de neurônios. O número de conexões que podem ser feitas entre si (sinapses) atinge cem bilhões. A composição de um neurônio é dividida em três partes: núcleo, axônio (cilindro do eixo) e dendritos (ramificações) e, embora sejam idênticos entre si, não existem dois neurônios iguais (PINKER, 2022).

Cada neurônio possui em seu núcleo neurotransmissores (substâncias eletroquímicas), moléculas e um complexo sistema bioquímico que permite a síntese de proteínas e as operações necessárias para a sobrevivência da rede neuronal. O axônio, por sua vez, facilita a transmissão de sinais de um neurônio para outro (ZURAWICKI, 2010).

As ramificações do axônio são diferentes dos dendritos que circundam o núcleo. A transmissão de sinais entre neurônios é feita como um choque imperceptível ao olho humano, mas eles são realizados muito rapidamente e simultaneamente com muitos outros neurônios (BAYLE-TOURTOULOU e BADOC, 2020).

Nesse processo de comunicação entre os neurônios, a mielina, uma substância esbranquiçada que atua como isolante elétrico, facilita a condução de impulsos nervosos. Toda essa informação sobre o cérebro humano requer trabalho interdisciplinar entre disciplinas como neuroanatomia, neurofisiologia, neurofarmacologia, neuro-química e assim por diante (CERF e GARCIA-GARCIA, 2017).

A neurociência compreendeu, entre as décadas de 1950 e 1960, que deveria aceitar "a importância de unir esforços para alcançar um objetivo comum: entender melhor como percebemos, aprendemos, lembramos, pensamos, sentimos". (Gonçalves, 2016, p. 71)

Embora a compreensão do funcionamento do cérebro seja objeto de estudo da neurociência, não se pode esquecer que o cérebro faz parte do ser humano que, além de biológico, também é um ser social. É aqui que disciplinas como psicologia, antropologia, sociologia etc. servem como conectores interdisciplinares para a integração de aparentes opostos (biológicos e sociais) (PENROD, 2023).

Nesse ponto, Ramsøy (2015) esclarece que a publicidade quer ser outra disciplina que nos permita entender outra dimensão do indivíduo em contato com o mundo ao seu redor: o consumo.

Essa dimensão do consumo não é a mesma em humanos, existem diferenças na tomada de decisão entre homens e mulheres que podem ser influenciadas, entre muitos outros aspectos, por fatores fisiológicos. Muitos estudos mostram as diferenças cerebrais, tanto fisiológicas quanto psicológicas, que ocorrem entre homens e mulheres (BAYLE-TOURTOULOU e BADOC, 2020).

Nas mulheres, por exemplo: Existem mais fibras que ligam o hipotálamo ao córtex cerebral do que fibras do córtex cerebral ao hipotálamo (centro das emoções). Por esse motivo, muitas das decisões que tomamos são mais emocionais do que racionais, porque os estímulos (visuais, auditivos ou sensoriais) chegam primeiro ao hipotálamo e levam alguns milhares de segundos para atingir o córtex cerebral, esses milésimos de segundo elas podem ser a diferença entre dar uma resposta totalmente emocional (de agressividade, tristeza etc.) ou mais racional, na qual pensamos nas possibilidades reais de solução e na lógica. Isso não significa que não haja emoção na resposta, mas isso será mais racional (BRAEUTIGAM e KENNING, 2022).

A neurociência, com a ajuda de tecnologia especializada, como ressonância magnética nuclear funcional (fMRI), ajuda a publicidade a saber como os indivíduos (consumidores) pensam, agem e tomam decisões. Mas também, e é o caso que nos preocupa, nos permite entender como o ser humano pensa, age e toma decisões no papel de planejador de contas (RAMSØY, 2015). Se, por um lado, a neurociência concorda que "as conexões anatômicas entre os neurônios se desenvolvem de acordo com um plano definido, seu poder e eficácia não são predeterminados e podem ser alterados pela experiência" (Braeutigam-Touttoulou e Kenning, 2022, p. 64). Isso nos permite pensar que a maneira de pensar, no nosso caso do planejador de contas, pode ser modificada.

A SINAPSE

A palavra sinapse vem das sinapses gregas, que significa "agarrar com força", e foi proposta no final do século 19 pelo neurofisiologista britânico Charles S. Sherrington (1947). A sinapse é o contato que é feito entre os neurônios e regula "o grau de eficácia da transmissão de informações". (Penrod, 2023, p. 49)

A sinapse pode ocorrer de duas maneiras: elétrica e química. No primeiro, as mudanças ocorrem de maneira iônica, enquanto o segundo é produzido por meio de substâncias eletroquímicas ou neurotransmissoras que produzem alterações no potencial elétrico de outras sinapses próximas (BAYLE-TOURTOULOU e BADOC, 2020).

Os neurônios iniciam seu processo de extensão na infância e duram uma vida. As redes neurais agem como caminhos que permitem ao cérebro organizar de maneira organizada as informações que recebe, ou seja, "os modelos de redes neurais são baseados em conjuntos de unidades interconectadas; pretende-se que cada um corresponda a um neurônio ou a um pequeno grupo de neurônios." (Morin, 2011, p. 44)

À medida que o indivíduo cresce biologicamente, e com ele seu cérebro, as informações recebidas são armazenadas a tal ponto que ele começa a criar novos atalhos, que se tornam novas redes ou caminhos neurais (DOS SANTOS, 2017).

NEUROMARKETING E O PROCESSO DE DECISÃO DE COMPRA DO CONSUMIDOR

O processo de decisão de compra do consumidor é usado pelos consumidores em relação às transações de mercado antes, durante e após a compra de um bem ou serviço. Pode ser visto como uma forma particular de uma análise de custo-benefício na presença de múltiplas alternativas (CERF e GARCIA-GARCIA, 2017).

Exemplos comuns incluem fazer compras e decidir o que comer. A tomada de decisão é uma construção psicológica. Isso significa que, embora uma decisão não possa ser "vista", podemos inferir do comportamento observável que uma decisão foi tomada. Portanto, concluímos que ocorreu um evento psicológico de "tomada de decisão". É uma construção que atribui um compromisso com a ação. Ou seja, com base em ações observáveis, assumimos que as pessoas se comprometeram a efetuar a ação (BAYLE-TOURTOULOU e BADOC, 2020).

O ganhador do Nobel, Herbert A. Simon, vê a tomada de decisão econômica como uma tentativa vã de ser racional. Ele afirma (em 1947 e 1957) que, se uma análise completa for feita, uma decisão será imensamente complexa.

Ele também diz que a capacidade de processamento de informações das pessoas é limitada. A suposição de um ator econômico perfeitamente racional é irrealista. Os consumidores são influenciados por considerações emocionais e não racionais que tentam ser racionais apenas parcialmente bem-sucedidas.

Geralmente, existem três maneiras de analisar as decisões de compra do consumidor segundo Hoyer, Macinnis e Pieters (2016):

- **Modelos econômicos** – amplamente quantitativos e baseiam-se em pressupostos de racionalidade e conhecimento quase perfeito. O consumidor é visto como maximizando sua utilidade. Veja teoria do consumidor. A teoria dos jogos também pode ser usada em algumas circunstâncias.
- **Modelos psicológicos** – processos psicológicos e cognitivos, como motivação e necessidade de reconhecimento. Eles são qualitativos e não quantitativos e baseiam-se em fatores sociológicos, como influências culturais e influências familiares.
- **Modelos de comportamento do consumidor** – modelos práticos usados pelos profissionais de marketing. Eles tipicamente combinam modelos econômicos e psicológicos.

Em um estudo inicial da literatura do processo de decisão do comprador, Frank Nicosia (1966) identificou três tipos de modelos de tomada de decisão do comprador. Eles são: o modelo univariado (Ele chamou de "esquema simples"). No qual apenas um determinante comportamental era permitido em um tipo de relacionamento estímulo-resposta; o modelo multivariável (Ele chamou de "esquema de forma reduzida".) no qual várias variáveis independentes foram assumidas para determinar o comportamento do comprador; e, finalmente, o modelo "sistema de equações" (Ele chamou de "esquema estrutural" ou "esquema de processo"). No qual inúmeras relações funcionais (univariadas ou multivariadas) interagem em um complexo sistema de equações.

Ele concluiu que apenas esse terceiro tipo de modelo é capaz de expressar a complexidade dos processos de decisão do comprador. Nicósia constrói um modelo abrangente envolvendo cinco módulos. O módulo de codificação inclui determinantes como "atributos da marca", "fatores ambientais", "atributos do consumidor", "atributos da organização" e "atributos da mensagem". Outros módulos no sistema incluem decodificação do consumidor, pesquisa e avaliação, decisão e consumo.

Algumas pesquisas de neuromarketing examinaram como abordar a motivação indexada por assimetria eletroencefalográfica

(EEG) sobre o córtex pré-frontal e prevê a decisão de compra quando a marca e o preço variam. Em um projeto interno, os participantes apresentaram testes de decisão de compra com 14 produtos de mercearia diferentes (sete marcas próprias e sete produtos de marcas nacionais) cujos preços foram aumentados e diminuídos enquanto a atividade de EEG era registrada (BRAEUTIGAM e KENNING, 2022).

Os resultados mostraram que uma ativação frontal esquerda relativamente maior (ou seja, maior motivação de abordagem) durante o período de decisão previu uma decisão afirmativa de compra. A relação da assimetria frontal do EEG com a decisão de compra foi mais forte para produtos de marca nacional em comparação com produtos de marca própria e quando o preço de um produto estava abaixo do preço normal (ou seja, preço implícito de referência) em comparação com quando estava acima de um preço normal. A maior necessidade percebida de um produto e a maior qualidade percebida do produto foram associadas a uma maior ativação frontal esquerda relativa (BRAEUTIGAM e KENNING, 2022).

Para qualquer categoria de produto de alto envolvimento, o tempo de tomada de decisão é normalmente longo e os compradores geralmente avaliam as informações disponíveis com muito cuidado. Eles também utilizam um processo ativo de busca de informações. O risco associado a essa decisão é muito alto (PENROD, 2023).

TÉCNICAS E FERRAMENTAS UTILIZADAS PARA O NEUROMARKETING

Há uma variedade de ferramentas e técnicas usadas para realizar estudos de neuromarketing. Nesta seção, descrevemos brevemente várias dessas ferramentas e como elas são usadas conforme Cerf e Garcia-Garcia (2017).

Quais ferramentas e técnicas são usadas para o neuromarketing?

fMRI (Functional Magnetic Resonance Imaging) – Tecnicamente conhecido como ressonância magnética funcional, fMRI é usado para detectar o fluxo sanguíneo no cérebro associado ao aumento da atividade neural. A tecnologia observa mudanças no fluxo sanguíneo oxigenado em resposta a tarefas cognitivas. Esse tipo de tecnologia pode medir certos níveis de engajamento do consumidor; por exemplo, as fMRIs podem ser usadas para avaliar como os consumidores se sentem sobre fatores como o preço. É importante notar que esse tipo de maquinário é caro – e o teste deve ser realizado em um laboratório com o participante deitado ainda dentro de uma máquina – portanto, a fMRI não é tão facilmente acessível ou conveniente quanto outras ferramentas de neuromarketing.

EEG (Eletroencefalograma) – A eletroencefalografia é uma técnica de neuroimagem que mede a atividade elétrica no couro cabeludo. O EEG informa quais partes do cérebro estão ativas durante o desempenho da tarefa ou a exposição a estímulos. Analise a dinâmica cerebral do engajamento (excitação), motivação, frustração, carga de trabalho cognitiva e outras métricas associadas ao processamento de estímulos, preparação de ações e execução. O EEG geralmente rastreia processos relacionados a estímulos muito mais rapidamente em comparação com outros biossensores. Conhecido como uma alternativa mais econômica à fMRI, o EEG é uma ferramenta de neurociência que fornece informações valiosas sobre a atividade cerebral. Os EEGs são uma técnica de imagem cerebral eletrofisiológica não invasiva na qual os valores do estímulo de marketing podem ser avaliados para métricas como memória, engajamento, percepção positiva/negativa e atenção. O equipamento é leve, portátil e confortável de usar. Os comportamentos naturais dos participantes são capturados usando sensores aplicados ao couro cabeludo para medir as ondas elétricas geradas pelo cérebro.

ECG (Eletrocardiograma) – Acompanhe a frequência cardíaca, ou pulso, dos eletrodos de ECG ou sensores ópticos (PPG) para obter informações sobre o estado físico, a ansiedade e os níveis de estresse (excitação) dos entrevistados, e como as mudanças no estado fisiológico se relacionam com suas ações e decisões.

Eye-Tracking – Esta técnica, assim como o nome indica, mede os movimentos oculares e rastreia onde os sujeitos movem o olhar. O rastreamento ocular é útil para analisar o que captura a atenção dos consumidores, o que os confunde e a rapidez com que eles podem reconhecer os elementos da marca. Essa tecnologia não pode medir a emoção, por isso deve ser usada além de técnicas como a biometria para obter uma compreensão completa da mente subconsciente. Há uma variedade de dispositivos de rastreamento ocular, como rastreadores oculares estacionários, óculos de rastreamento ocular, óculos de realidade virtual de rastreamento ocular e rastreamento ocular por meio de *webcams* (embora o rastreamento ocular da *webcam* seja o menos preciso de todos os dispositivos). Como esses dispositivos são tão acessíveis e fáceis de usar, o rastreamento ocular é uma das técnicas mais comuns usadas na pesquisa de neuromarketing. O rastreamento ocular implica o registro da posição do olho (pontos de observação) e do movimento em uma tela 2D ou em ambientes 3D com base no rastreamento óptico das reflexões da córnea. O rastreamento ocular reflete a atenção visual, pois monitora objetivamente onde, quando e o que os entrevistados observam. Além disso, os dispositivos de rastreamento ocular relatam a dilatação e constrição da pupila, que se correlacionam com a excitação emocional e a carga de trabalho cognitiva. O rastreamento ocular, portanto, pode ser usado para validar e complementar as medições de GSR.

Pupilometria – Esta é uma técnica de rastreamento ocular usada para medir a dilatação das pupilas do sujeito. Os profissionais de marketing podem usar os resultados para determinar o quão envolventes são seus criativos e comunicações de marketing. O aumento da dilatação pode indicar que os participantes estão mais entretidos ou envolvidos com os materiais de teste. As mudanças de luminância (iluminação) que ocorrem durante o teste também afetarão a dilatação da pupila, portanto, o teste de pupilometria deve ser altamente controlado para fornecer dados precisos.

Biometria – Durante anos, os pesquisadores de marketing empregaram a biometria para medir as respostas físicas a diferentes estímulos, como experiências *online* e digitais, televisão, mensagens, publicidade impressa, produtos e serviços. Essa tecnologia de neurociência mede a condutância da pele, a frequência cardíaca e a respiração para determinar como os consumidores se sentem e respondem à mídia de marketing.

TÉCNICAS DE ANÁLISE DE EXPRESSÃO FACIAL

Expressões faciais podem ser coletadas e analisadas de três maneiras diferentes:

1. Pelo rastreamento da atividade eletromiográfica facial (fEMG).
2. Pela observação ao vivo e codificação manual da atividade facial.
3. Pela análise automática da expressão facial usando algoritmos de visão computacional.

1. Eletromiografia facial (fEMG) – Os sensores eletromiográficos monitoram a energia elétrica gerada pelos movimentos corporais (por exemplo, do rosto, mãos ou dedos). Use o EMG para monitorar as respostas musculares a qualquer tipo de material de estímulo para extrair padrões de ativação sutis associados a movimentos conscientemente controlados das mãos / dedos (reflexo de sobressalto). Além disso, o EMG facial pode ser usado para rastrear sorrisos e carrancas, a fim de inferir a valência emocional de alguém. Com o EMG facial, você pode rastrear a atividade dos músculos faciais com eletrodos conectados à superfície da pele. O fEMG detecta e amplifica os minúsculos impulsos elétricos gerados pelas respectivas fibras musculares durante a contração.

2. Codificação Facial – O Sistema de Codificação de Ação Facial (FACS – Facial Action Coding System) é um software que mede mudanças sutis nas expressões faciais. Essa tecnologia é usada para medir uma série de emoções (como raiva ou felicidade) e valência emocional (positividade e negatividade). Essa ferramenta de neurociência econômica pode ajudar os profissionais de marketing a entender a percepção da marca e as emoções do consumidor em resposta a estímulos de marketing. É importante notar que, embora essa técnica seja considerada com muito potencial, alguns profissionais sentem que ela é mais subjetiva e menos confiável do que outras ferramentas de neuromarketing.

3. Análise de Expressão Facial com Visão Computacional (FEA – Facial Expression Analysis) – é um método pelo qual as expressões emocionais são quantificadas. Com a análise de expressão facial, você pode testar o impacto de qualquer conteúdo, produto ou serviço que supostamente provoque excitação emocional e respostas faciais. Nosso rosto exibe nossas expressões emocionais externas – dando uma visão de como mostramos nosso estado emocional interno. Esses estados emocionais expressos são detectados em tempo real usando algoritmos de computador totalmente automatizados que registram expressões faciais via *webcam*.

RESPOSTA GALVÂNICA DA PELE – GALVANIC SKIN RESPONSE (GSR)

A pele conta tudo – nossa pele fornece muitas informações sobre como nos sentimos quando somos expostos a imagens, vídeos, eventos ou outros tipos de estímulos emocionalmente carregados – positivos e negativos. Não importa se estamos estressados, nervosos, medrosos, empolgados, entusiasmados, confusos ou surpresos – sempre que somos despertados emocionalmente, a condutividade elétrica de nossa pele muda sutilmente.

Uma das medidas mais sensíveis à excitação emocional é a Resposta Galvânica da Pele (RSG), também conhecida como Atividade Eletrodérmica – Electrodermal Activity (EDA) ou Condutância da Pele – Skin Conductance (SC). A resposta galvânica da pele se origina da ativação autonômica das glândulas sudoríparas na pele. A transpiração das mãos e dos pés é desencadeada por estímulos emocionais: sempre que somos despertados emocionalmente, os dados do GSR mostram padrões distintos que são visíveis a olho nu e que podem ser quantificados estatisticamente.

VIESES COGNITIVOS NA TOMADA DE DECISÕES DE COMPRA DO CONSUMIDOR

Kahneman, Sibony e Sunstein (2021) definem viés cognitivo como: "Um tipo de erro de pensamento que ocorre quando as pessoas estão processando e interpretando informações no mundo ao seu redor".

Um viés cognitivo é uma limitação no pensamento racional causada pela tendência do cérebro humano de tomar atalhos para economizar energia. Um viés cognitivo é um erro de julgamento que ocorre quando uma pessoa está interpretando informações no mundo ao seu redor. Ou seja, são hábitos mentais e as regras práticas que nos ajudam a entender tudo ao nosso redor e a tomar decisões de compra com relativa velocidade e mínimo esforço mental.

É uma maneira de pensar muito comum e pode até parecer racional, mas, na verdade, atrapalha uma tomada de decisão razoável. Um aspecto importante do viés cognitivo é que ele afeta a tomada de decisões, e nem sempre de forma positiva.

Vemos os vieses cognitivos como mecanismos de enfrentamento que permitem ao cérebro processar grandes quantidades de entrada. Embora o mecanismo seja muito eficaz, suas limitações causam erros na tomada de decisões. O cérebro é poderoso, mas é limitado. Muitas vezes, cria vieses ao simplificar as informações e permitir que se tome decisões rapidamente (MORIN, 2011).

Alguns desses vieses estão relacionados à memória, que é falível por vários motivos, e isso pode levar a pensamentos e tomadas de decisão tendenciosas. Por causa disso, preconceitos sutis podem surgir e influenciar a maneira como você vê e pensa sobre o mundo (MILLER, 2012).

Como compradores e consumidores, todos sofremos de erros sistemáticos de pensamento, conhecidos como vieses cognitivos, que afetam as decisões de compra e o julgamento da marca (BAYLE-TOURTOULOU e BADOC, 2020).

Cada pessoa experimenta viés cognitivo em algum grau. É mais fácil para os outros perceberem isso em você, mas é importante que você entenda que os preconceitos também afetam seu próprio pensamento (GONÇALVES, 2016). Alguns sinais de que um forte viés pode estar influenciando seus pensamentos incluem o seguinte segundo Braeutigam-Touttoulou e Kenning (2022):

- Assumir o crédito por seus próprios sucessos, mas negar as realizações de outras pessoas, muitas vezes alegando que eles estão sem sorte
- Culpar fatores externos quando as coisas não saem do seu jeito
- Assumir que outras pessoas compartilham suas opiniões ou crenças
- Presumir que você sabe tudo sobre um tópico depois de aprender apenas um pouco
- Só prestando atenção em histórias que confirmam sua opinião

Sempre que fazemos julgamentos ou tomamos decisões sobre o mundo ao nosso redor, gostamos de pensar que nosso julgamento é justo e lógico. No entanto, às vezes os preconceitos nos enganam e levam a más decisões ou julgamentos ruins (KAHNEMAN, SIBONY e SUNSTEIN, 2021).

POR QUE EXISTEM VIESES COGNITIVOS?

Quando se deparam com decisões, as pessoas geralmente contam com atalhos mentais para chegar rapidamente a uma solução. A complexidade do mundo e a quantidade de informações nele contidas significa que as pessoas ocasionalmente precisam de respostas rápidas para perguntas ou literalmente não conseguem funcionar (ZURAWICKI, 2010).

Vieses cognitivos são causados por atalhos mentais. Às vezes, essas dicas podem ser precisas, mas outras vezes nem tanto (CIALDINI, 2021). Criamos atalhos mentais, conhecidos como heurísticas, que podem ser influenciados segundo Cerf e Garcia-Garcia (2017) por:

- Motivações individuais
- Emoções
- Desejos pessoais
- Limitações cognitivas
- Pressões sociais

Os psicólogos sugerem que muitos desses vieses servem a um propósito adaptativo que nos permitem tomar uma decisão. Como seres humanos, tendemos a pensar que somos seres perfeitamente racionais. Não somos – pelo menos é o que décadas de pesquisa cognitiva mostraram (PENROD, 2023).

A pesquisa mostrou que ajustes simples e aparentemente inocentes podem influenciar significativamente as escolhas que os consumidores fazem. Esses ajustes simples podem influenciar significativamente as decisões graças aos vieses cognitivos, que são erros comuns de raciocínio que ocorrem quando valorizamos a percepção ou as crenças sobre a realidade (BRAEUTIGAM e KENNING, 2022).

Alguns desses vieses cognitivos são comuns o suficiente para que você possa contar com eles para influenciar o comportamento do consumidor – e até mesmo incluí-los em sua estratégia de marketing (CERF e GARCIA-GARCIA, 2017).

A seguir apresentaremos 138 vieses cognitivos que se pode usar em uma estratégia de marketing e influenciar o comportamento dos consumidores segundo Page (2015).

CAPÍTULO 18

137 VIESES COGNITIVOS APLICADOS EM COMPORTAMENTO DE CONSUMO

Todo mundo toma decisões ruins de vez em quando. Sentimo-nos estúpidos e continuamos a viver nossas vidas e a tomar decisões erradas. Mas essa não é a pior parte. A pior parte desses erros? Não podemos evitar. Eles são chamados de preconceitos cognitivos e controlam nossa vida de maneiras chocantes e às vezes perturbadoras (DAMÁSIO, 2022).

Esta é a parte à qual realmente precisa-se prestar atenção. Esses vieses cognitivos também afetam a otimização da conversão. Mas acima de tudo, seja ético na maneira como usar essas e quaisquer outras técnicas de persuasão (ARIELY, 2008).

Manipular o consumidor para que tome uma decisão errada para ele não é maneira de construir um negócio. Fazer isso é o mesmo que fazer afirmações falsas ou deturpar um produto. Você pode obter uma conversão, mas será a última desse cliente (PENROD, 2023).

Ao compreender esses preconceitos e seus efeitos sobre indivíduos e grupos, é possível fortalecer argumentos, antecipar reações e fazer conexões de maneiras poderosas (BRAEUTIGAM e KENNING, 2022).

A otimização da conversão não é menos do que a descoberta de porque as pessoas clicam – suas motivações, curiosidades, intenções, perguntas, entusiasmo, memória, surpresa, admiração, prazer e todo o universo da psicologia (BAYLE-TOURTOULOU e BADOC, 2020).

Conforme Page (2015) os clientes em potencial dentro de seus contextos tanto no mundo real quanto virtual, seja em uma loja física ou que visitam um site, clicam em uma página de destino ou veem o e-mail de marketing podem ser afetados por qualquer um (ou mais) dos vieses cognitivos desta lista para um estudo mais aprofundado.

1. Efeito de ambiguidade

É a tendência de evitar opções para as quais informações ausentes fazem a probabilidade parecer «desconhecida». Se um usuário não entende seu produto ou uma escolha particular, ele não o escolherá. As pessoas tendem a evitar o desconhecido.

2. Ancoragem ou focalismo

É a tendência de confiar demais, ou «âncora», em um traço ou informação ao tomar decisões (geralmente a primeira informação que adquirimos sobre esse assunto). O primeiro preço que um cliente vê é aquele que afetará sua decisão de compra no futuro. Por exemplo, se o primeiro preço que viu para uma bolsa foi de R$ 200 e ela o viu reduzido para R$ 100, é mais provável que compre.

3. Viés de atenção

É a tendência de nossa percepção de ser afetada por nossos pensamentos recorrentes. Quanto mais um cliente vê seus anúncios ou mensagens, maior é a probabilidade de ele comprar de você. Conclusões: use o redirecionamento. Faça blogs regularmente. Coloque botões de CTA, Call to Action (CTA) significa "chamada para ação", em toda a página de destino,

4. Heurística de disponibilidade

É a tendência de superestimar a probabilidade de eventos com maior "disponibilidade" na memória, o que pode ser influenciado pelo quão recentes as memórias são ou quão incomuns ou emocionalmente carregadas elas podem ser. Um site ou página de destino incomum e emocional é mais memorável, o que aumenta a probabilidade de os usuários retornarem e comprarem.

5. Cascata de disponibilidade

Um processo de auto-reforço no qual uma crença coletiva ganha cada vez mais plausibilidade por meio de sua repetição crescente no discurso público (ou "repita algo por tempo suficiente e se tornará verdadeiro"). Quando seu site, marca ou produto é referenciado repetidamente por outras pessoas, é mais provável que as pessoas pensem bem dele. Quanto mais *buzz* social você gerar, melhor.

6. Efeito backfire

Quando as pessoas reagem a evidências negativas, fortalecendo suas crenças. Não se pode mudar as crenças das pessoas, então nem tente. A evidência e a argumentação em oposição a uma crença arraigada não fortalecerão sua posição. Em vez disso, você precisa conquistar pessoas por meios emocionais.

7. Efeito Bandwagon

É a tendência de fazer (ou acreditar) em coisas porque muitas outras pessoas fazem (ou acreditam) o mesmo. Relacionado ao pensamento de grupo e comportamento de manada. Todo mundo está fazendo isso. Se você puder criar a percepção de que todos estão comprando seu produto, é mais provável que mais pessoas o façam.

8. Falácia da taxa básica ou negligência da taxa básica

É a tendência de ignorar as informações de taxa básica (informações genéricas, gerais) e focar em informações específicas (informações referentes apenas a um determinado caso). Não apenas compartilhe informações sobre seu produto – estatísticas, números, recursos etc. enfadonhos, em vez disso, mostre como seu produto funciona em exemplos específicos. Use estudos de caso e depoimentos de usuários.

9. Viés de crença

É um efeito em que a avaliação de alguém da força lógica de um argumento é influenciada pela credibilidade da conclusão. Ao persuadir os usuários a comprar o seu produto, mostre como isso os ajudará. O resultado pessoal positivo do produto vai superar seu argumento de porque ele é tão bom.

10. Ponto cego de preconceito

É a tendência de se ver como menos tendencioso do que as outras pessoas ou de ser capaz de identificar mais vieses cognitivos nos outros do que em si mesmo. As pessoas estão cegas para sua própria estupidez. Lide com isso.

11. Efeito Cheerleader

É a tendência de as pessoas parecerem mais atraentes em um grupo do que isoladamente. Nunca mostre às pessoas apenas um depoimento. Exiba grupos de depoimentos.

12. Viés de suporte à escolha

É a tendência de lembrar as próprias escolhas como melhores do que realmente eram. Se o seu cliente fizer uma escolha, elogie-o. Eles sempre pensarão que fizeram a escolha certa. Melhore seu funil de conversão com mensagens de confirmação e envie um e-mail para parabenizá-lo pela compra.

13. Ilusão de aglomeração

É a tendência de superestimar a importância de pequenas execuções, faixas ou clusters em grandes amostras de dados aleatórios (ou seja, ver padrões fantasmas). Se você deseja persuadir seus usuários, concentre-se nos padrões que melhor destacam seu produto ou serviço.

14. Viés de confirmação

É a tendência de buscar, interpretar, focar e lembrar informações de uma forma que confirma os preconceitos de alguém. Você terá dificuldade em mudar os preconceitos de seu usuário. Em vez disso, cuide deles em um nível emocional e faça tudo o que puder para validar seus preconceitos existentes.

15. Conjunção falácia

É a tendência de supor que condições específicas são mais prováveis do que gerais. Use depoimentos. Condições e exemplos específicos sempre superam explicações e dados gerais.

16. Conservadorismo (Bayesiano)

É a tendência de revisar a crença de alguém insuficientemente quando apresentada com novas evidências. Sua evidência por si só não é convincente. Embora gráficos, números, métricas, dados e estatísticas sejam úteis, você deve fortalecer seu poder de persuasão com argumentação emocional e formas alternativas de persuasão.

17. Efeito de contraste

É o aumento ou redução de um determinado estímulo de percepção quando comparado com um objeto contrastante recentemente observado. Faça seu produto se destacar tanto quanto possível. Usando surpresa, diferenciação e valor de choque, você pode tornar seu produto mais memorável e, portanto, mais provável para as pessoas comprarem.

18. Efeito chamariz

É quando as preferências para a opção A ou B mudam em favor da opção B quando a opção C é apresentada, que é semelhante à opção B, mas de forma alguma melhor. Se você tiver variações diferentes no mesmo produto (por exemplo, pequeno x grande ou 8 GB x 16 GB), insira uma terceira opção no meio que faz com que a opção que você não quer que as pessoas comprem pareça tola. Isso obriga os clientes a escolher a opção mais cara.

19. Viés de distinção

É a tendência de ver duas opções como mais diferentes ao avaliá-las simultaneamente do que ao avaliá-las separadamente. As comparações de produtos lado a lado são perfeitas. Se você estiver trabalhando com um produto semelhante de um concorrente, crie um gráfico de comparação para ajudar os usuários a entender os prós e contras.

20. Lacuna de empatia

É a tendência de subestimar a influência ou força dos sentimentos, em si mesmo ou nos outros. A argumentação emocional é poderosa, mas as pessoas tendem a negar sua força. Quanto melhor e mais hábil sua argumentação emocional, mais persuasivo você se tornará.

21. Efeito de foco

É a tendência de dar muita importância a um aspecto de um evento. As pessoas tendem a se concentrar em uma coisa sobre seu produto ou serviço, ao invés de muitas coisas. Em vez de apenas pulverizar o cliente com uma lista de benefícios e recursos, concentre-se em uma coisa - o mais importante, algo que irá melhorar substancialmente a qualidade de vida do cliente.

22. Efeito Forer ou efeito Barnum

É a observação de que os indivíduos darão classificações de alta precisão às descrições de sua personalidade que supostamente são feitas especificamente para eles, mas são, na verdade, vagas e gerais o suficiente para serem aplicadas a uma ampla gama de pessoas. Ah, e aqueles questionários sobre "qual personagem é você? Neste caso utilize a personalização tanto quanto possível em seus esforços de marketing.

23. Efeito de enquadramento

É o mesmo que tirar conclusões diferentes das mesmas informações, dependendo de como ou por quem essas informações são apresentadas. A maneira como você apresenta suas informações é fundamental para que o usuário as aceite.

24. Fixidez funcional

Limita uma pessoa a usar um objeto apenas da forma como é tradicionalmente usado. Se o seu produto desafia o uso tradicional de um produto ou serviço, você terá muito mais dificuldades para comercializá-lo.

25. Efeito de mídia hostil

É a tendência de ver uma reportagem da mídia como tendenciosa, devido às próprias opiniões partidárias. Conheça o seu público e não tente defender os seus pontos de vista. Se você fizer isso, eles se oporão veementemente e o verão com ceticismo e desconfiança.

26. Falácia da mão quente

A "falácia da mão quente" (também conhecida como "fenômeno da mão quente" ou "mão quente") é a crença falaciosa que uma pessoa que teve sucesso tem uma chance maior de ter mais sucesso em tentativas adicionais. Na marca pessoal, você pode melhorar a percepção que o público tem de si mesmo enfatizando uma lista de sucessos. Na persuasão direcionada ao cliente, você pode lembrar a um usuário que ele acertou tantas vezes antes, e que a escolha que está prestes a fazer é, de fato, a certa.

27. Desconto hiperbólico

O desconto é a tendência de as pessoas terem uma preferência mais forte por recompensas mais imediatas em relação a recompensas posteriores. O desconto hiperbólico leva a escolhas que são inconsistentes ao longo do tempo – as pessoas fazem escolhas hoje que seus eus futuros prefeririam não ter feito, apesar de usarem o mesmo raciocínio. Reconhecer que os usuários desejam resultados e/ou descontos. Isso permite que se aumente o preço e ofereça o produto aos usuários imediatamente, desde que você permita que eles paguem depois.

28. Efeito de vítima identificável

É a tendência de responder mais fortemente a uma única pessoa em risco identificada do que a um grande grupo de pessoas em risco. Nesta situação utilize estudos de caso. Eles são poderosos. Em vez de contar a seus clientes que 85% dos lares americanos correm o risco de infestação de cupins, conte-lhes a história do pobre Johnny, cuja casa foi completamente devastada por cupins malvados.

29. Efeito IKEA

É a tendência das pessoas de darem um valor desproporcionalmente alto a objetos que elas mesmas montaram parcialmente, como móveis da IKEA, independentemente da qualidade do resultado final. Se você fizer um cliente trabalhar em busca de algo, é mais provável que ele prossiga com uma compra ou conversão. Em outras palavras, muitas conversões pequenas levam a uma grande conversão.

30. Ilusão de controle

É a tendência de superestimar o grau de influência de alguém sobre outros eventos externos. As pessoas adoram acreditar que estão no controle. Se você puder dar ao usuário algum grau de escolha ou influência sobre o processo de conversão, ele terá mais probabilidade de ter uma visão auto inflacionada e, portanto, terá autonomia para concluir a conversão.

31. Viés de impacto

É a tendência de superestimar a duração ou a intensidade do impacto de futuros estados de sentimento. Enfatize os sentimentos positivos e preveja que seus clientes terão sentimentos positivos por muito tempo se comprarem seu produto ou serviço. Eles provavelmente pensarão que comprar uma nova casa, SaaS ou produto irá melhorar positivamente sua satisfação pessoal e bem-estar por muito mais tempo do que realmente irá.

32. Viés de informação

É a tendência de buscar informações mesmo quando não pode afetar a ação. As pessoas adoram sentir que têm informações para apoiar suas tomadas de decisão, mesmo que sejam estranhas. Quanto mais informações você acumular em uma descrição de produto, maior a garantia que o usuário terá de que seu produto é de alta qualidade e tem um bom valor.

33. Insensibilidade ao tamanho da amostra

É a tendência de variação abaixo do esperado em pequenas amostras. Esse viés é um grande viés no teste de divisão. Tenha cuidado ao extrair informações acionáveis de testes de divisão que são extraídos de tamanhos de amostra pequenos.

34. Escalada irracional

É o fenômeno em que as pessoas justificam o aumento do investimento em uma decisão, com base no investimento anterior cumulativo, apesar de novas evidências sugerirem que a decisão provavelmente foi errada. Também conhecida como falácia do custo irrecuperável. Se você deseja que os usuários continuem gastando dinheiro ou tempo em seu produto, mostre a eles o quanto eles já gastaram.

35. Aversão à perda

A desutilidade de desistir de um objeto é maior do que a utilidade associada à sua aquisição, ou seja, as pessoas mais odeiam perder do que adoram ganhar. As pessoas detestam desistir do que já possuem. Se você conseguir que as pessoas comprem, mesmo que seja um pouco, seu produto ou serviço, então você está muito à frente do jogo. Quando você ameaça retirar o teste gratuito, a posição na lista de mala direta ou o acesso aos recursos que você deu a eles, eles intensificam o desejo e, portanto, o comprometimento com o seu produto ou serviço.

36. Ilusão de dinheiro

É a tendência de se concentrar no valor nominal (valor de face) do dinheiro ao invés de seu valor em termos de poder de compra. Basta listar o preço do seu produto. Não tente embelezá-lo.

37. Viés de negatividade

É o fenômeno psicológico pelo qual os humanos têm uma maior recordação de memórias desagradáveis em comparação com memórias positivas. O conteúdo emocionalmente negativo tem maior probabilidade de se tornar viral e terá níveis mais altos de compartilhamento. A excitação fisiológica impulsiona a viralidade e as emoções negativas têm níveis mais elevados de tal excitação.

38. Negligência de probabilidade

É a tendência de desconsiderar completamente a probabilidade ao tomar uma decisão sob incerteza. Preste atenção especial à fase de tomada de decisão do funil de conversão. Se um usuário não tiver certeza sobre a próxima etapa ou onde está no processo de finalização da compra, é mais provável que ele desconfie de sua decisão sobre a compra. Deixe as coisas extremamente claras durante todo o processo.

39. Não inventado aqui

É a aversão ao contato ou uso de produtos, pesquisas, padrões ou conhecimentos desenvolvidos fora de um grupo ou que não tenha se originado dentro da organização de origem da marca. Muito relacionado ao efeito IKEA. Se for uma *startup* ou uma marca que não tem muita exposição de marketing, vincule-se a marcas confiáveis. Uma das maneiras mais comuns de fazer isso é apresentando imagens de logotipos conhecidos ou marcas confiáveis.

40. Efeito de expectativa do observador

É quando um pesquisador espera um determinado resultado e, portanto, manipula inconscientemente um experimento ou interpreta erroneamente os dados para encontrá-lo (ver também efeito de expectativa do sujeito). Seus clientes verão e farão o que desejam ver e fazer. Certifique-se de compreender suas tendências e procurar reforçá-las, em vez de contradizê-las no funil de vendas. Não tente mudar suas crenças ou comportamento ou você atrapalhará a conversão.

41. Viés de otimismo

É a tendência de ser superotimista, superestimando resultados favoráveis e agradáveis (veja também pensamento positivo, efeito de valência, viés de resultado positivo). Um cliente que está em um ponto ideal no funil de conversão está experimentando o viés do otimismo. Faça tudo o que puder para preservar essa atitude. Coisas que podem arruinar seu otimismo são um sistema de *checkout* quebrado, cobranças extras e uma UX (User Experience ou Experiência do Usuário) defeituosa.

42. Viés de pessimismo

É a tendência de algumas pessoas, especialmente aquelas que sofrem de depressão, de superestimar a probabilidade de coisas negativas acontecerem com elas. Não são apenas as pessoas com tendência à depressão que antecipam experiências negativas. Essa é a experiência de muitas pessoas. É mais fácil e fisiologicamente estimulante esperar que coisas ruins aconteçam. Você pode usar essa tendência para entender a dor de um usuário e, em seguida, resolver a dor apresentando seu produto ou serviço.

Por exemplo, se um usuário teme ser vítima de uma invasão domiciliar, você deve saber sobre essa dor. Então, você deve resolver esse problema permitindo que seu produto (sistemas de segurança doméstica) atenda às suas necessidades emocionais.

43. Racionalização pós-compra

É a tendência de se persuadir por meio de argumentos racionais que uma compra tem um bom valor. No segundo em que um cliente finaliza uma transação, ele começa a sentir o remorso do comprador. Isso é natural e você precisa estar preparado para lidar com isso. Incentive-os a compartilhar suas compras nas redes sociais, reforçando assim a sua racionalização. Em seguida, envie e-mails de confirmação para incentivá-los a tomar a decisão certa.

44. Efeito de pseudocerteza

É a tendência de fazer escolhas avessas ao risco se o resultado esperado for positivo, mas fazer escolhas de busca de risco para evitar resultados negativos. Se você está vendendo por meio da emoção positiva, evite o menor odor de risco. Se, por outro lado, você está vendendo por meio de emoções negativas (raiva, medo, dor), então pode aumentar o fator de risco. Em alguns casos, isso significa que você pode justificar um preço mais alto se estiver vendendo um produto ou serviço por meio de persuasão emocional negativa.

45. Reatância

É o desejo de fazer o oposto do que alguém deseja que você faça devido à necessidade de resistir a uma tentativa percebida de restringir sua liberdade de escolha. Os humanos valorizam sua capacidade de escolher livremente. Afinal, a escolha é igualada à liberdade. Como isso é verdade, você nunca deve tentar argumentar contra a escolha pré-selecionada de um usuário. Ao fazer marketing para dados demográficos variados, tente segmentar seus grupos de acordo com sua posição no funil de conversão. Os alvos pré-funil devem ser tratados de uma forma bem diferente daqueles que já estão dispostos a comprar seu produto.

46. Viés de restrição

É a tendência de superestimar a capacidade de mostrar moderação diante da tentação. Seus usuários não têm o nível de autocontrole que acham que têm. Vá em frente e use aquele título indutor de cliques ocasional: "Você não vai acreditar nessas seis razões pelas quais você pode morrer hoje. Quase morri sufocado quando vi o número três!"

47. Rima como efeito de razão

Declarações rimadas são percebidas como mais verdadeiras. Um exemplo famoso sendo usado no julgamento de OJ Simpson com o uso da defesa da frase "Se as luvas não couberem, então você deve absolver." Acredite ou não, isso é verdade. E você pensou que aqueles jingles publicitários eram apenas irritantes ou juvenis? Eles existiam. Já na, bem, na história antiga, as pessoas tornavam suas posições de estimação virais usando canções. História verdadeira. Conclusão simples: use um slogan para sua marca. Melhor ainda, use um slogan rimado.

48. Compensação de risco ou Efeito Peltzman

É a tendência de assumir riscos maiores quando a segurança percebida aumenta. Faça seu site parecer um lugar seguro. Se você fizer isso, os usuários serão mais propensos a converter. Como você faz seu site parecer seguro? Aqui estão as maneiras mais fáceis: 1) Use https, 2) adicione crachás de confiança, 3) use depoimentos.

49. Percepção seletiva

É a tendência das expectativas de afetar a percepção. As expectativas do seu cliente afetam tudo sobre o seu plano de marketing.

Certifique-se de compreender a intenção da consulta e praticar a segmentação com a maior frequência possível.

50. Viés de status quo

É a tendência de gostar que as coisas permaneçam relativamente iguais (veja também aversão à perda, efeito dotação e justificativa do sistema). Não perturbe o carrinho de maçã. Se você estiver lidando com um grupo de clientes que gosta das coisas "do jeito certo", não tente alterar sua visão de mundo ou apresentar informações que possam incomodá-los.

51. Viés de sobrevivência

Concentrar-se nas pessoas ou coisas que "sobreviveram" a algum processo e, inadvertidamente, ignorar aquelas que não sobreviveram por causa de sua falta de visibilidade. Aqui está uma dica rápida e persuasiva. Se você quiser provar a superioridade de seu produto ou serviço, explique um processo de teste rigoroso que você usou para qualificar o produto. Por exemplo, "Nós apenas vendemos capas de iPhone que sobrevivem ao teste do Monster Truck. Pegamos 92 caixas e as dirigimos com um Monster Truck. Apenas 4 sobreviveram ao teste, e são esses que estamos vendendo neste site."

52. Viés de risco zero

É a preferência para reduzir um risco pequeno a zero sobre uma redução maior em um risco maior. A teoria do risco é uma grande parte da otimização de conversão. No viés de risco zero, aqui está o que você precisa saber. Remova o máximo de riscos possível do processo de conversão e do funil. Como as pessoas tendem a pensar em termos proporcionais em vez de diferenciais, você deseja afirmar os maiores ganhos proporcionais em vez de nuances de preferência diferencial.

53. Efeito Dunning-Kruger

É um efeito no qual pessoas incompetentes deixam de perceber que são incompetentes porque lhes falta a habilidade de distinguir entre competência e incompetência. A competência real pode enfraquecer a autoconfiança, pois os indivíduos competentes podem presumir falsamente que os outros têm um entendimento equivalente. Seus clientes não saberão algumas coisas e não saberão que sabem disso. Você, como vendedor, precisa estar ciente dos pontos cegos de seus clientes. Por quê? Porque eles próprios não estão cientes de seus pontos cegos e, portanto, não sabem como superá-los. Quanto mais consciência você tiver de seus clientes, melhor será sua posição para vender com eficácia.

54. Viés egocêntrico

Ocorre quando as pessoas reivindicam mais responsabilidade por si mesmas pelos resultados de uma ação conjunta do que um observador externo acreditaria. Afirme as escolhas do seu cliente onde e quando puder. Frases como "Você fez uma boa escolha" e "Pessoas altamente perceptivas como você" podem parecer fáceis e lisonjeiras, mas podem ser eficazes.

55. Efeito halo

É a tendência dos traços positivos ou negativos de uma pessoa "transbordarem" de uma área de personalidade para outra nas percepções dos outros sobre ela (veja também o estereótipo de atratividade física). O efeito halo é mais pronunciado em situações em que um determinado indivíduo é visto de uma maneira altamente positiva. Você pode usar o efeito halo associando pessoas autorizadas ao seu produto ou serviço. Por exemplo, "Steve Jobs preferiu usar nossa capa para iPhone".

56. Viés interno do grupo

É a tendência de as pessoas darem tratamento preferencial a outras que percebam serem membros de seus próprios grupos.

Você não precisa ser insinuante, mas se vai vender algo para as pessoas, você deve se identificar com elas. As pessoas compram de pessoas de quem gostam. Para tornar seu produto mais atraente para seu público-alvo, apresente depoimentos do público-alvo, em vez de apenas celebridades ou superestrelas.

57. Viés de informação compartilhada

Conhecida como a tendência dos membros do grupo de gastar mais tempo e energia discutindo informações com as quais todos os membros já estão familiarizados (isto é, informações compartilhadas) e menos tempo e energia discutindo informações das quais apenas alguns membros estão cientes (isto é, informações não compartilhadas). Esta é uma ótima ideia para marketing de conteúdo. Por que os profissionais de marketing, incluindo otimizadores de conversão, gostam de falar sobre as mesmas coisas continuamente? Porque há diversão social encontrada na informação compartilhada. Preferimos falar sobre coisas familiares. É por isso que todo o blog começa a soar igual depois de um tempo. Se você quiser agitar as coisas com algum conteúdo realmente interessante, tente publicar algo que não seja falado com muita frequência.

58. Efeito bizarrice

O material bizarro é mais bem lembrado do que o material comum. Torne seu produto ou serviço inesquecível, tornando-o bizarro. Você deve, é claro, usar essa técnica com cautela para evitar alienar ou enojar as pessoas.

59. Conservadorismo ou preconceito regressivo

É a tendência a lembrar valores altos e verossimilhanças / probabilidades / frequências altas mais baixas do que realmente eram e valores baixos mais altos do que realmente eram. Com base nas evidências, as memórias não são extremas o suficiente. Como o efeito bizarro, o viés regressivo é um sintoma de nossas memórias não tão impressionantes. Quanto mais extremo for um exemplo, estatística ou descoberta, maior será a probabilidade de persistência. Escolha seus dados com cuidado ao tentar persuadir os clientes.

60. Regra de fim de pico

É quando as pessoas parecem perceber não a soma de uma experiência, mas a média de como ela foi no auge (por exemplo, agradável ou desagradável) e como terminou. Seus clientes se lembrarão se a experiência deles com você foi boa ou ruim. E o que afeta a bondade ou a maldade? É tudo sobre como o evento. Se terminar com uma nota agradável, eles terão memórias positivas. Se terminar com uma nota desagradável, eles reterão memórias negativas. Certifique-se de que seu processo de otimização de conversão otimize tudo – até o fim. E talvez tente não tornar isso um final amargo.

61. Efeito de superioridade da imagem

Os conceitos que são aprendidos ao ver imagens são mais fácil e frequentemente relembrados do que os conceitos que são aprendidos ao ver as suas contrapartes na forma de palavras escritas. É um fato científico estabelecido que aprendemos melhor por meio de recursos visuais. Preste atenção especial às fotos na otimização de conversão.

62. Efeito de positividade

Ocorre quando os adultos mais velhos preferem informações positivas em vez de negativas em suas memórias. Lembre-se da observação sobre a viralidade da emoção negativa. Siga este conselho com cautela, especialmente ao lidar com um público sênior. Eles respondem muito mais favoravelmente às informações positivas do que às negativas.

63. Efeito de primazia

É a tendência de lembrar melhor a primeira informação que encontramos do que a informação apresentada posteriormente. Para atender a esse viés cognitivo, as empresas costumam usar televisão, rádio, internet e publicidade impressa para nos apresentar a primeira impressão de seu produto ou serviço, mesmo antes de estar disponível. Além disso, essa técnica é usada em notícias sobre os próximos lançamentos de telefones ou prévias de filmes. Muitas vezes, há um incentivo para garantir que as primeiras notícias que você ouve sobre um produto sejam positivas. Se você tiver três opções de preço, provavelmente venderá a opção intermediária com mais frequência. Se, no entanto, você tiver mais de três opções, então sua última e primeira opção devem ser os mais vendidos. Por fim, o efeito de primazia está ligado ao Efeito de Recência, no qual recordamos melhor as informações mais recentes.

64. Efeito de dificuldade de processamento

É aquela informação que leva mais tempo para ler e é pensada mais (processada com mais dificuldade) é mais facilmente lembrada. É por isso que o ideal é escrever artigos de até 5 mil palavras com muitos dados.

65. Efeito de auto relevância

É quando as memórias relacionadas com o eu são mais bem lembradas do que informações semelhantes relacionadas a outras pessoas. Sempre que possível, chame a atenção para o usuário. Eles se lembrarão das informações que você lhes der, contanto que essas informações sejam relevantes para eles.

66. Efeito Von Restorff

É quando um item que se destaca tem mais probabilidade de ser lembrado do que outros itens. Enfatize aspectos memoráveis de seu produto ou serviço. Use cores diferenciadas, botões grandes de CTA (Call to Action), fotos impecáveis de produtos e outros recursos poderosos que diferenciam seu produto.

67. Efeito Zeigarnik

É quando tarefas incompletas ou interrompidas são lembradas melhor do que tarefas concluídas. Incentive os usuários a "reservar um tempo" para ler uma página de destino, preencher um formulário online ou ler um artigo. Quanto menos interrupções experimentarem, maior será a probabilidade de reter e agir de acordo com as informações. O Slate mostra os tempos de "leitura", provavelmente para encorajar os usuários a antecipar o tempo que precisarão para ler o artigo e prosseguir com a leitura sem interrupção.

68. Princípio de contraste

É quando você experimenta duas coisas semelhantes simultaneamente ou em sucessão, sua percepção da segunda é influenciada pela primeira. O princípio do contraste é um viés cognitivo que faz com que uma coisa pareça muito diferente de outra semelhante, simplesmente porque ambas estão juntas. Nosso cérebro enfatiza as diferenças porque é mais fácil tomar decisões em um mundo preto e branco do que em um onde a incerteza impera. É a razão pela qual os revendedores de carros sugerem opções depois que você concorda com o preço do carro.

69. Paradoxo de escolha

O Paradoxo da Escolha explica o fato de que ter muitas opções pode, na verdade, levar os indivíduos a tomar decisões menos eficazes e satisfatórias que teriam se tivessem menos escolha.

70. Aversão à perda

A aversão à perda explica nossa tendência de preferir fortemente evitar perdas a adquirir ganhos.

71. Efeito de Escassez

O efeito Escassez é o viés cognitivo que faz com que as pessoas atribuam um valor mais alto a um objeto escasso e um valor menor a um que está disponível em abundância.

72. Efeito Imediato

O Efeito Imediato é um viés cognitivo que leva as pessoas, diante de duas coisas possíveis semelhantes, a ter um desejo maior por aquela que vai chegar ou acontecer mais cedo. Isso até nos leva a preferir uma recompensa imediata a uma recompensa atrasada de valor mais alto.

73. Dor de Pagar

A dor de pagar explica como o ato de pagar reduz o prazer de nossa compra e que essa "dor de pagar" é afetada tanto pelo tempo entre o pagamento e o consumo quanto pelo modo de pagamento.

74. Princípio da Reciprocidade

O princípio da reciprocidade é baseado na ideia de "dar e receber": se você me fornecer algo de valor, é mais provável que eu forneça algo de valor em troca.

75. Medo de perder (FOMO)

Medo de Perder (ou FOMO – Fear of Missing Out) é a apreensão de que outros possam estar fazendo algo interessante do qual alguém está ausente ou o medo de ter tomado a decisão errada e, portanto, perdido uma alternativa diferente, talvez melhor.

76. Efeito chamariz

O efeito chamariz é a maneira pela qual adicionar um item "chamariz" adicional à mesa quando um cliente está tomando uma decisão de compra pode, em última análise, influenciar a decisão que ele toma, pois é comum fazermos uso de comparações para decidir o valor de algo e se queremos comprá-lo.

77. Efeito de escolha +1 de Hobson

O efeito de escolha +1 de Hobson explica como dar às pessoas a opção de escolher entre duas coisas realmente as torna mais propensas a escolher a opção que você deseja (comprar seu produto) do que se você apenas lhes der a opção de fazer apenas isso ou nada de forma alguma.

78. Efeito de posição serial

O efeito da posição serial é a maneira pela qual as pessoas tendem a se lembrar melhor do primeiro e do último item de uma série, e dos itens do meio, pior.

79. Teoria de autoeficácia

A teoria da autoeficácia explica como a crença de uma pessoa em sua própria competência para completar uma tarefa afeta a maneira como ela aborda e percebe essa tarefa.

80. Facilidade cognitiva

A facilidade cognitiva descreve a maneira como o esforço mental afeta o quanto nos sentimos positivamente em relação a alguma coisa. A facilidade com que nosso cérebro processa as informações afeta nossa impressão geral sobre o que estamos pensando.

81. Efeito de Ambiguidade

O efeito de ambiguidade descreve a preferência das pessoas por riscos conhecidos em vez de riscos desconhecidos.

82. Efeito Estético-Usabilidade

Os designs estéticos são percebidos como mais fáceis de usar do que os designs menos estéticos e têm maior probabilidade de serem adquiridos independentemente da funcionalidade.

83. Efeito Ancoragem

O efeito de ancoragem descreve a maneira como as pessoas utilizam a primeira informação que recebem como um ponto de referência para fazer julgamentos sobre as informações subsequentes.

84. Prova Social

A Prova Social é um tipo de conformidade. Quando uma pessoa está em uma situação em que não tem certeza da maneira correta de se comportar, ela frequentemente procura nos outros pistas sobre o comportamento correto. Por causa disso, as empresas online costumam usar a Prova Social em seu marketing.

85. Cognição social

A cognição social explica a maneira como a maioria das pessoas se associa positivamente a si mesmas e, portanto, tende a preferir coisas que estão conectadas a elas.

86. Lei de Weber

A Lei de Weber quantifica a percepção de mudança em um determinado estímulo: ela afirma que a diferença apenas perceptível de uma mudança é diretamente proporcional ao status do estímulo original.

87. Dissonância cognitiva

Preferimos quando todas as nossas atitudes e crenças são mantidas em harmonia e, quando não o são, isso produz uma dissonância cognitiva desconfortável e prejudicial.

88. Efeito Zeigarnik

Tarefas incompletas ficam mais gravadas em sua mente do que aquelas que você concluiu.

89. Aversão de opção única

Quando os compradores têm a opção de pegar ou largar, isso os torna mais interessados em pesquisar comparações.

90. Eficácia de processamento

Temos a tendência de preferir coisas que sejam simples de entender ou usar.

91. Fricção Cognitiva

O aprendizado acontece melhor em condições alinhadas com a arquitetura cognitiva humana.

92. Necessidade de Certeza/Incerteza

O paradoxo entre o fato de que nosso cérebro gosta de saber o que está acontecendo e de ter certeza, e o fato de que a incerteza também é uma necessidade humana e pode levar à ação e à criatividade.

93. Viés de suporte à escolha

O fato de que, quando nos lembramos de uma decisão passada, distorcemos nossas memórias para que as escolhas que fizemos pareçam ser as melhores possíveis.

94. Técnica de pé na porta (FITD)

FITD é uma técnica pela qual você primeiro trabalha para obter um pequeno sim para então, esperançosamente, obter um ainda maior.

95. Efeito de mera exposição

O efeito da mera exposição é a maneira pela qual uma reação positiva pode ser induzida **simplesmente pela familiaridade com algo.**

96. O Efeito Compre Agora (Bye-Now)

O efeito *bye-now* descreve um cenário específico de preparação de palavras em que a leitura da palavra "*bye*" nos faz pensar em seu gêmeo fonológico, "*buy*". Quando nosso estado de espírito muda para pensar no verbo "comprar", isso pode influenciar nosso comportamento. Por exemplo, imagine que você está lendo uma revista. Você está lendo a carta do editor e ela assina com um grande e ousado "tchau". Sem pensar nisso, você vira a página e vê um anúncio de perfume. O efeito compre agora sugere que é mais provável que você compre o perfume porque acabou de ler a palavra "tchau". É provável que a revista tenha colocado estrategicamente o anúncio do perfume logo após a carta do editor, para que a palavra "tchau" dos principais leitores mudasse sua mente para as associações de compra da palavra "comprar". Embora seja improvável que estabeleçamos conscientemente a conexão entre os dois, o efeito adeus mostra que mudamos drasticamente nosso comportamento de consumo.

97. Intenção e autorregulação

Definir uma intenção muito precisa sobre como você vai atingir uma determinada meta pode dobrar ou até triplicar suas chances de alcançá-la.

98. Maldição do conhecimento

A maldição do conhecimento é um viés cognitivo que impede aqueles que estão mais bem informados de compreender algo do ponto de vista de uma parte menos informada.

99. Viés de Autonomia

Preferimos situações sobre as quais temos controle.

100. Efeito de foco

O Efeito de Foco (ou Ilusão de Foco, como também é conhecido) é a maneira pela qual a mente humana coloca muita ênfase em certos fatores limitados ao tomar decisões.

101. Efeito da doação

O Efeito Dotação é a maneira pela qual tendemos a dar maior valor às coisas que já possuímos.

102. Efeito Tendo vs Usando

O efeito Ter x Usar explica nossa tendência de preferir e estar disposto a pagar mais por produtos ou serviços que oferecem mais funções, mesmo que seja improvável que realmente façamos uso deles.

103. Efeito Padrão

O efeito padrão explica nossa tendência de escolher uma "opção padrão" se houver uma em oferta.

104. Efeito Gaze Cueing

O efeito Gaze Cueing explica como somos automaticamente atraídos pelos olhares e linhas de visão dos outros, seja olhando diretamente nos olhos de alguém durante uma conversa cara a cara ou a maneira como tendemos a seguir o olhar dos outros para ver o que eles estão olhando.

105. Efeito Visual Cueing

Nossos cérebros formam a maioria das imagens que "vemos" e gostamos de receber orientações sobre o que focar, portanto, o uso de pistas visuais, como setas, ajuda a chamar a atenção para certos elementos.

106. Efeito do palco central

O efeito do palco central é a maneira pela qual, quando nos deparamos com uma gama de produtos apresentados lado a lado, tendemos a ser atraídos para aquele situado no meio.

107. Princípio de Autoridade

O Princípio da Autoridade descreve a maneira pela qual tendemos a obedecer a figuras de autoridade, mesmo quando o que elas nos pedem é questionável.

108. Efeito de Saliência

O Efeito Saliência é a maneira pela qual somos mais atraídos para as coisas que são mais relevantes para nós em qualquer momento particular e não apenas notaremos, mas reteremos informações sobre esses elementos salientes com mais facilidade.

109. Compromisso e Consistência

Depois de nos comprometermos publicamente com algo ou alguém, é mais provável que cumpramos e cumpramos esse compromisso para sermos consistentes.

110. Heurística de representatividade

As pessoas têm a tendência de julgar a probabilidade de um evento baseando-se em informações da ocorrência de eventos semelhantes - ou, mais geralmente, a fazer previsões e generalizações tendenciosas contando com modelos e acontecimentos semelhantes.

111. Processo de codificação de magnitude

A forma como percebemos o preço pode ser afetada pela forma como ela é apresentada e, portanto, o uso de tamanho, localização ou cor, por exemplo, pode influenciar o quão pequeno o preço parece ser.

112. Efeito de superioridade de imagem

Efeito de superioridade de imagem é a maneira pela qual tendemos a lembrar imagens por muito mais tempo do que palavras, então usar imagens ao lado de texto ou mesmo usar imagens sozinhas é muito mais eficaz do que apenas usar texto.

113. Efeito de metáfora

O efeito da metáfora é a maneira pela qual tendemos a compreender e lembrar com mais facilidade a linguagem metafórica, pois ela ativa nossa imaginação.

114. Reatância Psicológica

A reação psicológica é algo que ocorre quando sentimos que nossas escolhas ou liberdades comportamentais estão sendo restringidas ou retiradas.

115. Efeito de representação visual

As pessoas ficam mais inclinadas a comprar um produto quando do ele é mostrado de uma forma que as ajuda a se visualizar usando-o.

116. Atratividade física

Usar modelos fisicamente atraentes em anúncios pode, dependendo do contexto, ajudar a aumentar as vendas.

117. Efeito sem dinheiro

O efeito sem dinheiro descreve nossa tendência de estar mais disposto a pagar quando não há dinheiro físico envolvido em uma transação. Isso significa que é mais provável que compremos algo com cartão de crédito do que se tivermos que pagar em dinheiro. Esse efeito ocorre em qualquer cenário em que utilizamos formas de pagamento digitais em vez de dinheiro vivo, que hoje em dia representa a maior parte de nossas transações. Infelizmente, seja uma compra grande ou pequena, é provável que gastemos mais dinheiro quando não temos que desistir fisicamente.

118. Efeito Tempo versus Dinheiro

Ao vender um produto, fazer referência ao tempo que o cliente gastará com aquele produto em vez de qualquer dinheiro que será gasto (ou mesmo economizado) para obtê-lo é uma forma muito mais eficaz de incitar uma reação positiva.

119. Efeito de recência

O efeito Recência descreve como temos mais probabilidade de reter e atribuir importância às informações mais recentes que ouvimos ou vimos.

120. Viés de atenção

O preconceito de atenção é a maneira pela qual os seres humanos percebem e prestam muito mais atenção às coisas que nos tocam emocionalmente.

121. Viés de informação

A tendência de buscar informações, pensando que nos levará a tomar uma decisão melhor, mesmo quando essas informações não ajudam muito.

122. Efeito do custo afundado

O Efeito Custo Afundado prova que as pessoas podem ser influenciadas a tomar decisões irracionais com base em uma perda percebida de dinheiro, tempo ou esforço já investido em algo.

123. O efeito da atenção dividida

O efeito de atenção dividida é a maneira pela qual o processamento cognitivo humano não é tão receptivo às informações apresentadas separadamente como quando são combinadas em um formato facilmente digerível.

124. Efeito Ben Franklin

Fazer um favor a alguém nos leva a ter um sentimento mais favorável em relação a essa pessoa e a estar mais inclinados a fazer um segundo ou terceiro favor etc. O efeito oposto também existe, pelo qual projetamos antipatia em pessoas que não tratamos bem.

125. Efeito Motivador-Incerteza

A introdução de um grau de incerteza em um sistema baseado em recompensas pode aumentar o investimento das pessoas na conclusão de uma tarefa com sucesso.

126. Preço de valor percebido

A Precificação de valor percebido explica como nossas percepções de um preço e seu valor podem ser alteradas dependendo de como ele é apresentado a nós.

127. Preços de referência

Preço de referência refere-se ao fato de que decidimos qual é o preço justificável a pagar por um produto ou serviço, comparando-o com outros preços de referência (como preços de concorrentes ou anteriores, preços de pré-venda etc.).

128. Preços particionados

O preço particionado é a maneira pela qual dividir o preço total de algo em partes separadas pode facilitar o processo de compra, fazendo a psique humana acreditar que o custo total é menor.

129. Teoria da Comparação Social

A Teoria da Comparação Social centra-se na crença de que os indivíduos preferem avaliar-se por comparação com os outros, insatisfeitos com resultados absolutos.

130. Compensação de Risco

A Compensação de Risco explica a tendência dos humanos de assumirem riscos maiores quando a segurança percebida aumenta.

131. Polarização de risco zero

O viés de risco zero explica nossa tendência de preferir opções que não têm absolutamente nenhum risco vinculado a elas, mesmo que não ofereçam recompensas tão significativas e outras opções possam ter sido mais vantajosas no longo prazo.

132. Polarização dentro do grupo

O preconceito dentro do grupo é um padrão pelo qual os humanos tendem a favorecer os membros de seu próprio grupo "dentro" em vez de pessoas de fora desse grupo.

133. Fechamento de escolha

Fechamento de escolha é um conceito que descreve como ser capaz de concluir um ato físico de fechamento após fazer uma escolha ajuda o tomador de decisão a ficar muito mais satisfeito com sua escolha.

134. Motivação Extrínseca

A motivação de uma pessoa pode ser intrínseca (com base em um fator interno ou interesse pessoal) ou extrínseca (com base em um fator externo) e esses dois tipos de motivação terão um grau de influência variável dependendo do contexto.

135. Taxa de Atenção

O índice de atenção se baseia no fato de que as pessoas têm maior probabilidade de seguir uma ação se seu foco estiver concentrado e sua atenção não for dividida entre muitos elementos diferentes.

136. Psicologia do Consumo

A psicologia do consumo explora o fato de que, quando alguém realmente faz uso regular do produto ou serviço que comprou, é muito mais provável que faça uma compra repetida.

137. Decadência de Reciprocidade

A queda da reciprocidade é baseada em novas pesquisas que sugerem que nosso desejo de retribuir diminui rapidamente com o tempo. O princípio da Reciprocidade é baseado no efeito "dar e receber" e não está relacionado ao tempo. No entanto, um novo estudo sugere o contrário: que a reciprocidade tem um prazo muito estreito e desaparecerá rapidamente.

Todo consumidor tem vieses que podem impactar as decisões que tomam, como compras. Muitas vezes, eles podem ser vistos como ilógicos, indo contra o que a pesquisa nos diz que deveriam fazer e decisões repentinas e repentinas que são tomadas rapidamente e, aparentemente, com pouca reflexão (BAYLE-TOUR-TOULOU e BADOC, 2020).

O viés do consumidor pode afetar quais produtos alguém coloca em sua cesta, qual marca escolhe e até como compra. Isso significa que entender a melhor forma de usar o viés do consumidor pode ajudar os profissionais de marketing a desenvolver campanhas que obterão as melhores respostas possíveis (BRAEUTI-GAM e KENNING, 2022).

Essencialmente, o viés do consumidor é causado por atalhos em nosso pensamento dos quais podemos nem estar cientes. Isso significa que eles podem atrapalhar os caminhos cuidadosamente definidos pelos profissionais de marketing que eles desejam que os clientes sigam para induzi-los a converter (CERF e GARCIA-GARCIA, 2017).

Embora a personalização por meio do marketing cognitivo possa ajudar, em parte, a superar alguns desses vieses, entender como você pode usá-los em uma estratégia pode ser incrivelmente benéfico. Na verdade, fazer com que o viés funcione para você pode ser a maneira de realmente ver os resultados de uma campanha (CIALDINI, 2021).

O QUE É MARKETING COGNITIVO E POR QUE VOCÊ DEVERIA USÁ-LO?

O marketing cognitivo ajuda a formar uma conexão entre marcas e clientes que pode influenciar o comportamento de compra e a lealdade quando usado corretamente. O marketing cognitivo é uma das melhores maneiras de se conectar com um cliente em um nível pessoal (GONÇALVES, 2016).

Essencialmente, usa o que as pessoas já estão pensando de maneira positiva para dar à marca uma posição que reflita a posição do cliente. Isso ajuda o cliente a ver uma semelhança entre ele e a marca, ajudando a formar uma conexão forte (BAYLE-TOURTOULOU e BADOC, 2020).

Isso é muito mais fácil de fazer agora devido à tecnologia ao seu alcance, com avanços em inteligência artificial (IA), simplificando a análise de dados coletados *online* para destacar o público-alvo e ver quais problemas ressoarão melhor com os clientes. Além disso, a tecnologia cognitiva oferece a capacidade de cobrir vários canais simultaneamente, melhorando a visibilidade da campanha e forjando melhor as conexões com os clientes (BRIDGER, 2018).

Com o marketing cognitivo sendo tão eficaz e agora muito mais fácil de aproveitar ao máximo, os profissionais de marketing precisam incluí-lo em suas estratégias para criar campanhas que atinjam totalmente o público-alvo (TYBOUT e CALKINS, 2018).

NEUROMARKETING E NARRATIVA TRANSMÍDIA

Como mencionado, uma marca é construída pela gestão de marca, ou *branding*. As cores são preponderantes na comunicação, mas outros pontos devem ser levados em consideração no *branding*, como o *storytelling* (TYBOUT e CALKINS, 2018).

Ele permitirá que uma marca consiga não apenas chamar a atenção do público, mas também criar um relacionamento de longo prazo com a identificação de histórias comuns. Para entender esse processo, é importante estudarmos, também, o que é uma narrativa transmídia (PHILLIPS, 2012).

Narrativa transmídia, também conhecida como narrativa transmidiática, é um termo que teve popularidade com Henry Jenkins (2007) na sua teoria de convergência das mídias *online* e *off-line*. Para o autor, a narrativa transmídia se dá por meio de múltiplas plataformas midiáticas, com novos textos que contribuem de maneira diferente e valiosa para o todo.

A narrativa transmídia permite que cada meio diferente trabalhe seus pontos fortes para melhorar o todo, visando a uma história que possa ser utilizada, por exemplo, em um filme e, posteriormente, na televisão, em livros e quadrinhos. Esse universo pode ser experimentado em diferentes plataformas e linguagens, até em parque de diversões (AAKER, 2015).

Todo esse trabalho, porém, deve ser, ao mesmo tempo, um conjunto, mas possível de ser consumido sozinho, ou seja, não deve ser obrigatório ler um livro para gostar de um jogo e vice-versa. A narrativa transmídia funciona na possibilidade de utilização de diferentes plataformas midiáticas para contar uma história, que será sustentada pelas três dimensões a seguir conforme Jenkins (2007):

1. **Convergência das mídias:** relação entre os produtos de conteúdo e o consumidor, moldada a cada interação. Toda tecnologia vai convergindo e se adaptando a cada nova tecnologia que surge. Essa adaptação ocorre em torno da internet. Exemplo: o relógio, que antes servia apenas para ver horas, hoje pode mostrar a frequência cardíaca, responder mensagens de aplicativos, entre outras funções.

2. **Cultura participatória:** estratégias que estimulam o consumidor a se relacionarem e participarem do que está acontecendo em determinada situação em várias plataformas midiáticas. Exemplo: a motivação de um telespectador de reality show para votar e comentar nas mídias sociais sobre o programa.

3. **Inteligência coletiva:** apenas um indivíduo não consegue ter todas as informações sobre algo. Por isso, é motivado a procurar um grupo visando a discutir, descobrir e compartilhar informações sobre um assunto. Exemplo: fóruns de internet sobre tecnologia, jogos etc. para construir coletivamente um conhecimento.

4. Nesse tipo de narrativa, cada meio de comunicação tem uma função diferente, mas todos devem ter o mesmo objetivo, que é servir de suporte para contar uma história. *Storytelling* é a prática de contar uma história de modo que o que está sendo contado se apresente de maneira relevante e consiga chamar a atenção do interlocutor, independentemente da mídia utilizada. Essa história deve ficar guardada na memória (PHILLIPS, 2012).

5. É uma técnica de neuromarketing, porque trabalha persuasivamente com histórias, buscando identificação de experiências e conexão com o consumidor, dando visibilidade e aumentando sua intenção de compra. Isso é importante porque as marcas necessitam estar cada vez mais próximas de seus consumidores, de maneira não invasiva, mas como um relacionamento de amizade (BAYLE-TOURTOULOU e BADOC, 2020).

6. Pela comunicação, as marcas precisam ter a habilidade de criar e oferecer conteúdo que seja relevante e que levem os consumidores a interagir com as diversas plataformas, servindo para gerar novos conteúdos para as próprias marcas (BRAEUTIGAM e KENNING, 2022). Um exemplo disso o Grammy.

A premiação musical ocorre de maneira televisionada e encoraja os telespectadores a comentarem o tapete vermelho e as premiações na mídia social Twitter. Isso serve de apoio para a mídia principal, que é a televisão, e como uma análise de sentimentos em tempo real sobre a opinião de quem está assistindo.

A produção de conteúdo focado em mídias sociais, no que diz respeito à comunicação como um todo, depende de como esse conteúdo se demonstrará multimidiático e convergente. Isso porque todos os indivíduos se tornaram criadores de conteúdo, e é nessa força que a comunicação *online* gera resultados. Se a estratégia ficasse numa mídia, a televisão, por exemplo, atingiria um público que talvez não fosse, em sua maioria, o público-alvo. Além disso, a repercussão poderia ser pequena, por não haver compartilhamento de ideias pós-evento (BRIDGER, 2018).

O neuromarketing, portanto, pode servir como estratégia eficiente para auxiliar no processo criativo do profissional de comunicação e de marketing, pois permitirá desenvolver metas visando a atingir a atenção dos consumidores e do público em geral. Compreender a neurociência do consumidor torna possível aplicar conhecimentos da psicologia e dos campos neurológicos, compreendendo os estímulos que podem ser utilizados para atrair o consumidor (CERF e GARCIA-GARCIA, 2017).

Há uma predisposição 80% maior das pessoas a lerem conteúdos que estejam acompanhados de uma imagem com cores. Além disso, infográficos têm mais compartilhamentos e curtidas. Então, ao utilizar elementos do neuromarketing, a marca consegue interagir com o público e propor a continuidade das narrativas em outros suportes midiáticos (BRIDGER, 2018). Um exemplo disso são comerciais curtos na televisão que convidam o espectador a assistir à peça publicitária completa no YouTube ou no Instagram. Isso torna possível estimular a sensação e a ideia de pertencimento com as marcas, aproximando o consumidor por meio de um bom *storytelling*, gerando empatia com algo que o público vivenciou ou poderia vivenciar, como se as marcas fossem pessoas reais (PAGE, 2015).

A marca e a empresa, dessa forma, podem ser vistas como capazes de suprir uma carência ou necessidade. Um exemplo interessante do *storytelling* é a marca de absorventes Always, que criou a ação #LIKEAGIRL, em que a expressão pejorativa "fazer algo como uma menina" foi ressignificada. As meninas convidadas eram questionadas sobre o que significava, por exemplo, "correr como uma menina". Uma das participantes respondeu que era correr o mais rápido que puder. Com isso, surge a possibilidade de a marca explorar a força das mulheres mudando a narrativa de que mulheres são frágeis (BRAEUTIGAM e KENNING, 2022).

Ao apostar em um *storytelling*, a empresa deve estar ciente da necessidade de a narrativa utilizada ser o mais verdadeira possível, que esteja ligada realmente com as práticas da marca. Caso contrário, isso gerará mais danos do que empatia (BAYLE-TOURTOULOU e BADOC, 2020).

Exemplo disso é a Sucos do Bem, que tinha a narrativa de que o suco fornecido era de uma pequena propriedade de um personagem chamado Seu Francisco. Quando investigado, descobriu-se que o suco era fornecido por uma gigante do setor, quebrando a narrativa de proximidade e empatia com a marca (AAKER, 2015).

Outro exemplo é a marca de sorvetes Diletto, que tinha o *storytelling* de que a receita do sorvete era trazida da Itália pelo personagem Nonno Vittorio, avô de um dos donos da empresa. Tal qual a Sucos do Bem, posteriormente soube-se que a história era mentira. Foi mais um *storytelling* fracassado. Um exemplo parecido, mas, nesse caso, bem-sucedido, é da Bauducco, com a receita de panetones do Sr. Bauducco, que a trouxe realmente da Itália para o Brasil (TYBOUT e CALKINS, 2018).

É importante considerar, além disso, qual plataforma midiática será utilizada, adequando a comunicação para cada tipo de mídia, *online* e *off-line*. Crossmídia é um processo que fornece a mesma narrativa em diferentes plataformas de mídia, guiando-se por suas características principais (KOTLER, KARTAJAYA e SETIAWAN, 2021).

Já transmídia é o processo em que as partes diferentes da narrativa são difundidas entre diferentes mídias, de modo que os conteúdos de cada plataforma se expandam e criem uma peça única, encaixando-se entre si. Na crossmídia, a narrativa se adapta às plataformas, criando peças únicas para cada tipo de conteúdo (PHILLIPS, 2012).

Confira na Figura 35 a diferença entre transmídia e crossmídia conforme Phillips (2012).

Figura 36 – Diferença entre crossmídia e transmídia

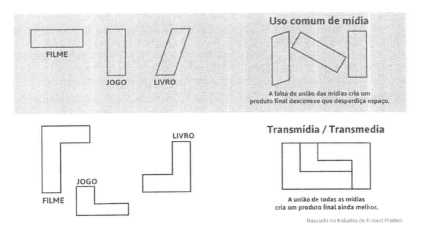

Fonte: Phillips (2012)

Imagine que uma marca quer ter uma relação mais próxima com os consumidores falando sobre os processos ecológicos envolvidos em seus produtos. Ela pode utilizar os aplicativos de música, como Spotify e Deezer, para produzir um *podcast* com especialistas ambientais, falando sobre sua responsabilidade social. Pode entrar em uma *trend* do TikTok ou dos *reels* do Instagram, demonstrando seu processo produtivo de maneira rápida. Pode, também, trabalhar com merchandising num programa de TV aberta e, ao mesmo tempo, ter influenciadores digitais comentando o produto.

Cada ação tem seu *storytelling*, reforçando em cada mídia o conceito da marca. Imagine que você está conferindo seu Instagram e, na rolagem da linha do tempo, aparece um anúncio patrocinado de uma marca de tênis. Você cansa do Instagram e abre o TikTok, onde aparece um anúncio da mesma marca de tênis, mas dessa vez em forma de vídeo, com um influenciador digital do momento mostrando looks com o tênis da marca (BRAEUTIGAM e KENNING, 2022).

Isso é o conceito de narrativa transmídia na prática, como vimos na seção anterior. Retomando esse conceito: as narrativas transmidiáticas têm sua expansão em plataformas variadas, que permitem que se estabeleçam conexões e relação entre diversos fragmentos de uma história que está sendo contada, fazendo com que o receptor dessa história queira conhecer a continuidade. Além disso, permitem a construção de uma espécie de universo único daquela história, até de uma noção única de espaço e tempo, que será modificada pela exploração da narrativa (PHILLIPS, 2012).

Essa narrativa pode ser modificada com a inserção ou a retirada de elementos e personagens (JENKINS, 2007). A neurociência contribui para entender como os indivíduos pensam, agem e interagem com os mais variados tipos de produtos e serviços. Com essa interação, é possível compreender o que leva as pessoas à tomada de decisão (BRAEUTIGAM e KENNING, 2022).

As pesquisas e aplicações da neurociência apoiam e transformam como melhorar a comunicação entre as marcas e os consumidores. O trabalho de comunicação ultrapassou a falsa ideia de que qualquer um faz comunicação. As propostas bem-sucedidas vêm de muita pesquisa e tempo de dedicação (PENROD, 2023). Observe o exemplo a seguir.

> Star Wars é o maior exemplo de transmídia da atualidade. A compra da franquia Star Wars pela Disney lançou ira nos fãs mais ávidos da série. No entanto, com o passar do tempo, o que parecia o fim de um clássico, mostrou-se a maior e mais eficiente estratégia de marketing. O lançamento do filme Star Wars: o despertar da força teve bilheteria de 760,5 milhões de dólares em pouco mais de duas semanas. A estratégia transmídia do filme levou à pulverização das histórias. As partes da franquia são contadas em diversos canais. Acontecimentos que antes ninguém conhecia são

> expandidos no universo. A forma de consumir filmes, séries e livros foi repensada para não ficar cansativa e saturada para os fãs. O planejamento foi totalmente focado na experiência do público. As mensagens são pulverizadas nas mais diferentes plataformas, como smartphones, desktops e videogames, tornando-se midiáticas. Além disso, nos filmes e episódios de séries, são deixados *easter eggs* (espécie de referências de um filme no outro). Outros *players* do mercado aproveitam a transmidiatização da franquia para se engajar com o público. Exemplo disso é o Google, que permite que o usuário escolha o lado da força e transforma o buscador com referências da escola. O Spotify permite que a barra de execução das músicas seja transformada em sabre de luz, além de criar lista de reprodução com as músicas da franquia e que potencialmente os personagens escutariam. Lojas de departamentos vendem camisetas e outros acessórios com estampas dos filmes. Parece que a força realmente está com a utilização da transmídia. Com números altos de audiência, suporte e meios aumentam a divulgação dos filmes e séries.

Para ter uma comunicação eficiente num contexto como esse, que de fato consiga chegar ao interlocutor, é possível utilizar técnicas da neurociência. Uma das grandes vantagens da neurociência é compreender os processos mentais dos consumidores sobre atos de consumo e mensagens midiáticas em tempo real, sem possíveis ruídos sociais (CERF e GARCIA-GARCIA, 2017)

Os dados neurais resultam nos efeitos que possíveis ações comunicacionais trazem ao receptor, como a utilização de cores, fontes e músicas numa propaganda. Essas técnicas de neurociência devem ser utilizadas concomitantemente com outras técnicas, como enquetes e entrevistas, para criar uma pesquisa mais robusta. As técnicas de neurociência normalmente ocorrem em laboratório. Algumas dessas técnicas são de alto valor financeiro e, por isso, a dificuldade de marcas e empresas menores aplicarem-nas em suas pesquisas de mercado (BAYLE-TOURTOULOU e BADOC, 2020).

O mais interessante sobre as mensagens midiáticas é a possibilidade de provocar os mais variados tipos de respostas em quem está consumindo a mensagem, como um comercial que consegue emocionar um sujeito ao mesmo tempo em que faz outro não sentir nada. Isso porque elas não apenas trazem conhecimentos e informações sobre pessoas, eventos e produtos, mas também fazem o indivíduo sentir algo sobre aquilo que está sendo mostrado (BRAEUTIGAM e KENNING, 2022).

Ao combinar as técnicas de neurociência, é possível coletar dados complementares e compreender como a pessoa percebe cada forma de comunicação. Portanto, além de chamar a atenção apenas com logotipos, cores ou uma história, é vital que as marcas consigam integrar todas essas perspectivas, criando narrativas e contando histórias que impactem e façam com que o consumidor queira ficar próximo a elas (LINDSTROM, 2009).

É necessário, para isso, compreender mais desse consumidor. O neuromarketing ajuda a entender o consumidor, permitindo entender como ocorre sua tomada de decisão frente à comunicação e aos estímulos utilizados por uma marca (AAKER, 2015).

É importante compreender não apenas quais produtos e serviços estão mais alinhados com os indivíduos, mas também quais são as plataformas de mídia mais acertadas para se comunicar com esse consumidor. Isso resulta em maior competitividade e comunicação mais acertada (PRADEEP, 2012).

Portanto, entender o cérebro e as primeiras reações de um indivíduo torna possível conhecer o perfil do consumidor e o que chama sua atenção, servindo para o desenvolvimento de ações de comunicação mais efetivas (ZURAWICKI, 2010). A criação dessas ações de comunicação deve levar em consideração os três parâmetros neurométricos primários a seguir conforme Pradeep (2012):

- Atenção do cérebro: de modo geral, os indivíduos têm a noção de que estão prestando atenção em alguma coisa, mas não conseguem processar o que os levou a prestar a atenção.

É necessário utilizar um parâmetro biométrico para aplicar elementos que despertem a atenção do consumidor com precisão.

- Memória: deve-se identificar a resposta aos estímulos comerciais que permitam ao indivíduo recordar a mensagem. Apenas assim é possível influenciar e persuadir o consumidor.
- Envolvimento emocional: é necessário compreender qual é a excitação emocional gerada pelos estímulos. Esse envolvimento pode aumentar ou diminuir com o tempo. São as emoções que vão gerar as intenções, atitudes e decisões comportamentais.

Esses parâmetros advindos do cérebro podem gerar outros parâmetros,

os chamados parâmetros neurométricos secundários, listados a seguir conforme Ramsøy (2015):

- Intenção de compra e persuasão: combinando envolvimento emocional e memória, permite compreender o sucesso da ação de comunicação.
- Fator novidade: o parâmetro de atenção e memória permite compreender qual é o sucesso da aplicação da ação comunicacional de acordo com o elemento surpresa, o que faz aumentar ou diminuir o interesse do consumidor.
- Percepção e compreensão: importante para analisar se o consumidor entendeu a mensagem com a ação de comunicação, sendo avaliado com a combinação de atenção e envolvimento emocional.

As ações comunicacionais podem ser melhoradas e ter mais efeito se trabalhadas na lógica de gerar emoções nos consumidores e, com isso, gerar mais engajamento e interação entre eles e as marcas (MADRUGA, 2018).

A perspectiva integrada de todos os fatores de comunicação é o que pode levar ao sucesso. Isso tem potencial de diferenciar as marcas frente aos seus concorrentes, tornando-se destaque no mercado com seus consumidores (BRIDGER, 2018).

Dessa forma, melhora-se o desempenho das ações de comunicação de uma empresa e das campanhas de marketing como um todo, permitindo a criação de empatia e desenvolvendo memória afetiva e um relacionamento de longo prazo com seus consumidores (AAKER, 2015). Observe o exemplo a seguir.

> O varejo é uma área que necessita estar sempre atualizada nas inovações dos padrões de compra e consumo dos clientes. A experiência do cliente pode ser marcante tanto presencialmente quanto *online*. A transmídia não está apenas nas mídias sociais. Ela também trabalha e utiliza as narrativas em abordagens físicas. Um exemplo disso são as *guide shops*, lojas que funcionam como um *showroom*, em que o cliente entra na loja, tem contato com os produtos, pode experimentá-los e finalizar a compra pelo site da loja, recebendo em casa os produtos escolhidos. A marca de roupas e acessórios femininos Amaro aposta nesse formato e trata a moda não pela lógica natural de produto, mas de um serviço, destacando a estratégia multicanal. O consumidor pode experimentar os modelos e sentir o tecido utilizado nas peças, além de contar com a ajuda dos consultores de moda. Podem escolher finalizar suas comprar pelos tablets e computadores disponíveis dentro da *guide shop* e aguardar a entrega no conforto de casa. Além disso, motiva-se que o cliente poste fotos dentro da loja para gerar o engajamento com as mídias sociais da marca.

Neste capítulo conhecemos os conceitos de narrativa transmídia, narrativa crossmídia, branding e *storytelling*, que, com o neuromarketing, permitem a criação de relacionamentos mais fortes e emocionais entre marca e consumidor.

Por fim, você estudou a importância da integração do *storytelling* com a utilização da neurociência e outros aspectos da comunicação, para atingir o consumidor de maneira mais eficiente, compreendendo quais fatores e estímulos devem ser trabalhados em uma ação de comunicação.

POR QUE O NEUROMARKETING É TÃO IMPORTANTE?

Os estudos de neurociência aliado ao comportamento do consumidor é um campo interdisciplinar que informam os tomadores de decisão nos setores empresarial, governamental e sem fins lucrativos sobre como as decisões, preferências, atividades e outros comportamentos do consumidor são influenciados por fatores como cultura, subcultura, demografia, sensação, pensamento, processamento consciente e inconsciente de informações, conhecimento organização, crenças, comunicação interpessoal, aprender com a experiência e os valores para entender as experiências dos consumidores contemporâneos em todo o mundo (PENROD, 2023).

O uso de ferramentas de neurociência para estudar o comportamento do consumidor e o processo de tomada de decisão em marketing melhorou nossa compreensão dos mecanismos cognitivos, neuronais e emocionais relacionados ao comportamento relevante para o marketing. No entanto, o conhecimento sobre ferramentas de neurociência que são usadas na pesquisa de neurociência do consumidor é disperso (BRAEUTIGAM e KENNING, 2022).

A maioria de nós não dedica muito tempo a pensar sobre porque compramos o que compramos. E se não temos certeza sobre o porquê, quão precisas nossas respostas podem ser em pesquisas e comentários?

O objetivo do neuromarketing é descobrir o raciocínio autêntico e o propósito por trás das decisões e comportamentos do consumidor. Procuramos analisar a parte subconsciente da psique humana, a fim de realmente entender por que compramos produtos e serviços específicos (e porque não compramos) (CERF e GARCIA-GARCIA, 2017).

Ao nos concentrarmos nas ciências comportamentais, somos capazes de contornar o viés consciente e identificar reações automáticas que tendem a ser universais em todos os seres humanos (GONÇALVES, 2016).

Em outras palavras: O neuromarketing nos aproxima um pouco mais da compreensão das verdadeiras intenções por trás da tomada de decisões do consumidor (ZURAWICKI, 2010).

Ao reunir uma compreensão compartilhada do comportamento humano, os profissionais de marketing podem usar seus talentos para fornecer criativos e mensagens que melhor atraiam, envolvam e se alinhem com seus públicos-alvo, suas preferências e suas necessidades (BRAEUTIGAM e KENNING, 2022).

REFERÊNCIAS

AAKER, David. **On Branding: 20 princípios que decidem o sucesso das marcas**. Bookman Editora, 2015.

ARIELY, Dan. **Previsivelmente irracional**. Elsevier Brasil, 2008.

BAYLE-TOURTOULOU, Anne-Sophie; BADOC, Michel. **The Neuroconsumer: Adapting Marketing and Communication Strategies for the Subconscious, Instinctive and Irrational Consumer's Brain**. Routledge, 2020.

BRAEUTIGAM, Sven; KENNING, Peter. **An Integrative Guide to Consumer Neuroscience**. Oxford University Press, 2022.

BRIDGER, Darren. **Neuromarketing: como a neurociência aliada ao design pode aumentar o engajamento e a influência sobre os consumidores**. Autêntica Business, 2018.

CERF, M., GARCIA-GARCIA, M. **Consumer Neuroscience.** Boston: The MIT Press, 2017.

CIALDINI, Robert B. **As armas da persuasão 2.0: Edição revista e ampliada**. HARLEQUIN, 2021.

DAMÁSIO, António. **Sentir e saber: As origens da consciência**. Editora Companhia das Letras, 2022.

DOS SANTOS, Manuel Alonso Ed. **Applying neuroscience to business practice**. Business Science Reference/IGI Global, 2017.

EYAL, Nir. **Hooked: como construir produtos e serviços formadores de hábitos.** Editora AlfaCon, 2020.

GRAVES, Philip. **Por dentro da mente do consumidor: Mito das pesquisas de mercado, a verdade sobre os consumidores e a psicologia do consumo**. Elsevier Brasil, 2011.

GODIN, Seth. **Isso é marketing: para ser visto é preciso aprender a enxergar**. Alta Books Editora, 2019.

GONÇALVES, Lilian S. **Neuromarketing Aplicado à Redação Publicitária: Descubra como atingir o subconsciente de seu consumidor**. Novatec Editora, 2016.

HOYER, Wayne D.; MACINNIS, Deborah J.; PIETERS, Rik. **Consumer behavior**. Cengage Learning, 2016.

JENKINS, Henry. **Cultura da convergência**. Aleph, 2007.

KAHNEMAN, Daniel; SIBONY, Olivier; SUNSTEIN, Cass R. **Ruído: uma falha no julgamento humano**. Objetivo, 2021.

KARDES, Frank; CRONLEY, Maria; CLINE, Thomas. **Consumer behavior**. Cengage Learning, 2014.

KOTLER, Phillip; KARTAJAYA, Hermawan; SETIAWAN, Iwan. **Marketing 5.0: Tecnologia para a humanidade**. Sextante, 2021.

LEWIS, David; BRIDGES, Darren. **A alma do novo consumidor**. M. Books, 2004.

LINDSTROM, Martin. **A lógica do consumo: verdades e mentiras sobre porque compramos**. Nova Fronteira, 2009.

MADRUGA, Roberto. **Gestão do Relacionamento e Customer experience**. São Paulo: Grupo Gen, 2018.

MARK, Margaret; PEARSON, Carol S. **O Herói e o Fora-da-Lei: Como Construir Marcas Extraordinárias Usando O Poder dos Arquétipos**. 11ª edição. 2017.

MCGUIRE, William J. **Some internal psychological factors influencing consumer choice**. Journal of Consumer research, v. 2, n. 4, p. 302-319, 1976.

MILLER, Geoffrey. **Darwin vai às compras: sexo, evolução e consumo**. Rio de Janeiro: Bestseller, p. 101-126, 2012.

MORIN, Christophe. **Neuromarketing: the new science of consumer behavior**. Society, v. 48, n. 2, p. 131-135, 2011.

MOTHERSBAUGH, David L. et al. **Consumer behavior: Building marketing strategy**. New York, NY, USA: McGraw-Hill Education, 2020.

PAGE, Sam. **Digital Neuromarketing: The psychology of persuasion in the digital age**. Neurotriggers, 2015.

PENROD, Joshua. Consumer Neuroscience, Neuromarketing, and Foucault. In: **Ethics and Biopower in Neuromarketing**. Palgrave Macmillan, Cham, 2023. p. 1-26.

PHILLIPS, Andrea. **A creator's guide to transmedia storytelling: How to captivate and engage audiences across multiple platforms**. McGraw-Hill Education, 2012.

PINKER, Steven. **Do que é feito o pensamento: a língua como janela para a natureza humana**. Editora Companhia das Letras, 2008.

PINKER, Steven. **Racionalidade: O que é, por que parece estar em falta, por que é importante**. Editora Intrínseca, 2022.

PRADEEP, A. K. **O cérebro consumista: conheça os segredos mais bem guardados para vender para a mente subconsciente**. Tradução Mirtes Frange de Oliveira Pinheiro, Sandra Luzia Couto. São Paulo, Cultrix, 2012.

RAMSØY, Thomas Z. **Introduction to neuromarketing & consumer neuroscience**. Neurons Inc., 2015.

SOLOMON, Michael R. **O Comportamento do consumidor: comprando, possuindo e sendo**. Bookman Editora, 2016.

STEPHENS, Debra L. **Essentials of consumer behavior**. Routledge, 2016.

TYBOUT, Alice M.; CALKINS, Tim. **Branding: gestão de marcas.** São Paulo: Saraiva, 2018.

UNDERHILL, Paco. **Vamos às compras!: a ciência do consumo nos mercados globais.** Rio de Janeiro: Campus, 2009.

ZURAWICKI, Leon. **Neuromarketing: Exploring the brain of the consumer**. Springer Science & Business Media, 2010.